汉语作为第二语言教学丛书

汉语作为第二语言技能教学

总主编　赵金铭
编　著　翟　艳　苏英霞

北京大学出版社
PEKING UNIVERSITY PRESS

图书在版编目(CIP)数据

汉语作为第二语言技能教学/翟艳,苏英霞编著. —北京:北京大学出版社,2010.8
(汉语作为第二语言教学丛书)
ISBN 978-7-301-17380-0

Ⅰ.汉… Ⅱ.①翟…②苏… Ⅲ.①对外汉语教学-教学研究②第二语言-语言教学-教学研究 Ⅳ.H195

中国版本图书馆 CIP 数据核字(2010)第 118431 号

书　　名：汉语作为第二语言技能教学
著作责任者：翟　艳　苏英霞　编著
责 任 编 辑：沈　岚
标 准 书 号：ISBN 978-7-301-17380-0/H · 2531
出 版 发 行：北京大学出版社
地　　　址：北京市海淀区成府路 205 号　100871
网　　　址：http://www.pup.cn
电 子 邮 箱：zpup@pup.pku.edu.cn
电　　　话：邮购部 62752015　发行部 62750672　编辑部 62752028
　　　　　　出版部 62754962
印　刷　者：北京虎彩文化传播有限公司
经　销　者：新华书店
　　　　　　730 毫米×980 毫米　16 开本　19.25 印张　320 千字
　　　　　　2010 年 8 月第 1 版　2022 年 1 月第 3 次印刷
定　　　价：42.00 元

未经许可,不得以任何方式复制或抄袭本书之部分或全部内容。
版权所有,侵权必究　举报电话：010—62752024
　　　　　　　　　　电子邮箱：fd@pup.pku.edu.cn

汉语作为第二语言教学丛书

总主编 赵金铭
（作者按姓氏笔画排列）
毛　悦　　　　　《汉语作为第二语言要素教学》
杜道明　　　　　《汉语作为第二语言教学文化概说》
张宁志　　　　　《汉语作为第二语言教学概论》
施春宏　　　　　《作为第二语言的汉语概说》
姜丽萍　　　　　《汉语作为第二语言课堂教学》
翟　艳　苏英霞　《汉语作为第二语言技能教学》

序

赵金铭

汉语正加快走向世界,越来越多的人有志于从事汉语作为第二语言教学工作。汉语作为第二语言教学是一门学科,是一种工作,更是一项国家和民族的崇高事业。什么样的人可以胜任教学工作,应有一个标准,须有一个准入证。于是2005年国家对外汉语教学领导小组办公室推出《汉语作为外语教学能力等级标准及等级大纲》(以下简称《大纲》,北京大学出版社,2005年6月出版)。该《大纲》依据公认的标准,从现代汉语、中国文化和汉语作为第二语言教学理论三大板块出发,分别为初、中、高级制定考试大纲,设计了样卷,并附有参考答案和评分标准。该《大纲》一经公布,有志于从事对外汉语教学和刚刚从事对外汉语教学的人都摩拳擦掌,跃跃欲试,希望通过考试,验证一下自己作为对外汉语教师是否合格。更多的人则希望获得教师资格证书,以便跻身于对外汉语教师行列。当时,北京大学出版社作了需求分析和市场调查,针对只有《大纲》而尚无合适的考试参考用书的情况,不失时机,着手组织业内专家策划、论证,并开始编写复习考试指导用书。

话分两头,就在这一年7月,首届"世界汉语大会"召开,以此为契机,我国的对外汉语教学在继续深入做好来华留学生汉语教学工作的同时,开始更加注重"走出去",把目光转向汉语国际推广。这在我国对外汉语发展史上是一个历史的转折点,是里程碑式的转变。当我们真正"走出去",并置身于非母语的教学环境之中时,我们会发现自身的很多不足,有着诸多的不适应。我们会发现作为一个国际汉语教师无论是知识结构,教学组织与适应能力,跨文化交际能力,还是作为语言教师的基本素养,都有待完善和深化,甚至从某种意义上说,应该根据所在国的实际情况重新调整。这正是汉语加快走向世界之后,所面临的亟待解决的问题之一,即:改革和完善对外汉语教学专门人才培养体系,培养一大批适应汉语国际推广新形势需要的国内外从事汉语作为第二语言/外语教学和传播中华文化的专门人才。这种人才应该是具有熟练的汉语作为第二语言教学技能和良好的跨文化交际能力,能胜任多种教学任务的高层次、应用型、复合型专门人才。

于是,回过头来,再看《大纲》,虽也包括汉语作为第二语言教学技能训练的内容,诸如汉语作为第二语言教学课程设计、课堂教学、汉语作为第二语言教学法及主要流派、教材的编写和选择、测试与评估等,但还不够完备,不够具体,不够细致,不成体系。从样卷设计的内容来看,似更偏重于知识的测试。而作为一个能力考试,对第二语言教学技能的测试,则体现不够。尤其是作为外向型的教师,应具有较高的一种外语的应用能力,而作为一名教师,更必须具有教师所应具备的综合素质,这后两点,《大纲》竟告阙如。然而《大纲》"是中国推向世界的首部汉语作为外语教学能力的专业标准,是能力认定的依据。"(《大纲》前言)因此,改进迫在眉睫。我们迫切需要一套完善、科学、规范的国际汉语教师标准体系,这个体系能对从事国际汉语教学工作的教师的知识、能力和素质进行全面描述,能为国家汉语教师的培养、培训、能力评价和资格认证提供依据。我们欣喜地看到在《大纲》问世两年半之后,国家汉语国际推广领导小组办公室研制的《国际汉语教师标准》(以下简称《标准》,外语教学与研究出版社,2007年11月出版)正式出台,弥补了空缺。《标准》由5个模块组成:语言基本知识与技能;文化与交际;第二语言习得与学习策略;教学方法;教师综合素质。每个模块包含若干具体标准,标准下再设基本概念和基本能力。《标准》内容涵盖汉语作为第二语言教学的方方面面,突出能力的描述是其特色。制定标准,是为"高山仰止,景行行止",作为从业人员的规范,它本身不太容易操作。如何确定一个人是否达到标准,还得通过某种方法进行检测。检测,可以是知识的书面测试,也可以是教学行为的评定。不管怎么说,应试者总可以在《标准》的范围内进行准备。这就需要有以《标准》为依据的汉语作为第二语言教学参考用书。

北京大学出版社一直十分关注汉语作为第二语言教学师资培养与教师培训用书的出版,当《标准》面世之后,立即组织业内人士讨论、论证,策划编写一套以《标准》为标杆的教师学习、考试用书。这套《汉语作为第二语言教学丛书》(以下简称《丛书》)便是应时而生。《丛书》按照《标准》进行设计,力求涵盖《标准》所涉及的各门类的主要内容。《丛书》总主编为赵金铭,共计6册,计为:

《作为第二语言的汉语概说》(施春宏编著)

《汉语作为第二语言要素教学》(毛悦编著),以上两册对应"语言知识与技能"模块;

《汉语作为第二语言教学文化概说》(杜道明编著)对应"文化与交际"模块;

《汉语作为第二语言教学概论》(张宁志编著)

《汉语作为第二语言技能教学》(翟艳、苏英霞编著)

《汉语作为第二语言课堂教学》(姜丽萍编著),以上三册交叉对应"第二语言习得与学习策略"和"教学方法"两个模块。

《丛书》不仅是作为将来国际汉语教师资格考试的参考用书,也是已从事国际汉语教学和将要从事国际汉语教学的人提升自己和自修的必备教材。所以这套《丛书》的读者对象为下列三类人:一是拟准备参加未来的国际汉语教师资格认定考试,以获取资格证书的人,可把《丛书》作为复习考试的参考用书;二是非语言学、汉语、或外语出身的人,兴趣所在,将来有志于从事国际汉语教学工作,可把《丛书》作为入门自学的教材;三是已进入国内对外汉语教师队伍,深感一旦"走出去",还要不断提升自己,全面提高个人学养,《丛书》可作为汉语教师进修教材。

为达到上述目的,《丛书》的编写原则为:一是多采用一般性、通用的理论,注重带有规律性的结论。无论是语言理论、语言教学理论还是语言学习理论,都取已形成共识的观点。个人的不成熟的具有创新意义的意见一般不作重点阐述。二是理论与实践密切结合,注重教学技能的培养。以教学实例阐释教学原理,用案例证实学习规律。不尚空谈,授人以"渔"。三是照顾到国内外不同的教学与学习环境。各国各地教学理念不同,外语教学传统各异,应因地制宜,采用灵活、多变的教学策略。

《丛书》一改过去依据考试大纲编写参考书的做法,而是从知识结构的需求,技能训练的标准出发,思考一个国际汉语教师所应具备的知识与技能。所以,不管以后考试大纲如何编写,万变不离其宗,《丛书》终可作为学习、备考、提升的有用的参考书。

兹略述《丛书》编写的来龙去脉,读者对象,编写原则,实用范围,不过是亮明我们的初衷。《丛书》的价值到底如何,还是使用者最有发言权。俗话说,"褒贬是买家"。还望广大读者,不吝指正,以便编者择善而从,不断修改,使其日臻完善。

2008 年 10 月 5 日

目　录

第一章　绪言 …… 1
第一节　汉语作为第二语言技能教学历程 …… 2
一、汉语作为第二语言技能教学的简要回顾 …… 2
二、第二语言教学法的影响 …… 3
第二节　汉语作为第二语言技能训练的特点 …… 7
一、注重培养学生的汉字认读和书写能力 …… 7
二、综合性的教学法 …… 9
三、从实践中来的教学原则、教学方法和技巧 …… 11
第三节　汉语作为第二语言技能训练的原则 …… 14
一、对外汉语教学原则的提出 …… 14
二、建构主义的教学观 …… 15
三、对外汉语教学原则的再确定 …… 17

第二章　汉语综合技能训练 …… 24
第一节　汉语综合技能训练的性质 …… 24
一、汉语综合能力训练的特点 …… 24
二、汉语综合能力训练的必要性 …… 26
三、综合课和技能课 …… 28
第二节　汉语综合能力训练的任务 …… 30
一、语言知识教学 …… 31
二、语言技能教学 …… 38
三、文化因素教学 …… 42
四、学习者策略 …… 47

第三节　汉语综合技能训练的过程 …………………… 52
　　　　一、课堂教学 ………………………………………… 52
　　　　二、综合课的环节设计 ……………………………… 54
　　第四节　汉语综合技能训练的方法例示 ………………… 61
　　　　一、导入技巧 ………………………………………… 62
　　　　二、提问技巧 ………………………………………… 65
　　　　三、课文讲练技巧 …………………………………… 69

第三章　汉语口语技能训练 ……………………………………… 77
　　第一节　关于说话行为的研究 …………………………… 77
　　　　一、说话活动的本质 ………………………………… 77
　　　　二、"说的汉语"与"看的汉语" ……………………… 78
　　第二节　汉语口语技能训练 ……………………………… 80
　　　　一、口语技能训练的原则 …………………………… 80
　　　　二、口语技能等级划分与等级目标 ………………… 80
　　　　三、外国人汉语口语表达中存在的问题与教学对策 … 82
　　　　四、口语技能训练的重点 …………………………… 87
　　　　五、口语技能训练的层次 …………………………… 88
　　　　六、口语技能训练的方法 …………………………… 88
　　第三节　口语课教学 ……………………………………… 106
　　　　一、教学环节 ………………………………………… 106
　　　　二、教学示例 ………………………………………… 112
　　结　语 ……………………………………………………… 130

第四章　汉语听力技能训练 ……………………………………… 133
　　第一节　听力技能的属性 ………………………………… 133
　　　　一、听力技能的意义 ………………………………… 133
　　　　二、听力理解的本质 ………………………………… 134
　　　　三、听力微技能 ……………………………………… 135
　　第二节　听力技能训练的性质 …………………………… 138
　　　　一、听力训练的任务 ………………………………… 138

二、听力技能教学的课堂实施 …………………………………… 139
　　三、听力技能训练的原则 ………………………………………… 142
第三节　影响听力理解的因素 ………………………………………… 143
　　一、语言要素 ……………………………………………………… 143
　　二、文化背景知识 ………………………………………………… 147
第三节　听力理解的一般策略 ………………………………………… 148
　　一、图式理论 ……………………………………………………… 148
　　二、自上而下加工模式和自下而上加工模式 …………………… 151
第四节　汉语听力技能教学的要点 …………………………………… 153
　　一、教学目标 ……………………………………………………… 153
　　二、听力方式 ……………………………………………………… 157
　　三、听力练习 ……………………………………………………… 160
第五节　汉语听力技能教学的过程 …………………………………… 161
　　一、听　前 ………………………………………………………… 161
　　二、听　时 ………………………………………………………… 164
　　三、听　后 ………………………………………………………… 165
第六节　汉语听力技能教学的方法与技巧例释 ……………………… 170
　　一、感知性练习 …………………………………………………… 170
　　二、理解性练习 …………………………………………………… 173
结　　语 ………………………………………………………………… 175

第五章　汉语阅读技能训练 …………………………………………… 178
　第一节　关于阅读行为的研究介绍 ………………………………… 178
　　一、什么是阅读？ ………………………………………………… 178
　　二、阅读的目的 …………………………………………………… 178
　　三、阅读的方式 …………………………………………………… 179
　　四、阅读的模式 …………………………………………………… 179
　　五、图式理论 ……………………………………………………… 180
　第二节　关于外语阅读教学 ………………………………………… 181
　　一、外语阅读的目的 ……………………………………………… 181
　　二、外语阅读中存在的问题 ……………………………………… 182

三、外语阅读障碍 …………………………………………… 182
　　四、外语阅读教学的任务 …………………………………… 184
　　五、外语阅读教学的原则 …………………………………… 185
第三节　汉语阅读技能训练 ……………………………………… 185
　　一、什么是阅读技能 ………………………………………… 185
　　二、汉语阅读技能等级目标 ………………………………… 186
　　三、汉语阅读技能训练的层次 ……………………………… 187
　　四、汉语阅读技能训练的内容和方法 ……………………… 188
第四节　汉语阅读教学 …………………………………………… 219
　　一、教学内容 ………………………………………………… 219
　　二、教学环节 ………………………………………………… 219
　　三、不同方式阅读训练的教学步骤 ………………………… 220
　　四、阅读课教学示例 ………………………………………… 222
结　语 ………………………………………………………………… 230

第六章　汉语写作技能训练 ………………………………………… 233
第一节　汉语写作技能训练的目的 ……………………………… 233
　　一、汉语写作训练的特点 …………………………………… 233
　　二、汉语写作的性质与任务 ………………………………… 235
　　三、汉语写作训练的目的 …………………………………… 238
第二节　汉语写作技能训练的语言层次 ………………………… 241
　　一、词汇训练 ………………………………………………… 241
　　二、句子训练 ………………………………………………… 244
　　三、语篇衔接与连贯 ………………………………………… 248
第三节　汉语写作技能训练的方法 ……………………………… 254
　　一、过程写作 ………………………………………………… 254
　　二、任务写作 ………………………………………………… 256
　　三、自由写作 ………………………………………………… 258
　　四、模仿写作 ………………………………………………… 260
第四节　汉语写作技能训练的过程 ……………………………… 263
　　一、写作准备 ………………………………………………… 263

二、写 作 ……………………………………………… 265
　　三、批 改 ……………………………………………… 266
　　四、讲评与修改 ………………………………………… 267
　第五节　汉语写作技能训练的方法 ……………………… 268
　　一、四部教材的文体概括 ……………………………… 268
　　二、文体写作要点 ……………………………………… 273
　　三、练习举例 …………………………………………… 280
结　语 ………………………………………………………… 289
后记 …………………………………………………………… 292

第一章 绪 言

我们习惯上所说的对外汉语教学,其含义是汉语作为第二语言的教学或外语教学,它不同于母语教学,有其特定的教学内容、教学对象和教学目标,在教学方法与手段上也有很大不同。本书名为"汉语作为第二语言的技能训练",目的就在于总结对外汉语几十年的教学经验,探讨"让一个从未学过汉语的外国留学生在最短的时间内能最快、最好地学习好、掌握好汉语"(陆俭明,2004)的课堂教学方法与技巧。

外语教学研究一般分为本体论、实践论、方法论三个层次。本体论探讨的是语言的本质和外语教学的本质;实践论探讨的是外语教学的原则及课程、大纲等相关问题;方法论探讨的是外语教学的组织形式、教学手段和方法等。除了本体研究,实践研究和方法研究都可以归入教学法的研究范畴。由于关注的方面不同,教学法也有广义教学法与狭义教学法之称。美国教学法专家严格区分英语中 method 和 approach 两词的概念,认为 method 指的是具体的教学方式、方法和技巧;approach 则指达到教学目的的教学途径、路子。在外语教学法的文献中,approach 一词主要指广义的教学方法体系。

对外汉语教学法,实际上也有广义和狭义之分。吕必松(1984)认为,"语言教学法是一门科学。它的研究对象是有关语言教学的全过程和各个环节的理论、原则和方法问题,它的研究目的是探索和阐明贯穿于语言教学全过程和贯穿于各个环节的客观规律"(吕必松,1984)。90年代吕必松(1992)再次论述这一问题时,把对外汉语教学的学科理论细分为三个方面的内容:基础理论、教学理论和教学法。为了区分不同层面的"教学法"概念,主张分别用教学原则、教学方法、教学技巧三个术语来表达。2003年,他在教学原则与教学方法之间又增加了"教学路子"的概念(吕必松,2003)。按照这样的划分,对外汉语教学法的内容,从宏观上说,是教学理论的一个完整体系,是处理教与学各类关系的一系列理论认识和指导原则;从微观上说,又是贯穿这些理论、原则的一套方法和各种技巧。可以看出,教学法的宏观内容包括教学原则、教学路子等最具抽象性的那部分内容,与教学法的上位概念——教学理论之间存在着交叉关系,属于广义教学法的范畴;而最具操作性的那部分内容——教学方法、教学技巧则属于狭义教学法的范围。

至此,我们可以认定,本书所探讨的内容基本属于狭义教学法的范畴,而侧重于听、说、读、写技能教学。书中各章节围绕教师与学生、语言与文化、知识与技能、内容与方法、理论与实践等方面,对汉语作为第二语言技能教学的理论原则、过程、方法进行全面的论述。

第一节 汉语作为第二语言技能教学历程

一、汉语作为第二语言技能教学的简要回顾

汉语作为第二语言的教学是伴随着新中国的成长而不断发展壮大的,纵观50余年的发展史,对外汉语教学在教学理论、教学实践及教学方法等各方面进行了不懈的追求和探索,对教学法的认识逐渐成熟而深入。不仅吸收和借鉴了英语教学和国外第二语言教学的经验,而且在保持汉语特色方面,走出了自己的路子,形成了具有汉语特点的语言教学风格。

从50年代到80年代末,是对外汉语教学创立和发展时期,吕必松先生将其划分为4个阶段(吕必松,1989),其特点为:

1. 50年代初到60年代初,草创时期:主张以理论指导实践,讲练并重。通过翻译法讲解语言知识,以词汇和语法为中心,技能训练的原则是全面要求、综合教学、阶段侧重。要求学生全面掌握听、说、读、写四种技能,初期侧重听说,中、后期侧重听读、读写。教学特点有明显的语言学倾向。

2. 60年代初到70年代初,改进阶段:提出"实践性原则",强调"精讲多练",并提出了"学以致用"的教学要求。授课方式由直接法过渡到"相对直接法",不禁止使用外语。

3. 70年代初到80年代初,探索阶段:对实践性的认识更加全面,组织和引导学生通过大量的、自觉的实践来掌握汉语,提出课堂实践与社会实践的结合。采用了听说法句型操练的方法,进行按语言技能划分课型的教学实验,重视专项技能——尤其是汉字读写和阅读理解训练。

4. 80年代到90年代,发展阶段:引进"交际性原则"的概念,确定了汉语教学的主要目标就是训练语言技能和培养交际能力,揭示了语言要素、言语技能、言语交际技能及文化背景知识的相关性和一致性,提出了结构与功能相结合的教学新路子,确定了综合+分技能教学以及单纯的分技能教学这两种并行的教学模式。

经过近40年的不断探索,特别是改革开放以来对各种教学法流派的学习、实践和总结,对外汉语教学逐步形成了一套较完整的教学法路子,在教学理论研究和实践研究等方面都有了更深入全面的认识,逐步形成"以训练语言技能和培养交际能力为主要目标;根据学生的特点和学习目的确定教学内容;采用结构、情境和功能相结合的教学方式;用不同的方法训练不同的语言技能"的教学理念(吕必松,1989)。

90年代之后,直到21世纪,对外汉语教学进入了繁荣发展的大好时期,教学研究逐渐由研究"如何教"转向研究"如何学"。交际法的理论与实践得到深入的理解和贯彻。语言理论、应用语言学理论、第二语言学习理论、认知科学、心理学以及计算机科学的相关研究成果不断为汉语教学带来新的认识理念、新的观察角度和新的操作方法,国外第二语言教学的新方法如任务型教学、过程教学等都给对外汉语教学带来更多的启示。汉语教学的视野越来越宽,路子越来越宽,方法越来越多样,手段越来越新。汉语教学更加注重语言的社会功能、语言的服务功能、语言的教育功能,"培养语言交际能力,而不只是掌握语言知识及语言技能,成为第二语言教学的根本目的"(刘珣,2005)。

二、第二语言教学法的影响

汉语作为第二语言教学一直从英语教学法和国外第二语言教学法中汲取宝贵的营养,而英语作为第二语言教学也是一个逐渐发展完善的过程。过去的一百余年,是外语教学法竞相迭起的时期,先后产生了翻译法、听说法、交际法等卓有成效的教学理论与方法,每一个教学方法的诞生,都从不同方面反映了人们对语言本质和语言教学的认识,其方法的兴衰更替,推动了语言教学的历史进程,这个时期因而也被称为"方法时代"。

从对外汉语教学的发展历程看,以下几种教学法给汉语教学带来的影响最为巨大:

1. 语法翻译法

19世纪,外语教学历史上第一个系统的教学法——语法翻译法诞生了。由于深受古典教学法中拉丁语教学的影响,其教学目的定为培养学生阅读和模仿写作能力。其特点为:重古典语言或用教古典语法的方法教现代语言;教师系统传授语言知识和规则,依靠母语翻译。课堂上以教师为主导,师生间很少交流。

草创时期的汉语教学,具有明显的翻译法倾向,如通过翻译讲解语言知识,教学内容以词汇和语法为中心,教材以音素和语法为纲,采用演绎法教学等。进入60年代,这种做法受到各种条件的限制而做了改进。但是有条件使用外语翻译的班级,仍不排斥使用外语讲解。

2. 听说法

20世纪四五十年代,在结构主义语言学和行为主义心理学理论的基础上,外语教学的听说法迅速崛起。听说法将外语学习视为刺激——反应、形成语言习惯的结果,在课堂上进行大量的模仿、替换等句型操练,强化学生的反应,巩固所学的语言规则。听说法的教学内容紧贴现实生活,强调培养学生的听、说、读、写实践能力,在当时确实起到了快速培养语言人才的作用,极大地提高了教学方法在外语教学中的地位。但是听说法教学以教师为中心、重语言形式、轻语言意义,强调语言操练、忽视语言运用的做法,也成为教学的弊端。

在对外汉语教学领域,听说法也得到了极大的推广和运用,它的"语言是一种习惯"的观念深入了广大对外汉语教师的内心。在课堂上,努力通过各种形式的语法操练,来帮助学生达到语言的"熟巧",成为传授语言规则、加强听说练习、提高学生口语表达能力的重要途径。探索阶段,句型操练的方法引入课堂,其理念也吸收进教材编写中。受亚历山大《英语900句》的影响,从1973年起,北京语言学院着手试编结合句型教学的新教材,1980年,《基础汉语课本》出版,1981年,《实用汉语课本》问世。在结构、功能相结合原则的指导下,课堂教学中,句型操练的方法至今仍发挥着积极的作用。

3. 交际法

20世纪70年代后,行为主义和结构主义逐渐式微,听说法遭受了前所未有的批判。此时出现了以心理语言学为理论基础的认知法和以社会语言学理论为基础的交际法,外语教学研究的中心逐渐转向教学对象、习得过程、学习策略等方面。认知法强调培养学生的认知能力,交际法注重培养学生的语言实际交际能力,两者也可统称为功能法,本文主要以交际法的名称来概述。

交际法的出现,成为外语教学界影响深远的一件大事,它迅速被外语教学人士所接受,并逐渐成为第二语言教学的主流教学方法。

交际法的主要特点是：

(1) 把言语交际作为全部教学的出发点和落脚点

交际法认为语言是人与人之间的交际工具,交际功能是语言最本质的功能。语言教学要从学生的实际目的出发安排内容和选择方法,课堂中所学内容都能在实际中运用,教学的目的就是教会学生创造性地、有目的地运用外语进行交际,从而在不同的场合、不同的人际关系中恰当、得体地表达自己的思想与感情。

(2) 以功能为纲

采用功能—意念大纲,选择最通用的功能项目作为教学内容的核心。它把语言功能分为六个主要范畴(章兼中,1983),1) 表达和了解；2) 表达与获悉理智的态度；3) 表达与获悉感情的态度；4) 表达与获悉道义的态度；5) 请求；6) 社交。在教学和教材编写上,注意语言形式与功能项目的结合。

(3) 教学过程交际化

课堂教学要为实现交际目的提供一切可能的真实场景和语言材料。首先教学内容要选择真实的、自然的言语,而不是特意拼凑的生硬语言；其次要结合具体语境,选择恰当、得体的语言表达形式；再次要创造真实的交际环境或接近真实的交际场合进行自由表述和发挥。强调在话语中使用语言,反对机械性的句型操练。综合性地运用语言交际活动的各种要素,如语境、语体、社会、性别、心理和手势、姿势等。

(4) 以学生为中心

强调从学生的实际出发,确定教学目的,根据教学目的选择教学内容和制定教学方法。在教与学中,认为"学"最重要,在教师和学生方面,认为学生更为重要,教师的任务只是为学生提供和创造学习和使用语言的条件。在学习过程中,强调调动学生学习外语的主动性和积极性,促使内因发挥作用。利用学生用外语表达的愿望,发展交际能力。

(5) 听、说、读、写综合训练与单项技能训练

作为交际工具的语言,既是口语形式的,又是书面形式的,学生学习口语和书面语同等重要。言语活动的各技能听、说、读、写,并不是孤立的,它们必然是一种综合的言语活动,因此综合训练与单项技能训练协调起来进行。四种活动的先后顺序、快慢则无关紧要。

(6) 因需施教,分组教学

首先调查学生的学习需要,具有相同需要的学生编为一组,进行分组教学。上

课经常采取两人一对、4—6人为一组的小组活动形式,各小组的教学目标和学习侧重有所不同,但成为相互联系,有机的体系。

(7) 发展专用英语

专用英语指掌握与某种特定职业、科目或目的相联系的英语。它有两个明显的特点,一是由职业决定,如工程师、医生、售货员等,在职业范围内达到使用英语的目的;二是有特殊的内容,即专门化的内容,如独特的用词、用语和语言结构模式等。

交际法的来源一个是英语的功能主义学派,另一个是美国的社会语言学。海姆斯(Hymes)基于社会语言学思想所提出的"交际能力"的概念,对交际法的确立与发展产生了巨大的影响。交际能力指一个人运用各种可能的语言和非语言手段来达到交际目的的能力,它至少包括两方面的内容:语法性和可接受性。语法性即某种说法合乎语法规则;可接受性指在文化上是可行的,在一定的情景中是得体的,并实现了交际的目的。

交际能力由以下四方面能力构成:

1) 语言学能力,即掌握语法的能力,包括词汇、词法、句法、词义与语音等方面的知识。熟练掌握语音、词汇和语法结构知识,是语言交际能力的一部分,而且是交际能力的基础,离开了这一基础,交际就无法进行。

2) 社会语言学能力,即掌握语言社会功能的能力,指使用语言的社会文化规则。语言要想在意义和形式上都具有得体性,必须考虑到人们的社会环境、身份地位、亲疏程度、利害关系、性别年龄、文化习俗的不同。

3) 语言策略能力,即为使交际顺利进行而采取的语言与非语言交际策略,如会话中的重复、停顿、转换话题,以及使用手势、表情等肢体语言等。

4) 语篇能力,即在语篇层次上掌握使用语言的规则,如修辞、组句成篇的规则等。

交际法的出现,大大拓宽了人们研究语言的视野,也给语言教学提供了一条崭新的路子,以学生为中心,教学过程交际化,知识必须转化为技能,培养交际能力是教学的目的,已成为第二语言教师和学者们的共识。

80年代以后至今,在对外汉语教学领域,交际法的教学理念和原则不仅得到大力提倡,而且在教学中得到广泛的执行,能够根据学生的需求和学习目的来安排教学内容和训练方法,注重语言能力的培养,在课程设置上体现出语言技能训练的思想。一般的院系都不仅开设综合课,而且开设听力、口语、阅读、写作等单项技能课,教学过程围绕着交际目的来展开。除了提供大量真实的语言材料、精心选择操练的技巧外,还特别注意语境的作用,强调在一定的语言环境下,让学生理解语言、运用语言。教学时注意文化内容的解释,也融入了跨文化交际策略的使用。

第二节 汉语作为第二语言技能训练的特点

"汉语教学法和其他语言作为外语的教学法必然有许多相同的地方,也必然会有教汉语的独特的地方"(王还,1994)。教汉语要研究第二语言教学的普遍规律,更要研究汉语教学的特殊规律。吕必松把汉语作为第二语言教学不同于其他第二语言教学的地方概括为:教学重点不同;教学内容的编排顺序不同;处理听说和读写关系的原则和方法不一定完全相同(吕必松,2007)。汉语作为第二语言教学发展到今天,是一个长期的探索和完善的过程,其中既留下了俄语教学法的影子,也打下了西方外语教学法的烙印,在不盲目照搬的情况下,汉语作为第二语言教学体现出"汉语"教学的诸多特点,这些特点多是基于对汉语及其媒介——汉字的特殊性认识之上的,并体现于教学的过程中的,并不具有语言教学的共性。其特点表现在:

一、注重培养学生的汉字认读和书写能力

汉字是用笔画组合的方法在三维空间里造型的文字,与线性拼音文字相比,具有难认、难记、难写的特点,因此,汉字教学一直是汉语教学的一大难点,也是与其他拼音文字语言教学相比,更加需要着力的方面。汉字教学在汉语教学中占据着重要的位置,学生的汉字水平不仅是检验其汉语水平的一个标准,也是制约其语言发展的一个关键因素,如果汉字学习不过关,学生不会认不会写,只能成为"文盲型"人才,"跛脚"人才。因此,对外汉语教学,从一开始就注重培养学生的汉字认读和书写能力。

1. 加强汉字认读训练

认读汉字就是学生在见到汉字书写符号时,能快速地识别并念出来。教师常常利用各种可能的机会来训练学生的识字能力。如综合课和口语课学习生词时都注意让学生认读生词,板书完全采用汉字,课文操练时采用阅读和朗读的方法,复习生词时使用汉字卡片等,这些方法和措施都是为了提高学生见字识义的能力。

认读的需要尤其体现在阅读课上,学生的阅读能力体现在两方面,一是认读的准确性,一是认读的速度,只要阅读速度快,理解正确,解码的能力就强,对文章的把握才有可能准确。因此阅读技能训练中会有辨析汉字的练习、按照意群划分词块来快速理解的练习等。

2. 强调汉字的书写训练

要求学生正确书写汉字,以综合课和写作课的要求最高。零起点的综合课课本一般都配有汉字笔顺表和汉字练习本,方便学生练习。学习新课时都有生词听写环节,结束新课时,也都安排听写句子或抄写段落的练习。各种形式的写作性练习,一律要求用汉字完成。

为了帮助学生学习汉字,课本中会介绍一定的汉字基础知识,讲述汉字的笔画、结构、偏旁等,有的学校还开设汉字选修课程,对学生进行专门化的讲解训练,到高年级甚至开设文字课,从汉字的源流、演变等角度分析汉字构字理据、古今字义等,进行系统的文字和文化教育。

3. 探索汉字教学的途径

很多研究者从汉字本体、汉字认知等方面积极探索降低汉字学习难度、提高汉字学习效率的教学途径。最常用的方法是,采取分解形旁和声旁的方法,利用形声字的音义理据,来帮助学生理解和记忆汉字。从形旁入手教写汉字的方法已被很多教师采用,而声旁的作用也不容忽视。张熙昌(2007)的研究显示,2500个常用字中,形声字有1644个,占常用字的65.76%。整字与声旁在声韵调三方面的读音相似度为58%,其中声韵调都相同的有490个,占形声字的29.81%。声旁研究的意义是,可以完全借助这些字中表音效果好、构字能力强的声旁,来集中识记那些包含这些声旁的汉字。

施正宇则将目前对外汉语教学的症结归为汉字教学与词汇教学的严重割裂,提出了一个以词、语素、汉字为基本框架的教学理念(施正宇,2008)。她建议以词的使用频率和字的构形规律为基本线索来构建教学词库,梳理与之相关的教学字库,做到字词兼顾,并利用语素的作用拓展学生的汉字能力和汉语能力,具有较高的理论意义和实践意义。崔永华通过考察中国儿童识字过程和教学方法,提出了语文分开、先语后文;先认读,后书写;分层次教学;识多写少的汉字教学方案(崔永华,2008),为对留学生的汉字教学提供了明确的教学之路。

二、综合性的教学法

对外汉语教学界一直以一种客观、宽容的态度来看待语言教学方法,在吸收、借鉴各家之说的同时,一直没有放弃自我追求、自我完善的观念,因而也从未出现随风吹、一边倒的情况。在不同的时期、不同的阶段,面对不同的教学对象、针对不同的教学环节和训练内容,提倡选取最恰当、最有效的教学方法,以追求最优质、高效的教学效果。不管是翻译法也好、听说法也好,都是吸取其合理的成分,以符合汉语教学的需要。不墨守成规,也不苛求包治百病、博采众长、兼收并蓄,所形成的汉语教学法具有明显的综合性的倾向。

1. 首先,对于历史上先后出现的各种教学法,对外汉语教学并不是完全照搬,而是因地制宜、为我所用。

五六十年代的汉语教学,虽然采用了翻译法的方法,但是使用的时间短(7 周时间),不普遍(主干课),有观点认为那是一种"不得已"的折中措施。"50 年代直到 60 年代初,对外汉语教学语音语法阶段的开头几周(共约 7 周),确曾用过汉语教师带'教学翻译'上主课的方式,但这段时间只占全学年的 1/5 左右……从全局看也不是以通过翻译进行讲解作为教学的主要手段"(任远,1985)。1952 年的教学总结(《1952 年教学总结》油印稿)指出带翻译上课的缺点说:(1)时间上不经济,一节课只等于半节;(2)学员俄文水平不齐,有的对教学内容不能全部领会;(3)学员依赖俄文翻译,可能不听中文讲解。因此,60 年代以后,教学情况日益复杂,学生来源日益不同,翻译法的做法逐渐被取消。60 年代也开始使用直接法的一些教学方法,如直接用汉语上课,使用图片或实物等形象化手段,帮助学生理解意义和熟悉声音等,因为不排斥语法翻译,后人将其概括为"相对直接法"。

而现在的教学法中也大量保留了听说法中的合理性成分。比如按照结构主义观念制定的词汇和语法等级大纲仍是我们今天进行语言要素教学的参照依据;而词语朗读、句型的替换、课文内容的问答和复述等机械性、模仿性的操练也是课堂上常常使用的、富有效果的教学技巧。对于初次接触汉语的留学生,这种大量的、反复的结构性操练,能够起到由生疏到熟练、强化语感的作用。

80 年代后期,交际法盛行,对外汉语教学逐渐确立了结构——功能——文化三位一体的教学法新路子。"语言教学法的研究——各得其所、各取所需、各有千秋"的观念逐渐形成,人们已认识到,"没有一种教学法是全能的,也没有一种教学法是毫不足取的"(赵金铭,1996),世上还没有一种教学法能应对所有的教学问题而放之四海而皆准。语言教学的复杂性告诉我们,应该采用综合的、客观的、为我所用的态度,以历史的观点冷静分析汉语教学的实际,根据不同的教学目的、不同的教学对象、采取不同的教学方法,取之所长、摒弃其短,这才是解决语言教学问题、提高语言的教学效果最有力的方法。正如张清常(1990)先生所说,汉语教学研究,"一不能忘记汉语本身的特点,二不能忽略中国传统语文教学千百年经验的合理成分,三不能忽视国外某些教学法它们一方面显示其优越性另一方面却也暴露出一些严重问题的这种缺陷。"固守某一教学法、或苛求某一教学法都是不现实的。

2. 其次,对外汉语教学一直将语言综合能力的培养作为教学的首要目的。

纵观语言教学法的历史,后一方法总是以前一方法的批判者的身份出现,因此在思想上、方法上都有其相反或相对的方面,所极力提倡、彰显不同的特征,往往带来理解和操作上的片面性。如与语法翻译法针锋相对的直接法,痛感以阅读翻译古典文学作品来学习外语的弊病,提倡在教学中排除母语的干扰,直接将外语与实物、图片和行动结合起来,用听、说的方式,学习生活化的口语。直接法虽然克服了翻译法不注重培养口语实践能力的弊端,但操作手段的单调,过于依赖实物、动作,也显示出词汇教学和系统语法规则教学的不利之处。听说法教学影响巨大,在一个时期甚至让人们产生教学方法决定教学成败的印象,但在认知法看来,不关注语言形式的意义、死记硬背,扼杀了学习者的思维与创新精神,否定了人在语言学习中积极主动参与的作用,是毫不可取的;而听说法过于关注语言规则的系统与使用的正确,不关注语言环境和社会环境的要求,也成为交际法猛烈抨击的对象。事实上,对交际法训练之下语言形式准确度与流利度关系的反思,在一定范围内实现了向听说法的回归。

对外汉语教学,从一开始就有比较清醒的认识,而没有走上语言教学的极端。据老一辈的教学家回顾,从50年代起,教师就把培养学生具有一定的言语能力、能够在大学学习和生活作为教学的根本目的,并且明确提出"外语教学中以培养阅读和笔头翻译能力为目标的翻译法不符合我们这样的教学任务"(李培元,1988)。汉语教学始终围绕着学生需要来设计,并不断进行调整,没有出现因训练读写而忽略听说、训练听说而轻视读写的极端现象。从教学的指导思想到课程设置,都体现出全面要求的原则。教学的综合性不但体现在把语音、语法、词汇等各项内容融为一体,而且体现在对学生进行听、说、读、写技能训练时,也是实行综合教学而不是分科教学。如50年代,基础阶段只开一门集语音、语法、词汇为一体的综合课,按照阶段划分为语音、语法、短文(词汇)阶段,课型为讲练课、复习课、练习课。基础阶段之后,适当地设听力、口语等课型,要求学生全面掌握听、说、读、写四种技能,60年代后更加明确了教学目的就是"四会全面要求,侧重听读"(李培元,1988)。

80年代以来,对外汉语界逐渐明确了技能教学的思想,进而提出不同的语言技能需用不同的方法来训练的原则,开始了按技能设课的尝试。之后逐渐形成两种教学模式:综合课(或称精读课)或单项技能课,综合课+单项技能课,而后者使用范围更广。短期教学(4—6周)一般单设综合课或单项技能课(中高年级可能配有听力课和阅读课),主要原因是时间短,课时少,学生要求不一;长班教学多采用综合课+听力、阅读、口语等单项技能课的模式,也可能开设各类选修课程,如汉字、正音、语法、翻译等。

综合与分技能训练相结合的模式首先是基于对汉语技能训练特点的考虑。不同的语言技能有不同的输入和输出方式,听力靠声音输入、阅读靠文字输入,说话是口头表达、写作是文字表达,学生参与的认知过程和心理方式都不尽相同,课堂教学自然也不会千篇一律。分技能训练的方法,可以充分照顾到各语言技能的特点,采取适宜的训练方法,来进行针对性的集中训练;而综合课则便于将单项技能课的训练成果,在综合课上加以整合,从而达到由集中到分散、由分散到集中的整体效应。综合课+单项技能课的教学模式也是目的语环境下汉语教学的一个特点,产生的原因主要跟学制有关。

三、从实践中来的教学原则、教学方法和技巧

对外汉语教学逐渐从实践中总结和提出了对外汉语教学一些核心的、经典性的教学原则,总结了大量的、具有时效的教学技巧和方法。

60年代是汉语教学研究的一个重要时期,在对以往教学实践进行全面总结的基础上,人们不断概括和提出了若干具有深远影响的教学原则,教学原则是"教授语言的法则。它反映语言规律、语言学习规律和语言教学规律,用以指导和规约总体设计、教材编写、课堂教学和语言测试等全部教学活动"(吕必松,2007)。其后多年的研究论述,也多围绕着这些原则而展开,可以说它们凝聚了对外汉语教学几代人的思想精华,也是对外汉语教学最核心、最重要的方面。

1. "学以致用"原则、"实践性"原则和"精讲多练"原则

1979年,钟梫在《十五年汉语教学总结》中,对五六十年代的汉语教学情况进

行了全面论述(钟梫,1985),提出了实践性原则、学以致用原则、综合教学的原则、听说读写译阶段侧重的原则、精讲多练的原则。之后,任远(1985)、李培元(1988)在相关论述中都做了进一步的阐述和肯定。

刘珣则在第二语言教学理论的成果上,进一步丰富和完善了教学原则理论,他将散见于各种文章中的主要观点概括起来,形成了十条教学原则(刘珣,1997)即:

(1) 培养运用汉语进行交际的能力;

(2) 以学生为中心,教师为主导;

(3) 结构、功能、文化相结合;

(4) 强化汉语学习环境,扩大学生对汉语的接触面;

(5) 精讲多练,以言语技能和交际技能训练为中心;

(6) 以句子和话语为重点,语音、语法、词汇、汉字综合教学;

(7) 听、说、读、写全面要求,分阶段侧重;

(8) 利用但控制使用母语或媒介语;

(9) 循序渐进,螺旋式提高,加强重现率;

(10) 充分利用现代化教育技术手段。

其中除了第(2)、(10)条以外,其余都可以看出对外汉语教学几十年一脉相承的关系,其中历史渊源最长久的就是"学以致用"原则、"实践性"原则和"精讲多练"原则。

"学以致用"原则属于教学观范畴,它认为语言教学关系到学生的成长与发展,教学活动要紧密结合学生的需要,主张教学为生活服务,这实际上说到了语言教学的本质,即语言是人们生活和交往的工具,语言教学的目的就是帮助学生掌握这个工具。当时学以致用的原则主要针对教学内容而提出,要求精选生活内容,保证学生学了能用,学了即用;另一个是学业内容,保证学生顺利入系。之后,从这个角度又衍生出汉语教学"实用性"、"针对性"、"交际性"等概念,可以说,"学以致用"的思想反映出早期乃至当代对语言教学的深刻认识,与交际法思想有相当的吻合。

"实践性"和"精讲多练"属于操作性原则。"实践性"反映了理论与实践相结合的思想,它认为,学生语言能力的获得要依赖反复实践,特别是真实的社会实践,因此鼓励学生走出校门、走向社会,充分利用汉语的大环境学习语言。"实践性"在一定程度上反映了对教学环境作用的认识。在课堂教学中,"实践性"体现为"精讲多练"原则。"精讲"指进行必要的、适当的理论讲解,如句型基本用法的解释与归纳等。讲的时候力求简明扼要、少而精;"多练"指把时间给学生,精心设计教学活动,利用各种方式,提高学生的开口率,还包括教师直接使用汉语教授的做法。"精讲多练"没有明确的"讲"、"练"比例,四六、三七的说法都曾有过。

"学以致用"、"实践性"和"精讲多练"原则几十年来一直为汉语教师所恪守不悖,它们构成了对外汉语教学法发展的核心。

2. "滚绣球法"、"以旧代新法"

课堂教学技巧是教学方法的具体化,是完成课堂教学任务、体现教学效果最直接的手段和策略,教学技巧的好坏、运用是否得当、是否巧妙,反映出教师对教授内容的理解和把握程度以及经验的多寡。崔永华和杨寄洲曾详细说明了教学技巧的概念,他们认为:"课堂教学技巧包括两类课堂教学行为:第一类是教师在课堂教学中,为使学生理解和掌握所学语言项目或言语技能所使用的手段,比如用实物或图片介绍生词;第二类是为使学生掌握所学的语言项目和言语技能,学生在教师指导下进行的课堂操练方式,比如通过替换练习让学生掌握新学的语法项目"(崔永华、杨寄洲,1997)。他们主编的《汉语课堂教学技巧》一书,列举了多达300多项的教学方法与技巧。

在语言要素和语言技能教学中,老一辈教学工作者非常重视教学方法和技巧的作用。他们针对汉语的特点,总结了不少极具本土气息的方法和技巧,如用"滚绣球法"学习词汇、"以旧代新法"学习语法,程美珍教授用"a_i"的方式来标注发音重点,田万湘教授"一版多用"板书的设计方法等,都是针对某一具体的教学要点提出的,既有针对性,又有实际的效果,是经验与智慧的结晶。

"滚绣球法"是针对词汇教学提出的。它充分考虑到汉语组字成词、组词成句的特点,利用生词扩展的方式训练学生造句能力。如:

学习

学习汉语。

努力学习汉语。

我们努力学习汉语。

这种由小渐大、不断添加扩展的训练方法,可以帮助学生建立基本的句子概念,快速地记住词义及用法,在综合课、口语课等生词操练环节都会用到。姜丽萍的"扩展式教学法"则把这种方法扩展到了句群和段落(姜丽萍,1999),使其得到了更大的应用。

"以旧代新法"的适用面比较广,可以用在生词、语法、课文等操练中,尤其是用在语法教学的引入环节。汉语教学讲究由易到难、循序渐进的教学原则,在学习一个新的知识点时,教师往往利用以前学到的知识来铺垫、带入,这样不仅能复习巩固旧有的概念,而且显示出与新知识点的区别与联系。可能补语就是一个典型的例子。在讲解可能补语时,教师可以用包含结果补语或趋向补语的句子作铺垫,用图片或语言来进行情景介绍、问题描述:

麦克一次能吃20个饺子,今天朋友给他买了30个饺子,他能吃完吗?
公共汽车上很挤,麦克能上去吗?

然后根据所给回答,自然地引出可能补语的结构形式,并解释使用规则;再通过大量的练习来帮助学生巩固理解,加强使用。

第三节 汉语作为第二语言技能训练的原则

一、对外汉语教学原则的提出

任何教学法都有指导教学的理论原则,对外汉语教学也不例外。吕必松认为,明确教学原则必须理清以下关系,并提出了对外汉语教学的六大原则:

(1) 教师与学生的关系:赞成"以教师为主导、以学生为中心"的提法。强调从学生学习特点和需要出发,发挥教师在制订教学计划、选择教学路子和方法上的主导作用。

(2) 语言教学和文化教学的关系:交际文化的教学要从属于语言要素教学和语言技能训练,不能片面化。

(3) 教学内容与教学方法的关系:教学内容决定教学方法。

(4) 知识传授与技能训练的关系:语言教学既要传授知识,也要训练技能,并且要把两者结合起来。

(5) 理论讲解与言语操练的关系:理论讲解服从于言语操练。

(6) 目的语与媒介语的关系:严格控制和适当使用媒介语。

如前所述,刘珣的论述将对外汉语的教学原则细分为十大原则,其中前九条都可以概括在这六大原则里,第十条"充分利用现代化教育技术手段",可以说现代科学技术飞速发展给我们提出的新要求,新任务,反映了语言教学与时俱进的追求。

对外汉语的教学原则是在一定的理论基础上,对五十余年教学实践经验的概括总结,然而,我们的教学法体系也不是没有问题。赵金铭先生曾说:"检视多年来的课堂教学,总体来看,教学方法过于陈旧,以传统教法为主,多倾向于以教师为主,缺乏灵活多变的教学路数与教学技巧"(赵金铭,2006)。确定教学原则,既要立足现在,更要面向未来。更新观念,及时了解国外语言教学的新思想、新动态,并将它吸收进汉语教学法体系中来,才能使汉语教学不断充满活力,并肩负起汉语普及和推广的重任。

20世纪末,国外的语言教学已经进入了"后方法时代",外语教学界认为,语言教学,"其成效取决于多种因素,特别是取决于课堂教学最主要的因素——教师与学生,他们的理念与能动作用,以及教学中使用的策略、方法及手段"(左焕琪,2007)。一个哲学、教育学、心理学等领域影响深远的主流学派——"建构主义"已经形成。"建构主义"是一个关于知识与学习的理论。新的教学观不仅远远超越了行为主义与结构主义的范畴,而且比认知法和交际法更深入了一步,带来了教学观念上的大转变,我们所熟知的任务型教学就是其中的一个代表。

二、建构主义的教学观

建构主义是沿着行为主义——认知主义的路径发展起来的,最早可追溯到皮亚杰儿童认知结构发展的"同化"与"顺应"学说。他认为,儿童是在与周围环境的相互作用中,逐步建立起关于外部世界的知识的。后世学者进一步研究和探索了个体的主动性,特别是社会文化历史背景在建构认知结构过程中的作用,逐步建立和完善了建构主义理论。

建构主义认为,学习是学习者主动建构内在的心理表征的过程。学习者的知识体系并不是从外界照搬而来的,而是建立在自身经验的基础上,通过与外界的相互作用来建构的。由于每个人对事物的理解都有偏颇之处,因此需要通过与他人的交流,来不断丰富和完善自己的理解。建构主义的要点有如下三点:(1)知识是学习者自己建构的,不是他人传授的;(2)知识是经验的重组与重新构建,是体验、发现和创造的过程;(3)互动和合作有助于构建知识,特别是通过社会环境中的互动与合作,孤立的学习不能导致知识的增长。应用在外语教学上,建构主义的教学观强调在教师指导下的、以学生为中心的学习,以及与学习环境相适应的教学模式,即:"以学生为中心,在整个教学过程中由教师起组织者、指导者、帮助者和促进者的作用,利用情境、协作、会话等学习环境要素充分发挥学生的主动性、积极性和首创精神,最终达到使学生有效地实现对当前所学知识的意义建构的目的。"(何克

抗,1997)。其精神实质,概括起来有这么几点:

(1) 以学生为中心的教学理念

学习即体验。在学习过程中,学生必须亲自参与到知识的建构过程中来,通过反思自己的经验,进行有效的分析、说明与预测,来体验和理解事物的由来,从而获得知识、培养能力。学习者的知识来源不再是教师,这改变了教师是知识的传授者和灌输者的身份,不仅彻底颠覆了传统的"以教师为中心"的观念,而且进一步深化、明确了认知法、交际法所提倡的"以学生为中心"的内涵。

(2) 强调环境的综合作用

建构主义认为,学习环境是学习者进行自由探索和自主学习的场所。"环境"不仅指我们传统意义上的语言环境、更指社会环境、文化环境。在此环境中,学生可以利用各种工具和信息资料来进行学习。课堂也被视为多种环境因素互动的场所,师生之间、生生之间,不同的人作为社会的人进入课堂,带来了他们不同的需要和特点,也带来了认知与情感、知识与能力的诸多矛盾,学习的过程就是解决各种矛盾的过程。

(3) 强调合作学习

建构主义不仅重视环境对学习的影响,更重视学习者与环境互动的意义。强调师生互动、生生互动,协作学习、合作学习。在教师的组织和引导下,学生们组成一个个学习的群体,通过小组内和小组间的讨论、交流,通过不同观点的交锋、补充、修整,达到理解意义、掌握知识的目的。在这样的协作学习环境下,个人的思维与智慧可以被整个群体所共享,从而实现整个学习群体意义建构的完成。

(4) 提倡自主学习的精神

建构主义彻底摒弃了以教师为中心、强调知识传授、"喂养"式的教学观,积极鼓励学生发挥自主学习精神,进行探究式学习。教师不再直接告知学生应当如何去解决面临的问题,而是依据"邻近发展区"的要求搭建概念框架,提供解决问题的线索,鼓励学习者进行协商、合作,自我寻找解决问题的答案。而解决问题的过程,有赖于学生的创新意识和探索精神,因此极大地促进了学习者智力与人格的进步。

建构主义从人的认知发展和心理发展的角度所提出的学习观和教学观,给外语教学带来了根本性的变革。当我们运用建构主义的思想回看汉语教学的原则、方法时,会发现对某些问题的认识更加明确了,对某些问题有了更深入的解释,因此有必要进行重新诠释。

三、对外汉语教学原则的再确定

根据以上的论述,对外汉语教学的教学原则有必要增加一些新的内容、新的元素,或者进行一些新的解释。以往的论述中,对实践性、方法性的方面关注较多,内容充分,而对教学理念性的论述相对薄弱。再次确定对外汉语教学原则,有必要对此加以充实。

新的教学原则体系可以分为两大部分:教学理念和操作规则。"教学理念"是依据教学理论、学习理论概括出的指导教学全过程的方针和总则,属于上层概念;"操作规则"是在教学理念规约下的教学途径与方法,属于下层概念。它们有层次之分。

教学原则下辖两部分,共七条:

教学理念:

(1) 以学生为中心、以教师为主导的原则;

(2) 以培养交际能力为目的的交际性互动原则;

(3) 以自主学习、合作学习为特征的课堂教学原则;

操作规则:

(4) 听说读写综合能力培养的目标;

(5) 结构,功能,文化相结合的教学路子;

(6) 精讲多练的实践性原则;

(7) 充分运用多媒体和网络进行教学。

以下简要述之。

1. 以学生为中心、以教师为主导的原则

"以学生为中心",表现为将学生视为课堂教学平等的参与者、合作者,在学习过程中,充分尊重学生的自我意识与需求,创设各种机会与情境,让学生去体验、去应用,在此过程中,充分发挥学生的主动性和探索精神,形成对客观事物的认识、提高解决问题的能力。"首创精神、知识外化、实现自我反馈是体现以学生为中心的三个要素"。(何克抗,1997)

在汉语教学安排上,要在充分调研的基础上,根据学生的特点和需要制订教学计划、确定教学内容和方法。教学计划要有灵活性,以指导性为主;学习的内容应是真实性的、富有交际性的,体现有意义的学习;学习的方法以任务式活动为主,减少控制性的活动;教学过程中应加入目标管理、自我反馈等环节,鼓励学生发挥学习的积极性和主动性。

2. 以培养交际能力为目的的交际性互动原则

"交际能力"主要包括语法能力、语言应用能力和交际策略能力,它是一个知识与技能庞大的系统。交际能力的形成不是1+1式的简单推演、叠加,而是多因素综合作用的结果。从语言学习的初级阶段开始,就应将语法知识向语言能力的转化居于首要位置,在形成语法能力的过程中,语言应用能力和交际策略能力的培养也自然地融入其中。

交际型互动方式是培养交际能力的必由之路。互动指多方面因素的交互行为,最典型的指师生互动和生生互动。互动的核心是意义协商,因为在交际过程中,"交流双方并不是一次性地、毫无障碍地成功表达意义或传递信息,而是要经过提问、证实、复述等一系列协商过程"(程晓堂,2004)。语言输出以后,输出一方必须接受对方的反馈,以确定表达是否正确、准确;如果不正确或不准确,就需要输出者调动已有的知识与技能,调整自己的语言,直至交际对方理解。调整语言输出的过程,就是学习者不断修正原有的知识体系、逐步提高运用能力的过程。

在互动环境中,各因素的潜力被激活,课堂生机勃勃、充满活力,教师、学生的积极性和创造性得到极大的发挥。要保证互动教学的效果,必须注意以下几点:

(1) 教学内容要真实、利于交际。紧密结合学生的生活实际选取话题、练习和活动形式,从学生身边的、熟悉的内容,逐渐扩展到不熟悉的或抽象的内容。

(2) 设置的活动和任务要富于挑战性。互动的内容和方式要能够启发学生的心智,引起他们的兴趣。不论是问答还是会话,都应该包含足够的信息,有意义,有结果,并有利于达到我们的教学目标。

(3) 教学结构留有空间。环节设计不必严丝合缝,教师对课堂的控制不能太严,采取开放式的教学结构,以利学生充分地参与。提出的问题要能启发学生的思维,不必强求答案的一致性。允许少量的机械练习或封闭性回答。

(4) 教学内容、方法的设计要符合学生的年龄和心理。注意学生的个体差别、情感和动机,过于常识的内容、幼稚化的方式都要杜绝。根据学生的特点划分组别,因材施教。

3. 以自主学习、合作学习为特征的课堂教学原则

任何学习都有赖于学习者自身的努力,传统教学方法对课堂控制过严,在一定程度上影响了学习者积极性和主动性的发挥,也影响了教学效果。培养和发挥学生的自主学习能力和合作学习能力,"授人以渔",是调动学生学习热情、实现"以学生为中心"的必由之路,也是今后汉语教学工作的着力点。

自主学习不是自学,而是指在课堂教学中发挥主人翁的责任感、进行有效的目标管理和发现式学习。培养学生的自主学习意识,关键的因素在教师。自主学习的课堂,教师的作用更全面、更艰巨,其作用体现在:

(1)帮助学生明确教学目标。放手让学生参与教学目标的确定及管理,能改变长久以来所形成的学生被动学习的局面。对于教学目标的制定,学生要有知情权,学生不仅要明确知道教学计划中每一个学期、每一个阶段的教学目标,还可以提出修改意见。学生必须了解学习的内容,才能知道自己是否理解了、是否达到了学习的目标。以往我们的教学,忽视了教学目标管理在语言学习中的作用,教师习惯于在下课的前几分钟进行归纳总结,实际上这与自主学习的原则是相悖的。

(2)提倡创造性的学习方式。以往的教学,基本上局限于教师讲、学生理解的范围,"懂了吗?"就是教师们最关心的问题。运用自主学习的理念,教学的顺序应该是学生先通读材料,寻找语言点、生词等疑难问题,然后尝试解决问题,教师做总结。教师应积极提倡创造性的学习方式,鼓励学生利用各种资源,寻找多样化的解决问题的途径,如学会使用词典等工具书、上网查找资料、与同伴交流等,发挥创造思维能力、联想和猜测能力。

(3)指导学生寻找适合自己的学习策略。教师应该不断帮助学生根据自身的学习特点,寻找最适宜的学习方法和策略。采用聊天、座谈等方式,了解学生的状况,帮助他们改进学习方法,扬长避短,在班级中鼓励向他人学习的风气。

除了自主学习外,与同学结成共同学习的伙伴关系,培养和锻炼学生的合作学习能力,同样是教师的重要工作。合作学习的方法有合作完成项目、小组调查、分配角色等。合作双方有着相互依存、相互促进的作用,一般认为,合作学习中学生关系融洽,容易从他人处吸收新的知识,也能克服自身的弱点,如不敢发言等。教师应该创造条件,组织有效的活动,锻炼学生的合作学习能力。

4. 听说读写综合能力培养的目标

"听说领先、读写跟上"、"全面要求"、"四会",对外汉语教学一直把培养学生的语言综合能力作为教学的中心任务。语言能力虽然从技能的角度可以划分为听、说、读、写四项,但它们并不能截然分开,也不能简单地相加。各技能之间是相互促进、相互制约的关系,并形成一个完整的整体,技能的不平衡必然导致语言能力的下降,往往是"最短的板"决定了整体的性质和能力。

整体教学或综合教学的思想是遵从语言的本质来考虑的,但不排除我们可以采用分技能教学的方法。对外汉语教学的技能教学是在综合教学基础上的提高与扩展,这是因为:

(1) 课时均大大少于综合课,不会冲击综合课的教学。

(2) 有最适应的教学方法。不同的技能有不同的信息加工模式,有可以分解的学习活动,有针对性的训练方法。技能教学有助于在相应的教学规律和学习规律的指导下,较快地提高某一单项技能的水平,而满足技能不平衡的学生或特殊学习目的的学生的学习需求。

(3) 技能训练是有综合特色的技能训练。听力课、口语课、阅读课、写作课,绝不仅仅是听、说、读、写而已,而是融合了其他技能方式的课程。以听力课为例,只听不说、只听不看、只听不写的活动是不可能存在的。一堂技能课,只能说以某一项技能训练为主,还要借助其他的技能手段。往常我们所说的"突出课型特点",以综合能力培养的理念看,也不是绝对的,关键是,该突出的是否突出了。

(4) 最重要的一点,离开了综合教学的技能教学是不存在的。从课程设置、课时安排、教学要素的选择、内容的处理各方面来看,技能训练都是在不同程度、不同层面上对语言教学的诠释。

5. 结构、功能、文化相结合的教学路子

结构,泛指一切语法形式,不仅局限于句型,也包括汉字、语音、词汇、语篇等语言要素及其规则;功能,指用语言做事,表现为具体语言环境下、得体表达的各种言语形式,有功能项目和意念项目。功能项目如"请求"、"拒绝"等常用表达,意念项目如"数"的概念、"量"的概念、"比较"的概念等;文化,指包含在语言之中和语言之外的各种社会规约、思维方式、心理取向、文化、民俗、历史、国情等知识和策略,有目的语文化和异文化两部分。结构、功能、文化相结合的教学路子体现出对外汉语教学在处理语言形式、语言内容和语用规则方面全面的、立体的视野。

对外汉语惯用"三角"来描述三个事物之间的关系,结构、功能、文化也可说构成了一个三角关系。"结构"是材料,是用以构筑语言表达的建筑实体,我们可以看到使用了什么、使用了多少音、义结合的字、词、句,以及它们以什么样的规则方式组合起来,从它们的表现,我们领略到的是语言的外在形式;"功能"是语言建筑起来后的用处,以及表达了什么样的概念,从它们的表现,我们领略到的是语言传达出来的内容;"文化"是黏合剂,内容与形式结合得是否妥帖,是否具有艺术美感,就要看其中的文化内涵是否被精心地照顾到、运用好了。结构、功能、文化是汉语教学的主要

内容,我们教汉语,就是要教学生如何使用形式、如何表达内容、如何得体表达。

6. 精讲多练的实践性原则

"精讲多练"主要是针对教师的教学方法提出的,它的核心意图是学生的语言能力不是从知识传授中得来的,而是从实践中得来的。教师应该把课堂还给学生,通过完成任务、解决问题等形式,创造真实的交际场所,启发、指导学生进行自主学习和合作学习。

实践性原则还充分考虑到外部环境对语言学习的影响,如自然物质环境、社会文化环境等。在不同的环境中,语言呈现多样性的特点,因此要鼓励学生利用课外的一切方式来进行学习,辅导、对练、上网、社会实践无一不可。生活是学习最直接的动力,也是学习的最好方式。

7. 充分运用多媒体和网络进行教学

21世纪是信息化的时代,多媒体、网络技术的发展为教育提供了更方便、快捷的方式。传统教学的课堂多依靠黑板、粉笔,耳传面授来进行,手段单一,功能不全。随着计算机的普及和网络技术的应用,采用多媒体和网络进行汉语教学越来越普遍了。

使用现代技术进行汉语教学,它的优势体现在:

(1) 手段的更新:大量运用电视、录像、投影、画面、网络视频等手段来输入所需材料,能根本改变传统教学方式费时耗力,手法单一的缺陷,解决教学中一些老大难问题,如结果补语、趋向补语、"把"字句的教学,传统的用语言描述、动作演示、语境铺垫等方法,其效果很难与图像、视频表达方式相抗衡。教学手段的更新加快了学生的理解速度,激发学生的学习兴趣。

(2) 输入材料的更新:能提供大量、真实的语言材料,减少"教材语言"人工的痕迹;网络中存在大量各种题材和各类水平的素材,内容丰富、形式多样,既有典雅的书面语,又有风趣幽默的口语,师生双方均可按需选择。

(3) 技能训练方法的多样化:多媒体是集图画、图像、形象、动画、声音、音乐与文本为一体的教学手段,既可交替使用,又可同时使用,输入的信息量远远大于单一的输入方式,而且便于技能训练。如看一个小故事,猜测下面情节的发展、边听边填图,给画面配音等,都可以锻炼学生听、说、读、写的能力。

(4) 学习方法的改变:大量的学习资料可以放在网络上,提供给学生课外使用。通过在线答题的方式,或使用一些专门化的学习软件,学生可以马上得到反馈,及时检测学习进步。

网络教学是借助技术所实现的一种教学方式,它能使万里之遥的学生采用灵活的时间安排,完成汉语学习。网络教学使教学的场所跨越了时空和地域,改变了传统的课堂教学概念。

如"网上北语"是依托北京语言大学的教学和技术优势建立起来的,它是目前国内对外汉语教学领域唯一能提供网上学历认证的学校。网上北语以汉语国际教育和中华文化传播为主要任务,通过远程和远程加面授等方式开展汉语言、中国语言文化的学历与非学历教育及国际汉语教师培训。海外学生可以通过网上注册——测试——选课——缴费等程序开始学习,考试合格可以申请结业证书。

国家汉办的网上孔子学院也提供有大量的免费课程、文化典籍视频、教师的示范课及部分教学课件,从事汉语教学的人员、对汉语文化感兴趣的学习者都可以在网上进行浏览或下载。

可以说,技术的革命带来学习方式的巨大变革。现在的学习者都是在信息革命的熏陶下长大的,我们的汉语教学不能停留在"手工作坊"的层面上,而应顺应这个时代的发展和学习者的需求。将"运用多媒体和网络进行教学"列入教学原则的体系,就是充分认识到在全球化经济发展的趋势下、技术手段的重要性,因此它理应在语言教学领域占一重要之地。

思考题

1. 什么是对外汉语教学法?它包括哪几个方面的内容?
2. 听说法、交际法对对外汉语教学法有什么积极的影响?
3. 对外汉语教学法的特点是什么?
4. 什么是教学方法和教学技巧?
5. 教学方法与技巧在教学中有什么作用?
6. 对外汉语的教学原则主要包括哪几个方面?
7. 怎样理解"结构——功能——文化"相结合的教学原则?
8. 怎样理解"以学生为中心"的教学原则?
9. 贯彻交际性互动原则要注意什么?
10. 在对外汉语教学中,提倡自主学习能否取得良好的教学效果?

参考文献

程晓堂(2004)《任务型语言教学》,高等教育出版社。
崔永华(2008)《从母语儿童识字看对外汉字教学》,《语言教学与研究》第2期。
崔永华、杨寄洲(1997)《对外汉语课堂教学技巧·导言》,北京语言文化大学出版社。

何克抗(1997)《建构主义的教学模式、教学方法与教学设计》,《北京师范大学学报》第 5 期。
姜丽萍(1999)《基础汉语阶段一种高效的教学法初探——扩展式教学法》,《语言文化教学研究集刊》(第三辑),华语教学出版社。
刘　珣(1997)《试论汉语作为第二语言教学的基本原则——兼论海内外汉语教学的学科建设》,《世界汉语教学》第 1 期。
刘　珣(2005)《对外汉语教育学科初探》,外语教学与研究出版社。
李培元(1988)《五六十年代对外汉语教学的主要特点》,《第二届国际汉语教学讨论会论文选》,北京语言学院出版社。
李　燕、康加深(1993)《汉代汉语形声字声符研究》,陈原主编《汉代汉语用字信息分析》,上海教育出版社。
陆俭明(2004)《增强学科意识,发展对外汉语教学》,《世界汉语教学》第 1 期。
吕必松(1984)《漫谈语言教学法的研究》,《语言教学与研究》第 3 期。
吕必松(1989)《中国对外汉语教学法的发展》,《世界汉语教学》第 4 期。
吕必松(1992)《华语教学讲习》,北京语言大学出版社,2005 年 10 月第二次印刷。
吕必松(2003)《汉语教学路子研究刍议》,《暨南大学华文学院学报》第 1 期。
吕必松(2007)《汉语和汉语作为第二语言教学》,北京大学出版社。
任　远(1985)《北京语言学院六十年代对外汉语教学法回顾》,《对外汉语教学论集》,北京语言学院出版社。
施正宇(2008)《词·语素·汉字教学初探》,《世界汉语教学》第 2 期。
王　还(1994)《和青年教师谈谈对外汉语教学》,《门外偶得集》,北京语言学院出版社。
万业馨(2005)《应用汉字学纲要》,安徽大学出版社。
章兼中(1983)《国外外语教学法流派》,华东师范大学出版社。
张清常(1990)《对外汉语教法学序》,摘自张亚军《对外汉语教法学》,现代出版社。
张熙昌(2007)《论形声字声旁在汉字教学中的作用》,《语言教学与研究》第 2 期。
赵金铭(1996)《对外汉语教学与研究的现状与前瞻》,《中国语文》第 6 期。
赵金铭(2006)《汉语教学专题研究书系序》,商务印书馆。
钟　梫(1985)《十五年汉语教学总结》,《对外汉语教学论集》,北京语言学院出版社。
左焕琪(2007)《英语课堂教学的新发展》,华东师范大学出版社。

第二章 汉语综合技能训练

第一节 汉语综合技能训练的性质

汉语综合技能主要指汉语听、说、读、写单项技能的融合贯通,汉语综合技能训练也就是集听、说、读、写各单项技能训练为一体的汉语综合能力训练。

按照新的《国际汉语教学通用课程大纲》(国家汉语国际推广领导小组办公室编,2008)对语言综合能力的说明,语言综合能力训练主要围绕语言知识、语言技能、策略、文化意识四个方面展开。在传授语言知识、训练语言技能的同时,鼓励学生采取有效的学习策略、自主学习和合作学习,最终形成具有国际视野和多元文化意识、能够得体运用语言的汉语综合运用能力。

汉语综合能力训练主要依托综合课来完成,综合课应视为汉语综合技能训练课的简称。也有人称之为精读课,为避免与泛读课形成对照,我们还是采用综合课的说法。

一、汉语综合能力训练的特点

汉语综合能力训练,其"综合"性体现在以下方面:

1. 语言知识的综合

汉语教学中的语言知识是培养学生汉语综合能力的前提和基础,也是构成学生交际能力系统的重要组成部分。语音、词汇、语法,统称语言三要素,是知识传授中最重要的内容;汉字由于其构型特点,成为制约学生汉语能力发展的关键性因素,更成为知识性传授不可或缺的组成部分。近些年来,由于文化传播、跨文化交际的需要,如何在语言教学中融入文化因素也成为汉语教学日益关注的问题。语音、词汇、语法、汉字、文化五个方面,其基础理论及运用规则构成汉语知识传授的主体。

语言知识的综合教学表现为,采取全面发展的观点来安排各要素的教学,但依据不同教学阶段的训练重点,在安排上各有侧重。比如初级阶段,语音教学、汉字教学是教学的重点;词汇和语法则成为中、高级教学的重点。文化要素也依据其理解难度,由低级到高级,逐渐在教学中得到加强。

2. 语言技能的综合

语言技能的综合指对学生的听、说、读、写各单项技能进行系统、全面的培养。与分科教学只针对某一单项技能、集中训练的方式不同,综合能力的训练以全面提高、均衡发展为宗旨,并力求消除各种技能不均衡的现象。

教学中的技能活动往往不是孤立的、单纯的,而是同时兼顾了听、说、读、写等多种形式的训练。一个操练活动可以同时融合两种或两种以上不同的技能训练形式,如"听写生词"是学习新词语时常用的一种操练方法,学生必须边听、边写;做词语填空练习时又必须边看、边写,还可以朗读。综合性的听说读写活动,有利于多方面调动学生的感觉器官,全神贯注地投入学习。

从初级到高级,语言能力的综合训练贯穿始终,但针对学生的需求和语言学习的规律,各技能之间既保持一定的协调,又有一个优先培养的问题。在语言学习的初期,适宜将口头理解和表达能力的训练放在首位,兼顾书面表达;到了中高级阶段,会根据学生的兴趣或专业实行必要的侧重,逐渐增加书面理解和表达的比重,还可能增加"译"的技能训练,如"口译"或"笔译"。

3. 教学任务的综合

现代外语教学的课堂观认为,教室不仅是学习知识的场所,还是情感交流的场所,学习成长的场所。课堂教学的任务一般包括四个部分:(1)认知领域:学习各种语言基础知识、语用规则、文化历史等;(2)技能领域:语言技能和语言交际技能的训练,语言能力的养成;(3)情感领域:师生之间、生生之间情感交流,不同文化的比较、碰撞、理解到欣赏;(4)学习策略:教学目标管理、经验交流、反馈、评价等。教学任务的综合体现在,汉语学习的过程由一系列多元化的任务所组成,学习活动不再是单一的、纯粹的语言活动,而是认知、情感、技能、策略各方面任务的结合。

4. 教学方法的综合

为完成多元化的教学任务,在课堂教学过程中必须采取多样的教学方法,丰富的教学手段、使用大量的教辅工具,适应多样化的教学需求。教学方法的综合体现在针对语言要素的特征和技能训练的特点,选取多样化的、相适宜的教授方法。如教授语音有大量的听和模仿活动,教授汉字有大量的抄写活动,文化教学适宜融入,策略培养借助情感的交流等。在当代,计算机技术的开发利用,新的教学手段层出不穷,都为我们的课堂教学提供了丰富的、有效的教学手段,为语言能力的综合训练提供了有益的帮助。

5. 教材内容的综合

将各类分散的技能课归并为一门课程——综合课,以此来完成综合技能教学的任务,教材编写也体现出综合全面的特点,语音、词汇、语法、汉字、文化内容面面俱到,练习形式也体现出听、说、读、写全面要求的特点。

二、汉语综合能力训练的必要性

国外的汉语教学,往往只有一门课——综合课,国内的汉语教学,一般则采用综合课+技能训练课的模式。技能课是综合课的必要补充,其目的仍是为汉语综合能力训练而设计的。

按技能设课始于上世纪 80 年代,由于受到交际法的影响,人们逐渐认识到,语言技能可以依据听、说、读、写等形式来安排课型,突出教法,编写教材,当时的《初级汉语课本》[①]即是典型的按技能设课的教学模式。但是实际上,纯粹的按技能设课的教学模式是不存在的,《初级汉语课本》中的精读课客观上起到了综合课的作用。综合课+技能训练课的模式反映了人们对语言交际方式的看法,也是国内汉语教学学制的要求。近些年来,人们越来越认识到,语言能力是一个系统,它是语言能力、语言交际能力、文化适应能力等多能力融会贯通的结果,从而提出加强汉语综合能力培养的要求。我们认为,强调语言的综合能力训练,是第二语言教学的根本要求,也是国际通行的教学主流,无论怎么强调其重要性,都不为过。

1. 语言综合能力训练是培养语言交际能力的根本要求,体现了语言教学的最终目的

第二语言的课堂应是一个充满"交流"的场所。"用语言去做事"就依赖于语言交际能力的具体使用。语言技能可以细分为听、说、读、写四个专项技能,在教学中,相应地也可以从听、说、读、写作四个方面来进行分项训练,但是在实际交际中,听、说、读、写等语言交际活动是相互融合、共同作用的。拿口头交际来说,听与说

---

① 鲁健骥主编,北京语言文化大学出版社,2004 年。

的结合更为紧密;拿书面交际来说,读与写又不能截然分开。交际活动是语言能力高度集中、概括的体现,表面的、单个技能活动的背后往往蕴含了个人整体的实力,反映出语言综合能力的高下。从更深的层次说,语言能力还表现出个人的文化知识水平等。语言教学的根本目的就在于提高学生的语言综合运用能力,这既反映出语言教学的要求,也是对外汉语教学几十年一贯秉承的原则和做法。

2. 语言综合能力训练是技能均衡发展的要求

语言活动是复杂的心理活动的表现,涉及语言感知、理解、记忆、运用等多个步骤,人的口、眼、耳、手、脑、躯体都会积极参与其中。语言训练将调动学生的全部器官、积极参与语言活动作为训练的途径之一。综合课融会了听、说、读、写各技能训练的活动,听的过程是学生将语音信息转化为理解性内容的过程,典型的活动如听讲解、听提问、听别人说话等;说的过程是学生调动储存信息进行知识转换、口头表述的过程,典型的活动如模仿发音、跟读、会话、自由表达等;读是学生将文字符号信息转化为理解性内容的过程,典型的活动如阅读、识字、做练习等;写是学生将思维结果转化为语言书面表达的过程,典型的活动如记笔记、抄写生词、做练习、写作等。而每一项活动都不是单通道、单形式地进行,仅以提问为例,就有听、说、想、看多个活动组成。综合训练的方法符合语言学习和运用的规律,有助于学生整体水平的提高,能避免出现知识输入不系统、技能发展不均衡的现象。

3. 语言综合能力训练是社会发展的需要

当今社会的发展给人们提出了"终身学习"的要求,每个公民都需要具备更加合理的知识结构和完善的能力素质,以随时应对各种环境所带来的学习需要。语言学习也不是一种知识、一种技能的学习,而是学生整个知识结构和人格培养的学习。自 Hymes 的交际能力概念问世以来,人们逐渐认识到,一个人要能够真正地运用语言进行交际,除了必须具备一定的语言能力外,他还必须具备在什么场合、对谁、用何种方式、说什么的能力,也就是交际能力。能够根据不同的语境对语言进行必要的调整,从这个意义上来看,语言交际能力就是一种适应能力。语言综合能力训练就是培养语言的适应能力,而综合训练是保证适应能力全面、有效的必要因素,技能的不均衡发展势必带来适应能力的欠缺。

4. 按技能设课,出现了一些问题

按技能设课的初衷是各技能教学都围绕语言综合能力的培养这个大目标来进行,课堂教学有训练的核心,对照各语言等级对语言能力的认定,各课型在目标的设立、内容的安排、词汇和语言点的选择、文化因素的设计等方面都应该有一致性;

并且有良好的协调关系,但是目前,按技能设课出现一些问题,如:

(1) 综合课与各单项技能课之间并未形成良好的互补,技能课往往单走一套,口语课本、听力课本等并不衔接配套,造成一定的错位,特别是口语课,一样要教授生词、语法、课文、练习,与综合课训练过程相似、训练方法相似,两者越来越难以区分。而高年级的阅读课也出现类似的情况。

(2) 按照配套教材思路编写的教材,课文人物、内容和话题过于统一,缺乏变化,学生没有新鲜感;课型之间捆绑太紧,牵一发而动全身,一个小的变动和调整都会带来连锁反应;综合课往往在前,如果时间安排出现问题,其他的课型都需做出调整,不能超前或退后。

(3) 最关键的是如何设计和安排综合课与各技能课之间的语言内核,我们研究得并不透彻,"各课型包含的内容差异越来越大,已大大偏离了这种模式设计者的初衷"(崔永华,2005),因此也出现了反对按技能设课的观点。

虽然存在这样或那样的问题,目前综合+技能的训练模式还是比较切合汉语环境下汉语教学的要求的,分技能训练在一定程度上也促进了综合课教学。坚持综合+技能训练相结合的路子,关键是在汉语综合能力培养的大目标下,妥善处理综合课与技能课在知识传授和技能培养方面的关系,安排好课程体系,既强化和突出综合训练的核心地位,又不忽略、放弃技能训练的优势,这样才能形成教学的合力。

三、综合课和技能课

综合+技能的教学模式,其目的是在综合训练的基础上,针对技能的特点,选取相应有效的教学方法,着重加强某一技能的训练。它们的关系可理解为:

1. 综合课是核心

综合课是承担汉语教学任务最重要的课型,一般课时较多,是口语课、听力课、阅读课的2—3倍,在整个课程体系中处于中坚、核心的位置,有主干课、核心课的说法。它的作用体现在:

(1) 综合课担负着传授语言知识的任务

综合课一般排列在其他课程的前边,负责讲解本课出现的新词、新语法点,着重对生词的意义、搭配、使用语境做出明确的说明;对句式或语法点的语义、结构和语用规则进行必要的解释,然后通过一定的操练和各种形式的练习,巩固理解,初步运用。

为后面的技能训练扫清理解障碍,为自由运用创造条件,为语言能力的形成服务。围绕着综合课设置的其他技能课,原则上不再出现新的语法点(生词例外),即使出现,在讲练的深度和力度上都不能与综合课相比,常常点到为止,理解了即可。特别是综合课还承担了汉字教学的重任,在探讨"语"、"文"关系、决定教学路径时,如何突破汉字对汉语能力形成的瓶颈,成为综合课教学极其重要的方面。

(2) 综合课承担了语言技能训练的基本任务

综合课的教学一般安排在单项技能课之前,特别是在零起点的入门阶段,综合课的教学任务有明确的打基础的作用。综合课一般采用扩展式的教学方法,按照环环相扣的教学步骤的设计,沿着语音——词语——句子——语段的链条,进行一系列的听、说、读、写的教学活动,在大量操练的基础上,逐步完成汉语知识向汉语技能的转换。语言教学的核心任务就是,培养和提高学生的汉语实际运用能力,所有的教学活动都围绕着这个核心任务来设计、完成。综合课的教学成果实际上成为开展单项技能训练的基础,并在单项技能训练中得到了巩固和深化。

(3) 综合课是学生语言技能水平的汇集地

汉语综合能力在综合教学中得到体现、在综合教学中得到完善和提高。还没有一门课能像综合课那样,有丰富的训练手段、充裕的实践机会、把所有技能训练的成果都展示出来。综合课的教学一方面是打基础,更重要的方面是集成、跨越。单项技能训练的成果在综合课上得到凝聚、升华,也得到完整体现。

(4) 综合课在内容上规定了语言交流的话题范围

综合课以课为单位或以单元为单位,围绕着同一个主题或话题来安排词汇和课文内容,通过词汇和课文的学习,进行一般性交际活动,帮助学生掌握基本的话题信息和功能表达。围绕着综合课设置的其他技能课,多以该话题为背景材料,利用不同的技能训练渠道,在内容和形式上进行进一步的拓展训练,或听、或读、或写。如综合课介绍了交通概况,听力课上可能听到不同人物、不同场合、不同表达形式或语体的、对某一种交通工具的评介或某一时点交通状况的描述。综合课提供了基本的词汇、表达方式和话题范围,单项技能课则依此为内核,不断深化、拓展,内容更丰厚。

2. 单项技能课是支撑

开设单项技能课的前提是,学生每周的课时都在20—30之间,有足够的课时做保证。综合+技能模式中的技能课,能对综合课教学形成有力支撑,它的形象就像绿叶,围绕着花朵展开,其作用表现为:

(1) 着重发展学生的某一专项技能

听、说、读、写,在生理、心理方面有诸多不同的表现,听和读同属输入方式,要接收信息、解码;说和写同属输出方式,要表达信息、编码,这是互为反向的两种通达形式;听和说借助无形的声音媒介来交流,读和写借助有形的文字媒介来交流,这又是两种不相吻合的通达形式;因此从技能特征上看,必须要有针对性的训练手段,才能达到最佳的训练效果。

随着语言水平的不同提高,学生学习的倾向性也逐渐明显,对技能训练的要求也越来越高,特别是一些有职业需求、希望从事翻译、导游、文秘、经贸等工作的学生,不仅希望加强口头表达能力,更希望文字表达能力有更大的提高。综合课的教学虽说面面俱到,但面对需要着重加强某一专项技能训练的学生来说,则无法做到样样都精。专项技能课在拓展学生的某一单项技能向更高、更精、更深的发展方面有其独到的作用。

(2) 弥补技能发展不平衡的缺陷

同样的情况,有些学生,不论是初级还是中高级水平,都存在技能发展不均衡现象,典型的如华裔学生,听说能力可能远胜于读写;而日韩学生,读写能力又多强于听说。综合课的教学,实质上是通用性的教学,对各语言要素和技能训练的安排,虽有侧重,但针对不同的学习对象、出现的不同问题,也难做到一招解决所有问题,只能依靠其他单项技能课或选修课来做重点弥补。

综合课作为汉语综合能力培养的课程核心,它对单项技能课起着主导和制约作用,尤其是在初级阶段,单项技能课的依附作用很明显,而到了中、高级阶段,其独立性才逐渐显现出来。

综合课与单项技能课并存的情况,是汉语教学不断发展的结果,反映出人们对语言本身的认识更加精细化、更加深入化了,还有一个重要原因就是,汉语环境下的汉语教学,有条件进行这样精细的分工。目前,关于加强学生汉语综合能力培养的呼声越来越高,教学模式的创新也在进行中,汉语综合课的教学有望有新的突破。

第二节 汉语综合能力训练的任务

一般认为,汉语综合能力训练的任务包括两部分,一是知识的传授,二是技能的培养。吕必松先生曾说:"综合课的教学任务是全面进行言语要素的教学,全面进行言语技能和言语交际技能的训练,并结合言语要素教学和语言技能、言语交际技能的训练介绍有关的语言知识和文化知识"(吕必松,1992b)。两个"全面",说的就是综合课的主要教学任务,而"语言知识和文化知识"是融合在全面培养的教学过程中的。《对外汉语教学概论》进一步规定了二者的关系(赵金铭,2004),认为:(1)综合课的首要任务或基本任务是传授语言知识和规则;(2)综合课的核心任务是,以听说技能为重点,包括听、说、读、写各项技能的综合训练;"首要任务或基本任务"是围绕着"核心任务"来展开的,并且知识教学和技能训练应做到有机地合二为一。新颁布的《国际汉语教学通用课程大纲》从语言理解和运用两方面进一步明确和规定了综合运用能力的组成概念,将文化意识和学习者策略单独提出、居于与知识和技能相并列的地位,使语言能力的构成更加系统、完整。因此,我们的汉语综合能力训练也主要围绕语言知识、语言技能、文化、策略四个部分展开。

一、语言知识教学

(一) 语言知识教学的特点

对外汉语教学中的语言知识系统主要包括汉语的语音、词汇、语法、汉字知识及其使用规则等。在认知心理学中,知识属于静态的"陈述性知识",需要经过教师传授来获得,需要经过学生的反复体会、理解、操练来达到自如、得体的运用。

汉语言知识是汉语综合能力首要的和基本的组成部分,在语言综合技能训练中处于先行位置。成人学习语言,往往先从概念、理性入手,现代课堂教学发挥出成人学习的优势,将语言知识和文化知识通过简洁、概括的方式,传授给学生,从而为知识转化为技能提供可能。

与专项技能训练不同,汉语综合技能训练中的知识教学具有全面与系统的特点,包含了形成汉语综合能力所需的各个语言要素。综合课的教学强调科学、合理地安排知识的体系,掌握好给予的量与度,以符合学生语言能力发展的需要。

在教学方式上,围绕所教授的语言项目进行听、说、读、写的综合训练,为达到知识技能化的教学目标,语言知识的教学突出情景化、功能化、交际化,与技能训练合二为一。

(二) 语言知识教学的内容

1. 语音教学

(1) 语音教学的内容

汉语语音教学指以汉语声、韵、调为主的、包含轻声、儿化、变调、轻重音、语调、语气、节奏、韵律等内容在内的语音知识介绍与训练。语音教学的目的是培养学生发音、辨音及运用声音技巧的能力。

初级阶段的语音教学,主要介绍汉语语音基础知识,学习和操练声、韵、调的单音及组合,学生可以听辨和发音,并做到基本准确,在声音和意义之间建立初步的联系。中级阶段能根据语音、语调、重音等了解话语意思,并做到语音、语调基本正确、自然。高级阶段要求语音、语调自然、流畅;并能较好地运用语音、语调、重音、停顿等手段表达特殊的语义;了解汉语的节奏和韵律,并善于运用声音技巧表达丰富的语义。

(2) 语音教学的意义

语音是语言的声音外壳,是语言水平最显著的标志。老一辈的语言学家向来对语音教学相当重视,林焘先生曾说:"语音是语言的物质基础,只要发音准确流利,即使词汇量有限,掌握的语法点也不多,本地人听起来也会觉得相当地道。"(林焘,2001)赵元任先生在强调说明语音的重要性之后表示:"起头儿这个目标人人得要以百分之百为目标。"(赵元任,1980)其态度非常坚决。近些年来语音教学出现"滑坡"或徘徊不前的局面,原因是多方面的。加强语音教学,减少"洋腔洋调"的现象,不仅要在观念上重视它,在方法上多实践、勇于革新,还要使用一定的手段,特别是充分利用计算机技术带给我们的便利条件,提高教学的效率。

(3) 语音教学的一般方法

长期以来,对外汉语教学主要采取两种语音教学形式:音素教学,语流教学。音素教学指在教学初期安排一个相对集中的"语音阶段",用一至两周的时间,专门教授汉语的声、韵、调及各种语音知识,集中力量打好语音基础。语流教学指用很短的时间(2至4天)快速地将汉语的语音系统等知识介绍给学生,并做简单的练习,然后在今后的词汇、语法和课文学习过程中,不断纠正语音,让学生在语流中掌握语音的轻重缓急和变调。

单纯采取音素教学或者语流教学都带来教学上的问题。早期的汉语教学按照教学侧重来划分教学阶段,如语音阶段、语法阶段、短文阶段,语音阶段基本不涉及句子和语法,主要是单音或词组的模仿练习,带来的问题是学生单音练习时声韵调基本准确,一旦进入句子,说起话来错误频出;单纯使用语流教学的方法也带来一些问题,主要是没有专门的时间来介绍发音方法、发音部位、语音对比等知识,学生语音基础知识不牢固,也没有专门的难音训练,学生的语音偏误一旦固化,改起来非常困难,因此目前一般采用音素+语流训练的方法。

实际上,语音教学一直是汉语教学的一个突出难点,尤其是声调,有的汉语水平极高的学生,洋腔洋调问题仍然很突出,所以汉语教学界一致的观念是,"语音教学在语言教学的全过程中应该是贯彻始终的,口耳训练并不应该只是初级阶段的要求"(林焘,2001)。

2. 词汇教学

(1) 词汇教学的内容

词汇教学指与词语运用相关的词义、色彩、搭配、语境等知识及运用规则教学。词汇的意义包括概念义和引申义,并体现出不同的感情色彩,在搭配上往往有具体的要求,不同的语境和说话场合也会影响可搭配词语的选择。

词汇教学的目的是培养学生识词、辨词、选词、用词的能力。识词的能力包括能够熟练地识记汉语词语的音、形、义并具有区分词与语素、词与短语的能力。辨词的能力包括准确区分汉语同音词、同形词、同义词以及多义词的不同义项,把握其在概念意义、附加色彩以及句法功能等方面的差异。此外,还要能够把握汉语和母语的对应词之间的联系与差别。选词用词的能力要求能够根据具体的交际环境,从语义表现、句法要求、语用得体性等各个方面,综合权衡已经掌握的词语并最终加以选用、组词造句。

(2) 词汇教学的意义

词汇是构成句子、表达意义的基本要素。不具备一定数量的词汇,很难进行语言的口头交际和书面交际。学习词汇、运用词汇、积累词汇,是提高语言综合能力的重要方面。实际上,"在学习汉语的外国人的中介语系统中,词语偏误是大量的,而且几乎是随着学习的开始就发生了。随着词汇量的增加,发生的词语偏误也越来越多"(鲁健骥,1987);而吴丽君对学过半年多汉语的日本学生的口语作业所做的调查也证实"词汇偏误占80%左右"(吴丽君等,2002)。教学研究和教学实践都说明,汉语词汇教学是培养学生准确、得体使用汉语的一项重要内容。

(3) 词汇教学的一般方法

汉语教学中的词汇教学一般随着教学的进展而显示出越来越大的比重。初级阶段学生需要掌握一般生活、学习所需的基本词汇,掌握词汇的常用义和基本义。由于这一阶段是学习语法的重要阶段,词汇教学一般与语法教学结合起来进行,通过句式教学帮助学生理解词语的组合和聚合关系。中高级阶段,学生汉语语法的基本框架已建立起来,而语言使用的环境更丰富复杂,需要更加注重语言表达的精细与准确,更加注重语境对词语选择与运用的限制作用,因此同义、近义等词义辨析的分量越来越重,各类虚词教学也更加深入而细致,词法教学占据了重要的位置。中高级阶段也是利用词法知识扩充词汇量的重要阶段。

(4) 词汇教学的目标

就学习的词汇量而言,《国际汉语教学通用课程大纲》由于照顾到不同地域、各种年龄层次、不同学习方式的学习者水平,将词汇标准设定为初级阶段 600 个左右基本词汇、中级阶段 1200 个左右常用词语;高级阶段 1500 个左右的常用词汇,实际上是很低的。在目的语环境下的汉语教学,以每周 20 个课时、4 课书、每课书 25 个生词计算,一个学期即可让学生接触到 2000 左右个词汇。较早的《汉语水平词汇与汉字等级大纲》(国家对外汉语教学领导小组办公室汉语水平考试部编,2001)以词频统计和专家干预的方式,确定了入门、初级、中级、高级水平 1000、3000、5000、8000 词汇量的标准,比较符合国内汉语教学的实际。

3. 语法教学

(1) 语法教学的内容

语法教学即语言规则教学,语言规则是对语言现象的抽象性归纳和描述,它包括语素、词、词组、句子和语篇这五级语法单位。语法教学的目的是将抽象化的语法规则具体化,通过各种形式的操练,帮助学生正确运用这些规则组词造句、连句成篇,达到理解与运用的目的。

(2) 语法教学的意义

语法教学是语言知识教学的一个重要内容,如果说语音教学是先导,词汇教学是基础,那么语法教学则是核心,因为它可以将语音、词汇综合到句式中来体现,实现音、形、义、用的整体作用。以实现交际目的的观念来看,无论是书面表达还是口头表达,我们都需要教授学生如何准确、完整、得体地组织句子,任何支离破碎、错误或含混不清的句子都难以圆满地完成交际任务,在学习者语言综合能力体系中,语法能力也占据着极为重要的位置。

在交际法原则的影响下,语法教学一度受到冲击,教学者过多地关注学生语言输出的流利性,而忽视了正确性与准确性,所幸这种观念得到了及时的调整。Spada 调查了两组成年人学习英文的情况,实验组被试接受大量的语法操练及适当的讲解,对照组接受极有限的语法操练,结果证明试验组的学生在语法的掌握方面明显优于控制组的学生,在交际能力方面则看不出控制组的差别(温晓虹,2007)。这说明语法操练在保证学习者语言输出准确性上有着不可或缺的作用,并能促进交际能力的形成。另有研究证实,在语言学习的早期,注重语法与语言表达的正确性,能避免语言习得中的石化现象。

(3) 语法教学的一般方法

语法教学的初级阶段以教授基本语法为主,包括词类、语法成分、汉语句子的语序及常用的、基本的句型;在教学中往往从句型入手,强调语法结构的完整,不但说明句子中各成分之间的语义关系,还要讲清楚其使用条件、使用限制等。同时还注意展示常见的错误形式,以提醒学生尽量避免犯同样的错误。中高级语法教学是初级阶段语法教学的拓展和深化,以全面、系统教授语法知识为主,以语篇使用为目的。教学内容着眼于:虚词及连接词语;固定词组;复杂句式;复句(含多重复句);语段、篇章;实用修辞(王晓澎、倪明亮,2006)。教学中注意从句法、语义、语用三个层面来开掘,并注意由显性意义向隐性意义、由语法意义向文化深层意义的解释。

关于语法教学的主旨,赵金铭先生有很精辟的阐述(赵金铭,1996),他认为,初、中、高三个阶段的语法教学主旨应各有侧重,初级阶段主要解决正误问题,即侧重最基本的语法形式的教学,使学习者具备区分正误的能力;中级阶段主要应解决语言现象的异同问题,即侧重语义语法教学,使学习者具备区分语言形式异同的能力;高级阶段主要应解决高下问题,即侧重语用功能语法教学,使学习者具备区别语言形式之高下的能力。明确各教学阶段对学生进行语法教学的重点,正体现了语言教学循序渐进、实事求是的态度。

(4) 语法教学的目标

对外汉语教学对语法项目的数量有一个明确的规定。《汉语水平等级标准与语法等级大纲》(国家对外汉语教学领导小组办公室考试部,1996)共确定了1168项语言点,其中甲级语法点129项,乙级123项,丙级400项,丁级516项。这些项目的切分综合考虑了汉语使用的频率,汉语语法本体研究的结果、偏误分析以及专家的教学经验,可以说较具有科学性。这些繁杂的语法项目按照由易到难、由浅入深的顺序来排列,并体现出螺旋式的上升。甲级语法点选取了汉语最基本、最常用、概括性最强、能产性最高的句式,对应初级阶段的语法教学,学习者能在最短的时间内掌握汉语语法的大致框架,并形成初步的汉语语法语感。而一些复杂句式,也按其基本义、扩展义、引申义的顺序来排列,分别对应不同等级的语法教学。

4. 汉字教学

(1) 汉字教学的内容

汉字教学指汉字基础知识介绍及认读、书写训练,也教授一些查词典的方法,目的是培养学生用汉字书写、表达和交际的能力。认读指根据字形提示的形声信息辨认字形、区别字词义,并准确朗读;书写指能按照正确的笔顺写汉字;查,指能根据字音、笔画或偏旁部首查阅词典等各类工具书。

(2) 汉字教学的意义

汉字是形、音、义的结合。与线性拼音化文字比较,方块汉字是最直观凸显汉语特点的文字符号,很多学习汉语的外国学生,最初就是为这图画式的优美文字所吸引。进行汉语综合能力训练,第一步就是语音训练——以开口说话、汉字认读训练——以阅读和书写。学生的汉字能力是其汉语综合能力的一个重要组成部分,也是促进或阻碍其汉语综合能力发展的重要方面。从一入门,汉字就不是学习中可有可无的东西,它会伴随着学习者的整个学习过程。汉字的作用体现在,它既是学生开始学习汉语的钥匙,又是促进学生汉语水平发展的扶梯。通过汉字分析与认读,学生可以更好地把握词义,更深入地理解语言的含义,更牢固地记忆;进入到中高级阶段,训练的重点已由口头表达转为书面表达,学生需要大量阅读,而阅读是获取各种信息、进行表达和交流的基本途径,深入阅读和快速阅读都能为表达和交流提供良好的支持;学生的汉字书写能力更直接关系到书面表达能力的展现,即使在科技发达的今天,我们依然离不开汉字的书写,一封错字连篇的自荐信无论如何也打动不了阅读者的心。汉语综合能力训练就是要杜绝"文盲型"人才,技能"跛脚"现象,因此,对外汉语教学,从一开始就十分注重学生汉字认读和书写能力的培养。

由于汉字是运用不同形状、不同数量的笔画、按照一定的结构搭建起来的平面文字,与用字母组合构成的拼音化线性文字迥然不同,因此学习汉字,必然面临一个转变观念、改变习惯的问题。另外,由于汉字系统字符集庞大、存在字音困扰、字形困扰等麻烦,学生的记忆与分辨受到很大的制约,学习时耗时多、见效慢,因此在汉语教学中,如何突破汉字字形的桎梏,提高汉字教学的水平,成为摆在汉语教学者和研究者面前的一大难题。

(3) 汉字教学的一般方法

汉字教学引起国内外学者的广泛重视,研究者们从汉字本体研究、汉字认知研究、学习策略研究、偏误研究等方面不断探讨汉字教学的途径与方法。如从本体研究的角度提出"图表教学法"(王学作,1980),利用图表讲述汉字形体的演变、汉字的构造、偏旁的变形等;从认知的角度提出重视形声字中声符的作用;在基础阶段选择频率高、理据强、较规律、组词能力强的汉字进行教学,以加强汉字的储存与提取(冯丽萍,1998);从学习策略研究方面发现,学生更倾向于从整字到偏旁的教法,要求汉字教学与汉语教学相配合,听说读写的内容尽可能一致(石定果、万业馨,

1998);研究显示留学生最常用的是整体字形策略、音义策略、笔画策略和复习策略,其次是应用策略,最不常用的是归纳策略(江新、赵果,2001),针对学生的学习习惯进行学习策略上的指导,应更有利于学生识别与记忆汉字水平的提高。

关于汉语教学途径的讨论更是将汉字与汉语教学结合在了一起。吕必松先生强烈反对将汉字作为词汇的附属品、语文一体、语文同步的教学路子。他说:"'语文一体、语文同步'的教学模式严重地忽视了汉字的特点,不利于按照汉字的形体结构规律进行汉字的认读和书写教学;也严重地忽视了汉字与汉语的关系的特殊性和汉语口语和书面语的明显区别,不利于充分利用汉字特有的表意、表音功能和易于理解和记忆的优势,因此不利于帮助学生加快识字和发展书面语言能力;汉字认读、书写能力和书面语言能力的滞后又反过来影响了口头语言能力的迅速发展。"(吕必松,2005b)他强调当务之急是要重新认识和处理书面汉语教学和口头汉语教学的关系,即根据对汉语特点的再认识,包括对汉字与汉语关系的再认识,实行"语文分离",分别建立书面语汉语教学和口头汉语教学两种不同的教学系统。

关于汉语教学路子的讨论,主要强调的是如何体现汉语教学不同于其他语言教学的特殊性,以建立更符合汉语实际需要、更符合汉语教学规律的汉语教学体系。不管是"语文一体"还是"语文分离",关键的因素就是掌握好教授汉字的时机,即学生何时开始学习汉字,才能取得最佳的学习效果。在众说纷纭中,科学的实证研究可能最有说服力。

目前对外汉语教学界,汉字教学的任务一般由综合课来承担。初级阶段一般通过随文识字的方法,教授汉字的基本笔画、笔顺,学生临摹、抄写;经过一段时间的积累,归纳偏旁部首、字体结构,讲解一些构型理据,做一些组词和阅读练习,也做一些笔头作业。中高级阶段会开设写作课,但此时的教学重点已转移到写作能力训练上,汉字书写仅是书面表达的媒介。除了综合课,也可能为非汉字圈的学生开设汉字选修课,来进行专门、集中的汉字训练,这样效果会更显著。

搞好汉字教学,学生的"学"和教师的"教"同等重要。易洪川提出帮助学生克服对汉字盲目的畏难情绪,建立起汉字"好学"的汉字观问题(易洪川,2001),是非常正确的,也得到很多学者的呼应。

(4) 汉字教学的目标

针对识字量,《汉语水平词汇与汉字等级大纲》规定,与甲级词对应的甲级汉字800字,与乙级词对应的乙级汉字800字,与丙级词对应的丙级汉字600字,与丁级词对应的丁级汉字700字。基础及基础后阶段掌握常用字2000—2200个,高级阶段掌握常用字和次常用字 700—900 个。

二、语言技能教学

1. 技能教学的内容

语言技能教学表现为一系列包含听、说、读、写等活动特征的课堂操练,是进行语言要素教学必不可少的教学手段。听、说、读、写指:

听:通过接收声音符号信息来理解语言,包括听懂各种输入材料,以及听懂教师和学生的话语。

说:通过口头输出语言来表达意思,包括简单的模仿性、变换性练习中的说,以及自我表达、相互交流中的说。

读:通过接受文字符号信息来理解语言,包括认读、朗读和阅读。

写:通过笔头输出语言来表达意思,包括抄写或书写一般性作业,以及文章写作。

语言知识的教学是通过各种技能训练的形式来完成的,对语言要素需要从听、说、读、写不同的方面来进行反复操练。如学习词语,当看到一个词语时,学生不仅要能明白它的意思,还要会念、会写、会说、会用,教师就必须从听的角度、说的角度、读的角度、写的角度等设计出各种各样的操练方式,并在课堂上通过实际的互动来实现这些目的。技能活动贯穿于整个教学过程的各个环节,并大量地交叉使用。任何单纯的技能操练都不能保证最佳的教学效果,更不符合语言教学的规律,因此在课堂上很少使用。

2. 技能教学的目的

听、说、读、写等训练既是综合课进行教学必要的手段,更是教学的目的。语言技能训练的目的就是通过技能化训练手段,促成语言知识向语言技能和语言交际技能的转化,最终形成学生的汉语综合运用能力。转化的过程大体可以描述为"语言知识→语言技能→语言交际能力"。因此技能训练构成语言综合运用能力训练最核心的、也是最重要的一环,起到上下系联、融会贯通的作用。

第二语言学习者首先获得的是语言知识,通过操练使这些知识转化为听说读写等语言技能。知识性成分作为语言综合训练系统最底层的物质,它是一切技能训练的基础。吕必松先生明确指出,语言知识不等于语言技能,学习语言并不是掌握一套第二语言的词汇、语法规则系统,而是要通过学习语言知识,获得使用语言必需的组织材料,完成传情达意的目的(吕必松,2005a)。

语言知识和文化知识是以稳定、静态的方式存在的,学习知识只是为了理解事物的概念和理论,获得理性感受,获得"一大批部分装配好的结构(半成品)、公式性套语和一套规则",其最终目的是要进入交际活动的。如果只学不用,不能张口、无法表达,一个人即使掌握了再多的语言知识,满腹经纶,也不能说掌握了这门语言,更不能说体现出语言学习的价值。因此在知识与技能的关系上,知识仅是使用的前提、运用的基础,知识必须转化为技能,技能训练是语言知识的转化形式与成果。当然,从另一方面说,如果有恰当使用语言的能力但缺乏足够的语言知识,词汇贫乏、语法简单零乱,也会影响语言水平的提高。

知识向能力的转化,除了完成语言知识的技能化以外,还要结合语用规则的教学、通过课上的交际训练与课下的交际实践才能达到。

语用规则包括社交、话语和策略等方面的知识和规约,语用规则的作用在于地道、得体地使用语言,体现在能根据说话人和听话人的具体条件和说话时的具体语境、选择最恰当的交际手段和语言表达方式;在使用目的语进行交际时能适应本族语人的社会文化和心理习惯。学习者的母语语用规则与外语语用规则存在较大程度的一致性,因此可以正迁移到目的语交际中,但影响交际实现更重要的因素来自目的语中与母语不同的交际文化模式和交际方式。技能教学可以保证学生理解和初步使用大量合乎语法的句型和可以填充这些句型的词汇,但若要保证这些使用不仅是合法的、可接受的,还是得体的,就必须融入语用规则教学。语用规则教学是技能教学的提升,是提高学生语言能力的关键。母语语用能力是在社会交往中逐渐形成的,第二语言教学则必须创造大量真实的语言环境,提供更多语言实践的场所,来培养学生的语用能力。

3. 技能训练的方法

第二语言教学的最终目标是培养学生运用目的语进行交际的能力。交际性操练和实践性运用是实现这一目标的根本途径。

(1) 交际性操练

将交际引入课堂,通过有针对性的交际训练,可以实现教学活动的交际化,提高教学的实际效果。

课堂教学的交际训练。在每一个操练的环节,教师都可以选择学生熟悉的或与学生生活密切相关的材料,在真实的、富有交际意义的场景进行操练。如句型教学的一般模式是:句型导入——句型操练——活用练习。在进行"比"字句的教学时,教师利用学生的身高、年龄,学习物品的价钱、新旧,教室的大小,天气的好坏等引出要教授的句型,通过大量的实物、图片和情境描述来引导学生进行句型操练,通过提问和任务式活动,让学生描述、对比不同事物、人物、环境、地方的差异,要求使用所学词语、句式以及功能表达方式进行情景对话或就某一话题进行讨论、表达观点。交际性操练体现在教学的每一个细节,小到一个词语使用的情景设计、一个包含生词的提问句子、一个替换练习的说明方式,大到一个情景对话的内容、一个活动任务的布置等,都可以体现出交际训练为中心的教学理念和教学思考。

进行交际性练习还必须明白,活动的主角是学生,教师的作用在于引导、解释、纠正,精讲多练,提高学生的开口率。课堂上的教师语言要准确而精炼,解释简洁清晰、指令明确,甚至只使用眼神、手势等指挥和调动课堂。操练过程中应不代劳,鼓励学生独立完成。教师还要善于激发学生的思维与想象,鼓励学生大胆设疑、寻找答案,创造性地使用语言。

(2) 实践性运用

课堂是教学活动的主要场所,却不是培养语言能力的最佳场所。课堂教学的几十分钟,无法涵盖和容纳人类生活的各个方面,课堂教学的交际性练习无论多么充分,都无法与现实生活的多样性和复杂性相比较。课上课下相结合、相贯通、相促进应是加快语言实际运用能力形成的必由之路。

实践性运用在于鼓励学生多利用目的语的学习环境进行自我实践。教师布置的课后作业是进行实践性运用的一种方式。学完与天气有关的词语和表达方式,教师会让学生收听电视台或广播中的天气预报;学完中文书信格式后,教师会让学生写一封中文信,并要求实地去邮局寄出;教师还可以布置大量的社会语言调查或生活调查的作业,然后进行口头汇报或书面报告。课后作业可以看做是课堂交际练习的延伸,是"用语言做事"的一个范例。语言实践活动是实际接触社会,感受、体验社会文化生活的一种有效方法。

更重要、更有显著效果的实践性活动是直接参与到目的语的社会文化生活中去。课堂中所学到的语言知识、所获得的一定的语言技能要想达到自动化的输出程度,还需要进一步的磨炼和拓展。有关学习策略的研究证实,频繁地、广泛地、主动地与当地人交往,是提高语言交际能力的有效途径。很多欧美学生口语表现突出,多得益于"语伴儿"式学习,他们与中国朋友一起游玩、聊天儿,大量地输入汉语信息,大量地输出汉语信息,在反复操练的过程中,汉语语言系统逐渐建立和完善起来。

4. 技能训练的目标

语言能力是有层次的,根据完成任务的难度和所完成的水平,训练的目标也可以用具体的语言描述出来。

技能训练包括两个部分：口头交际能力和书面交际能力，口头交际能力以听说为表现形式，书面交际能力以读写为表现形式。《国际汉语能力标准》（国家汉语国际推广领导小组办公室编，2007）从口头交际能力和书面交际能力两方面划分了学习者的汉语能力，它从不同的交际方式和交际过程入手，将语言的理解与表达作为衡量汉语能力的基点，着眼于语言"能做某事"，并以此作为语言能力描述的出发点，对汉语能力进行了逐级深入、扩展式的说明。

以下列出《标准》对五级水平的汉语能力总体描述。

汉语能力总体描述

等级划分	能力描述
一级	能大体理解与个人或日常生活密切相关的简单、基础而又十分有限的语言材料。借助肢体语言或其他手段的帮助，能用非常有限的简单语汇介绍自己或与他人沟通。
二级	能基本理解与个人或日常生活密切相关的熟悉而简单的语言材料。能就常见话题以较简单的方式与他人沟通，介绍自己或他人的基本情况，有时需借助肢体语言或其他手段的帮助。
三级	能理解与日常生活和工作相关的以及在一般交际场合中遇到的基本的语言材料。能就熟悉的话题与他人进行沟通和交流，能对与这些话题相关的基本情况作简单描述。
四级	能理解在一般社交场合或在工作、学习等场合遇到的表达清晰、内容熟悉的语言材料，抓住重点，把握细节。能就熟悉的话题与他人进行交流，表述清楚且有一定连贯性，会使用基本的交际策略。能描述自己的经历，表达自己的看法，给出简单的理由或解释。
五级	能理解多种场合、多种领域（包括个人专业领域）的普通语言材料，能够把握重点，进行概括和分析。能使用多种交际策略较自如地参与多种话题，包括专业领域内一般性话题的交流和讨论，表明自己的观点和态度，并能对各种意见进行阐释，表达连贯，基本得体。

三、文化因素教学

1. 文化因素教学的内容

80年代以后,"文化热"兴起。在语言教学界,人们开始探讨语言和文化的关系,以及语言教学和文化教学的关系。

所谓文化,一般认为:"文化是人类社会发展进程中所创造的物质财富和精神财富的总和。"(张英,1994)由于研究的角度和关注的方面不同,不同的学科会有不同的研究成果。语言教学关心的是文化因素以及跨文化交际因素如何影响学习者的理解与表达,以及语言教学如何导入文化因素教学、以利语言能力的生成两方面,因此主要关注语言中的文化——从语言中发现和解释文化现象,文化中的语言——文化内容如何影响语言的词汇、形式等的选择与使用。

根据文化在交际中的功能及第二语言教学的需要,汉语教学中文化被划分为"知识文化"和"交际文化"两类。"所谓知识文化,指的是那种两个文化背景不同的人进行交际时,不直接影响准确传递信息的语言和非语言的文化因素。所谓交际文化,指的是那种两个文化背景不同的人进行交际时,直接影响信息准确传递(即引起偏差或误解)的语言和非语言的文化因素。"(张占一,2006)这种分类因为较清晰地区分了稳定的、共通的知识系统与多样的、多变的言语系统,与汉语教学知识与技能的划分相一致,因而具有很强的操作性,被广为接受。

知识文化与交际文化相比,交际文化是教学的重点和难点。交际文化主要在交际过程中发挥作用。影响交际理解和表达的原因主要来自交际双方的文化背景差异,不同民族的人们在使用和理解语言时,其特有的民族心理、价值观念、生活方式、道德标准、是非标准、风俗习惯、审美情趣等都会在语言中折射出来,对语言和语言交际有规约作用。由于它们隐含在语言系统中,本族人习焉不察,外族人比较敏感,只有通过语言和语言交际时的对比才能显现出来。我们把语言中蕴含的这类文化称为"语言交际文化";另一类,如通过手势、姿势、表情等体态语传递出来的文化,我们称为"非语言交际文化"。

语音、词汇、语法称为语言的三要素,是我们进行由知识传授向技能转化、培养语言综合能力很重要的内容,随着对文化认识和研究的日渐深入,文化教学的重要性愈来愈显现出来。人们认识到,离开了文化,语言教学和学习都是不完备的,而重视语言教学中的文化理论和实践问题,"这是对外汉语教学这门学科趋于成熟的重要标志之一"(周思源,1991)。林国立先生提出了"四要素说"(林国立,1996),呼吁将文化因素视为与语音、语法、词汇地位相同的语言系统成分之一,是很有道理的。

与三要素不同,文化要素是依附、隐含在语言的各个子系统中的,主要在语言的词汇系统、语法系统和语用系统中体现出来。在语言三个子系统中,最能反映出社会文化特征、也最容易受社会文化影响的是词汇。任何民族的语言中,都包含大量的反映本民族特定文化生活内容的词汇,而词汇意义的形成与演变很多都留下历史的、文化的积淀。如爱斯基摩人关于"雪"的词汇异常丰富,英语中关于"牛"的分类也非常清晰,而汉语中则保留了大量关于器皿、铭物、建筑、佛教的词汇,还有不少反映中国特有文化观念、特有文化现象的成语、惯用语和俗语,如"胸有成竹"、"碰钉子"等。那些文化词语多带有特制的、丰富的文化内涵,具有固定的文化附加意义,不能直接从字面上了解其含义,也难以在别的语言中找到对应的词语。胡明扬先生按照自然地理环境、物质生活条件、社会和经济制度、精神文化生活四个方面论述了受到制约的文化语汇(胡明扬,1993),张高翔则从物态文化、制度文化,行为文化,心态文化方面对文化词汇进行了区分(张高翔,2003)。

文化也影响句子的组织程序。汉族人推崇"天人合一"、"道法自然",讲究自然界与人类社会的和谐统一,在语言上则显现出音韵和谐、韵律优美、节奏感强的特点,因此句中对词语的选择或字数均有所限制。在句子的组织上,汉语语言的思维结构更多地体现出与自然的同步,如按照时间顺序原则来安排句子的结构,话题性的语言——大量主题句的存在等。汉语思维模式也决定了语段的基础结构,如在感知时间、空间、表达关系、系统介绍时,句子的顺序是从大到小,由近及远,由具体到抽象,先整体后局部等。在话语的组织上,如话轮、连贯、衔接、方式、叙事结构、叙述顺序等,汉语也有自己特有的文化模式。

交际文化在语用上的作用更为明显。语用文化指使用语言的文化规约,即在语言运用时,依据社会情境和人际关系等条件所采用的易于理解又得体礼貌的语言规则。语用文化是保证交际成功的必要条件,除了因语言形式偏误造成的交际障碍外,因语言运用不得体、违反了禁忌原则等带来的交际障碍更多,而且更难为本族语者接受。汉语中大量的表示打招呼、问候、邀请、致谢、告别、委婉和禁忌等功能的语言,多有一套交际性的套语,在整个交际过程中,它们可以起到确认和维护交际双方关系的作用,发出者与接受者都必须自觉地予以维护,这是保证交际成功的重要方面。

在跨文化交际中，人们总是习惯于用本民族的交际习俗同对方问候、寒暄和交谈。文化差异在语用上会限制交际双方对话题的选择，如年龄、收入、个人隐私等这些家长里短的话题，在汉语文化中是开放的，在西方文化中则是封闭的，中国文化中的这种亲和、大众化的闲谈方式正是西方文化中最难以接受的地方。语言是使用者的语言，文化因素教学要尽量增进学生对目的语文化的了解，语用文化可以说是保证学习者掌握地道语言表达至关重要的方面。

2. 文化因素教学的意义

文化因素教学是语言教学的有机组成部分，是促进语言知识向语言技能转化、形成语言能力的催化剂。文化因素教学之所以重要，是由语言和文化的关系决定的。

一方面，文化包括语言。文化是上位概念，语言是下位概念。"文化"这个大家族包含了人类所创造的一切物质、精神财富，语言是与文学、哲学、建筑、艺术、音乐等并驾齐驱的精神财富的一员。另一方面，语言是文化的载体，文化的积淀，文化的映像，语言用自己特有的文字和声音符号来记录和传达社会文化生活，反映出民族生活的方方面面，从这一角度说，民族语言事实上都是文化语言。语言和文化相互依存，共生共荣的关系说明，要掌握和运用好一种第二语言，就必须同时学习这种语言所负载的该民族的文化。文化自然地成为第二语言教学内容的一个组成部分，而且是非常重要的部分。

汉语作为第二语言的教学，致力于培养学生的汉语综合运用能力，必然要将汉语文化教学作为教学的一项重要内容，力求从跨文化交际的视角探究文化差异，解释语言中隐含的交际文化因素，扫除可能在言语交际中的文化障碍。根据学生的年龄特点、认知能力，逐步扩充文化教学的内容和范围，帮助学生拓宽视野，理解中国文化在世界多元文化中的地位和作用，成长为知识全面、能力皆备、具有跨文化意识和国际视野的优秀人才。

进行文化教学要注意以下几点：

首先，文化教学指的是文化因素教学，而不是文化知识教学。文化因素是包含在词汇、句子、篇章中的思想、意识和心理，是隐藏在语言背后的深层含义。文化因素教学应该是在语言教学的过程中，针对语言中所蕴含的文化现象、自然产生的教学行为，目的在于帮助和引导学生，正确认识和理解语言以及语言背后的文化内涵、人文精神。文化因素教学不能靠教师集中、大量的讲授来进行，在某种程度上来说，它更有赖于学生的细心体会和感悟。

其次,文化教学要关注学生对文化内涵的理解。文化存在于词汇、语法、语用的各个方面,文化阐释是帮助学生理解文化知识的前提。理解在于破解语言背后的文化内涵,明确交际对象、交际场合、交际方式等对语言使用的限制,正确把握文化内容的表达形式。以往我们多看到语言水平对文化理解的制约作用,文化的理解越好,对语言的理解也就越准确、越生动、越透彻。

最后,文化教学更要注重学生文化知识向文化交际能力的转化。理解是基础,但不是目的,得体运用才是最重要的。中介语中的语用偏误反映出学生的得体运用是一个大问题。一种情况表现为回避使用,普通中国人打招呼的一般方式学生多已了解,但很少看见学生使用"老师,您出去啊?"、"您也来这儿吃饭啊?"这样地道的语言,通常都以"你好!"代替;还表现为语用规则的滥用,说话者不分场合、身份,使用一些不恰当的表达方式,曾有一个汉语造诣很深的外国友人对一个领导说"老小子,你还没死啊?"还有的时候,由于文化差异,学生运用了正确、完整的汉语结构形式,使用的却是母语文化的规则系统。可见,语言文化知识必须经过交际环境中的反复操练、大量使用,才有可能转化成真实的文化交际能力。理想的第二语言教学应是使学生既习得了目的语,同时也掌握了目的语文化。

3. 文化因素教学的方法

在对待文化的问题上,对外汉语教学界的基本共识是:以语言教学为主,以文化教学为次;文化教学必须为语言教学服务;在语言教学的同时有机地、适当地、有目的地加入文化教学的内容,但不能以文化教学取代语言教学。

吕必松先生认为,进行文化教学至少有以下三种途径(吕必松,2006):语言课中的文化教学、汉语言专业中的文化教学、人文学科各专业的教学。汉语言专业中的文化教学指针对留学生开设的中国国情概况、中国旅游地理、中国古代史、中国文化概述等各类文化知识课;人文学科各专业中的文化教学属于政治、经济、哲学、历史等通识教育,入系学习的留学生与中国学生一起,都要接受这样的教育。所以吕先生所说的文化教学实际上覆盖了各类学生各级水平的文化教学,我们这里要阐述的只是第一类——语言课中的文化因素教学。

陈光磊先生认为:"汉语课中的文化教学是以学习或习得运用汉语进行交际的文化能力为指归的,它带有某种技能性与实践性的特点。"(陈光磊,2006)其实我们的态度还可以更坚定一些:汉语课中文化因素教学与其他语言要素教学一样,必须更多地采用技能化训练的方法,并强调在实践中加深理解和运用。

(1) 文化教学要结合言语要素的教学和言语技能、语言交际技能的训练来进行。

文化要素隐含在语言子系统中，分散、不系统，它需要教师挖掘、发现教材中一些跟文化有关的内容，并且采用适当的方式进行解释。在教学方法上，要与语言要素的教学以及言语技能和言语交际技能的训练一致起来，不能停留在解释上，还应该进行一定的实际操练。如文化词汇多作为生词出现，念、写、造句等词语操练的方式都是必要的；词语的使用还与语境有关，词语辨析、选择填空、替换也是考察词义理解与运用必要的方法和手段。

（2）要充分利用课内外语言环境加强交际训练，通过设置一些跨文化交际的情景或话题进行有组织、有目的的针对练习。

文化教学应贯穿在语言实践中，并将交际文化作为训练的侧重点。课堂教学是体验和模拟真实交际的重要场所，教师要利用好课堂教学环境、利用多种形式的语言材料加强文化训练。如使用各种交换信息的小组活动、角色扮演、讨论、报告等，将符合中国文化习惯的表达方式训练融入其中，鼓励学生关注语言表达的实际效果和心理感受，并经常提示学生，哪种表达是最得体、最易为接受的。通过布置任务式课外作业，鼓励学生走出校园，直接接触中国社会，让他们在与中国人的实际交际中感受成功交际的过程，体会文化规约的作用，掌握交际技能。赵金铭先生曾说，文化多是"习得"的，而不是"学"出来的。文化能力靠的是耳濡目染，潜移默化（赵金铭，2006）。我们的教学应创设各种条件以促成学生文化交际能力的形成。

（3）文化教学要决定教学的内容、层级和范围，以期取得更好的实效。

文化教学必须遵循阶段、适度的原则。教师应能决定哪些文化内容是回避不掉、应该及时教的；哪些是难以解释和理解，适宜以后教的。跨文化交际中那些容易引起交际困难和障碍的文化内容，是进行文化教学最重要的方面。如招待客人时，主人说"家里没什么好东西，来，吃点儿水果吧"，为什么主人摆出丰盛的水果却说"没什么好东西"，这在学生来看不可思议，即使是初级阶段的水平，教师也应及时做出解释。初级阶段的文化教学不是分门别类地进行，而是与语言教学融合在一起的，学习语言，学习文化，往往是同步的。到了中、高级阶段，文化教学逐渐进入深层次，可以开设专门的文化课程，学生会接触到大量更深层的理性文化和具有浓重文化色彩的词语，如成语典故、警句格言、俗语、隐喻、缩略语等，开始理解文化的多元性、动态性和相互渗透性，加深对汉语文化习俗和思维习惯的客观认识，到了这个阶段，文化教学逐步从表层文化进入到深层文化的范畴。

4. 文化因素教学中要注意的问题

"文化热"兴起时，出现过两种片面性的教学：一是只教语言，忽视与语言理解和使用有密切关系的文化教学;二是把语言教学仅仅当做传播文化知识的途径,挤压语言教学的空间,造成本末倒置。针对此类现象,吕必松先生(2006)明确表示:"如果将对外汉语教学中的文化问题仅仅只看作是语言的内部成分,即语言课文的字词句段中的某些文化因素,那么就必将使大量语言课程外的文化性内容,受到挤压甚至排斥。但若过于强调对外汉语教学体系还有泛语言的那面,将其文化作用膨胀到不适当的程度,不仅会干扰语言教学,文化本身也难以承受重负,同样也是不妥当的"。对此对外汉语教学界给予了积极回应。在对待文化的态度上,我们的教学不能从一个极端走入另一个极端,而宜建立一种比较宽泛的文化教学观,立足于不同学习阶段、不同语言水平和不同文化背景的学生,以适应他们对文化的多方面需求。

四、学习者策略

1. 策略的分类

根据 O'Malley 等人的定义,学习者策略指学习者为有效地获取、储存、检索和使用信息所采用的各种计划、行为、步骤、程式等,即为学习和调节学习所采取的各种措施(束定芳、庄智象,1996)。通俗地说就是学习者为解决问题、获得满意的学习效果所表现出的种种反应或举措。

按照学习进程的各相关因素,学习者策略可分为学习策略、交际策略、情感策略、资源策略和跨学科策略。

学习策略是直接影响学习效果的一般性策略,它包括认知学习策略和元认知策略。为了消化和吸收语言,保证交往顺利,需要对接受的新信息进行加工,学习者在选择、习得、建构和综合新的语言知识的过程中所运用的求解、证实、猜测、演绎推理、实践、记忆和监控等策略就是认知策略;元认知策略用于监控、调节和自我调整语言学习行为,如自我调节、预先准备、预先组织、选择注意目标、减缓输出等。元认知策略主要表现为学习者个人对学习的管理。

交际策略指说话者因语言知识不足而引起表达困难时所采用的一些语言的或非语言的交际技巧,包括转述、借用、手势语、回避、直接求助等。学习者一般在他们的语言知识不够使用或被误解时才采用交际策略,并且是有意识地使用。使用交际策略的目的在于保障交际渠道畅通,表达或理解说话者意图。语言教学中,树立明确的交际策略意识、培养学生运用交际技巧是培养其交际能力的一项重要任务。

情感策略指学习者对目的语文化的认同感及对待学习、调理学习的情感态度等。包括乐于参加各种社交活动,主动培养自己对目的语及文化的兴趣,保持良好的精神状态,善于调节自己的情绪、正确看待自己在世界发展中的位置等。这些策略是以间接的方式参与到学习进程中、并产生影响的。

资源策略可理解为充分利用现代社会的各种资源和信息化手段、查找和获取所需资料和信息的方式。建构主义提倡自主学习和发现式学习,要求学生熟练地利用教科书、字典、辞典、报纸、杂志、图书馆和互联网等来学习,查找资料,解决问题。发展学生探索能力和自学能力是策略教学的一个具体要求。

跨学科策略指学习者要有跨越不同学科、融会贯通各种知识并触类旁通的方法与意识。语言教学要求学习者具有比较全面的比较、分析、综合的能力,并与其他学科相联系以获得相关信息和知识。美国政府制订的《21世纪外语学习标准》将其表述为"连通能力(connections)"。

在以上策略中,学习策略和交际策略最能引起教学者的关注,也有较多的研究性成果。情感策略、资源策略和跨学科策略在语言学习中的作用日益显现,也越来越引起教学者和研究者的关注。

2. 策略教学的内容

在第二语言教学中人们发现,使用同样的教师、教学条件、教学方法,有的人学得又快又好、有的人却学得又慢又差。学习者的学习效果差异说明,学习者因素是影响语言教学效果最关键的方面,语言教学的研究重点总是放在如何"教"上、而忽视如何"学",忽视语言学习的主体——学习者在语言学习过程中的主观能动作用,忽视学习者生理、心理、认知和社会特征对语言学习可能带来的影响是有问题的。针对这种情况,研究者开始从学习者特征出发,通过观察、问卷、访谈多种方式,进行学习者策略的个案研究和群体研究,探讨成功的学习者所具有的特点,概括他们所采用的一般方法和策略,并且在教学实践中有意识地引导学生寻找最适合自己的学习策略,提高学习的效率。

成功的学习者策略表现出极大的一致性,以下列出外语学习者常采用的五大策略:

(1) 有明确的学习目的和目标,有极强的学习动力,有浓厚的学习兴趣,有克服困难的毅力。

成人学习语言,大多具有明确的目标,具有良好的自我监控和自我评价能力,并且能够积极、客观评价自己在学习中的进步,这是提高和保证他们学习效果的关键因素。学习作为一项主观性很强的活动,学习者持久的学习动力和热情能帮助他们克服各种困难,并从中找到学习的乐趣。

(2) 建立语言作为一种交际和交往手段的意识,通过寻找和利用有利的学习环境,积极参与语言学习过程。

优秀的学习者善于因地制宜、因时制宜,利用各种机会进行学习,把"学习"和"习得"结合起来,勤于实践。吴勇毅考察了4名意大利优秀的学习者发现,不管在汉语作为外语还是目的语的环境下,频繁地、广泛地、主动地跟中国人接触、积极参与各种社交和社会活动、甚至加强跟其他国家留学生的汉语交流是提高汉语水平的有效策略(吴勇毅,2008)。江新运用Oxford的语言学习策略量表,考察了107名留学生的汉语学习策略发现,在学习汉语的过程中,留学生最经常使用的策略是社交策略、元认知策略、补偿策略,其次是认知策略,社交策略是排在首位的(江新,2000),这个特点与留学生所处的汉语学习环境及其本身特点有关。大量采用看电视、看电影、读报纸等方法也是提高学习者语言理解的有益途径。

(3) 建立语言作为一个形式系统的意识,善意对待不同语言的构成系统并自觉地、沉浸式学习。

优秀的学习者、特别是有过其他外语学习经验的学习者,都能自觉地把所学语言作为一门与母语相对比的学习系统来对待,自觉遵循外语学习的一般规律,不苛求语言的一致性。不仅关注语言的意义、也关注语言的表达形式,特别重要的是,能将交际实践和形式操练很好地结合起来。在学习语言要素时,较多使用磁带等有声训练手段来规范自己的发音,大量采用朗读背诵的策略,采用写生词卡片、抄写、默写等方法来记忆生词和句式,都能获得良好的语言学习效果。

(4) 接受并妥善处理外语学习过程的情感需求。

学习是一种复杂的社会和心理活动,无论是语言的输入还是输出,从保证质量的角度说,都需要学习者有良好的心态和积极主动与他人保持良好社会关系的行为。积极的情感和态度可以及时消减因交往不顺利、学习困难而导致的过度焦虑、失去信心等心理问题,使学习更加愉快、有效。在目的语文化环境中,成功的学习者能够在两种文化之间保持理想的距离,以宽容、客观的态度看待目的语文化,并排除母语所带来的偏颇和保守性。能够克服怕羞感、敢于面对错误、知难而上。研究证明,对语言错误有足够的容忍度、不怕出错、勇于创新实践的学习者,大多具有良好的学习表现,尤其在口语表达上。

（5）通过推理和监控扩充和修正自己的外语系统。

监控主要表现在学习者能发现自己在语言和交际方面的错误如语音、词汇、汉字、语法使用不当等，并及时纠正；初级水平的学习者在输出语言时能预先进行编排，有意地关注与意义相匹配的输出形式，在话语交际时，通过推理和请求本族语者提供反馈等方式，不断修正自己的外语知识系统。

对语言进行积极监控和修正的一个反例是采取回避策略。回避策略是学生在社会交往和学习过程中使用较多的一种交际策略，表现为对语言表达的内容或形式倾向于采用本人熟悉的或掌握较好的，而回避使用生疏的、复杂的、难度较大的。回避的内在心理为惧怕出错、不敢冒险，在语言层面上表现为降低要求，在交际层面上表现为使用非语言手段。罗青松列出了回避的几种形式（罗青松，1999）：① 回避某些不熟悉、有难度的话题；② 用非语言手段如手势、不连贯的话语，代替连贯完整的表达；③ 选择较为浅显的词语，而回避使用意义、用法比较复杂的词语。④ 用简单句式代替复杂的、易出错的句式；⑤ 用书面表达方式代替直接的口头表述；⑥ 用词典、书本上提供的现成的语言形式代替活用和创造。使用回避策略，容易使学生形成一些简化用语的趋势，使语言运用水平在低层次停滞不前；也容易导致一些错误的语言形式在语言运用中"固化"。因此在对外汉语教学中，尤其是在系统教学的中高级阶段，要加强引导，采取多种形式限制学生使用回避策略。

在众多的有关学习者策略的理论研究中，我们可以明显地感受到，语言学习的成败，关键因素在学习者个人，他们是语言学习的主体。研究表明，每一个外语学习者在试图完成某一个学习或认知任务时，都会自觉或不自觉地调动自己所有的原有知识和认知策略，并且在很多方面呈现出策略的一致性。完美、成功的学习者，多以一个积极主动参与者的形象出现，并始终处于一个异常活跃的状态。在接受语言输入时，对其进行分析处理并从中"悟"出规则，加以吸收；在语言输出时，对自己的语言行为进行自我监控、及时修正。语言教学中的策略教学，就应该将优秀学习者的成功经验引入课堂，启发、指导学生有效学习，让不断进步的成绩和良好的评价来满足他们的学习成就感。

3. 策略教学的方法

策略教学，很大程度上也就是学习方法教学（当然两者存在差别）。学习方法在很大程度上决定了学习的质量和效果。杨惠元曾说："方法得当则事半功倍，方法不当则事倍功半"（杨惠元，2004）。课堂教学是语言知识、技能、文化和策略教学的统一体,只关注知识与技能,忽视文化,培养出来的学生必定是能力有缺陷的,而不进行学习策略教学,则难以保证学习的质量和效果。帮助学生改进学习方法,调整学习策略是综合课教学的一项重要任务。把"学习策略培训"纳入第二语言教学,使其成为第二语言教学的一个有机的组成部分,是第二语言教学的一个新趋势。

策略教学旨在课堂教学中,将经过研究概括出的具有普遍意义、有实践效果的学习者策略介绍给学生,并设计多种形式的练习方法教授学生使用,鼓励学生根据自身的条件和所学语言的特点,选择适当的学习策略以提高学习效率,完成学习任务。

在以往的课堂教学中,教师们都十分注意对学生进行学习策略的引导,很多教学方法的使用也都不同程度带有策略培训的意义。比如禁止说母语、鼓励学生课外交流,注意提高学习的趣味性,教学生掌握一些实用的记忆策略,例如利用声旁记忆汉字、同语素词语联系起来记忆生词、有计划地复习、边听边说、边写边念等。教师还非常关注学生的精神状况,注意疏导学生的压力,设法教学生学会通过情感策略调节和控制自己的情感。教师还通过过程评价等手段,对学生的学习状况给予及时的反馈,鼓励学生个人反思等。刘治、朱月珍把策略培训的任务归为7个方面(刘治、朱月珍,2000):① 帮助学习者自我诊断语言学习中的不足;② 让学生者了解提高学习效率的不同途径;③ 使学习者掌握多种不同的解题技巧;④ 促使学习者熟练自己常用的学习策略并尝试新的策略;⑤ 帮助学习者确定完成一项语言任务最佳的策略途径;⑥ 指导学习者加强对自己学习行为的监控和评价;⑦ 指导学习者将成功的学习策略迁移到新的学习环境。这一论述比较注重策略培训的科学化和系统化,可以运用于对外汉语教学。

学习策略培训可以通过多种方式来实现,例如可以通过讲座、专门的训练课程来介绍策略方法;可以通过学习方法讨论让学生相互交流,分享好的经验;还可以把学习策略培训引入语言教学,把策略训练和语言训练结合起来。最典型的就是阅读和听力练习中的一些技巧训练,如利用上下文、语境、同现词等猜测词义等。无论采用何种方式,教师的指导和介绍要注意:

(1) 策略使用的针对性。要根据不同的对象、不同的学习任务、不同的学习环境选择适当的方法和策略。应该明确,策略虽有较大的一致性,当仍要具体情况具体分析。对学习英语、法语有效的学习方法、策略,不一定适合于学习汉语;对这个人有效的学习方法、策略不一定适合另一个人。教师要强调学生的自我实践和总结,既要学习他人的经验,更要符合自身需要,并能不断优化自己的学习方法和策略,实现"学习策略的正迁移"。

(2) 策略训练的多样性。教师应注意区分不同性质、不同类别的策略,采取多样的训练方法。如认知策略侧重新信息的摄入和组织,在建构新信息框架时需要着力运用记忆策略;而交际过程更多地依赖语言信息的理解与表达,因此交际策略的使用更加频繁。策略训练还要与学习任务结合起来,让学生去选择和尝试刚获得的学习策略并取得成功经验。此外还需对学生进行适当的个别指导。

(3) 策略训练的长期性。策略训练必须随时、随地、长期和坚持。很多方法可能马上见效,有的方法需要一段时间的运用积累,才能显示出效果。教师应注意引导学生克服急躁情绪,反复磨合,不断验证,以找到最适合自己的策略。

(4) 策略训练的广泛性。除了学习策略、交际策略和情感策略外,我们要鼓励学生,尽可能多利用课外教学资源,进行自我提高和能力拓展;要善于从相关学科汲取营养,开发思维,提高创新能力,使学生的所有策略活动都有助于提高他们的学习能力。正如束定芳所说:"教师的职责一是教给学生知识,二是教给学生如何获得知识的知识。一是'鱼',二是'渔',在外语教学中,'渔'就是培养学习者的学习策略"(束定芳、庄智象,1996)。

第三节 汉语综合技能训练的过程

一、课堂教学

1. 课堂教学的意义

语言教学是一个庞大的系统工程,教学过程涉及教与学的各个方面。吕必松先生(吕必松,1992a)把第二语言教学的全过程和全部教学活动概括为四大环节,即:总体设计、教材编写、课堂教学和成绩测试,其中课堂教学处于中心的、核心的地位,其他环节的设计和实施都要以课堂教学的需要为出发点,教学原则的制定、教学内容的安排、教学方法的把握、教学测试的设计等,都要考虑教学的适用性,并服务于课堂。课堂教学活动也是我们对语言规律、语言学习规律和语言教学规律认识的集中体现。教学法研究的成果适时应用于教学,为提高课堂教学效果提供更为科学的方法和直接帮助。

课堂教学是完成教学任务、实施技能训练、检验教学成果的主要场所。课堂教学在语言教学原则的指导下,根据教学大纲的要求和教材的具体内容,通过有组织的教学活动,全面实施完成各项教学任务。综合课教学的目的是训练学生的汉语综合运用能力,其教学目的能否实现、实现的效果如何,课堂教学起到了举足轻重的作用。

　　课堂教学还是一种相当严密的教与学活动,是教师与学习者双方为了达到同一个教学目的而进行的一种互动过程。第二语言教学特别强调教师与学生的共同作用,教师不只是教学的组织者,更是创新精神和自主探索学习方式的指导者,学生则是课堂教学的主体,是课堂教学积极的参与者,主动性的发挥者,师生之间的交互作用构成课堂教学的主要形式。

2. 课堂教学过程的结构

　　课堂教学有相对完整的结构,一个完整的教学过程以心理感受上的起始到结束来划分。不同的感受可以有不同的划分。崔永华先生(1992)认为每一个完整的教学过程都可以从大到小划分为以下四级单位:教学单位、教学环节、教学步骤、教学行为。

　　(1) 教学单位

　　一个教学过程可以划分为若干个教学单位,教学单位是依据教材的教学进程划分的,在内容上有相对的完整性。以教材课次的自然编排为依据,一个教学单位可以是一课书,那么一本20课的教材需要20个教学单位可以完成;以教学课时为依据,如果完成一课书需要6课时,那么6课时就是6个教学单位,完成一本20课的教材需要120个教学单位。实际上,一般大学的课程都是以2课时/次作为一个教学单元的,所以教师心理上是把每两个课时作为一个相对完整的教学过程来看待的,所以两课时就是一个教学单位,这时完成一本20课的教材需要60个教学单位。

　　(2) 教学环节

　　一个教学单位可以划分为若干个教学环节。每个教学环节进行和完成一个具体的教学任务。以操练的语言项目顺序为依据,一般可以划分为生词、语言点、课文、练习等环节;以训练目的为依据,可划分为复习旧课、学习新课、总结、布置作业等环节;以事件发展的进程为依据,可划分为开头、展开、结束等环节。

　　教学环节可大可小,分量并不均衡,一个大的环节内部还可划分为一个个小的环节,如"学习新课"可细分为处理生词、学习语法、串讲课文、进行交际性练习等环节;"开头"可细分为组织教学、检查复习情况、检查预习情况环节。环节之间有层级性,一般涉及教学重点的部分最为重要,是核心环节,其余为辅助环节,各环节之间联结紧密、层层相接、环环相扣。

(3) 教学步骤

每一个教学环节都由一个或数个教学步骤构成。教学步骤是将环节分解为一个个小的处理方式来划分的。比如我们可以将"处理语法点"的环节规定为引入语法点、展示语法点、解释语法点、操练语法点、归纳语法点等一系列步骤。采取每一个教学步骤都有一个具体明确的教学目的,比如引入语法点是搭建理解的心理桥梁,展示语法点是为了给出语法的使用例子,解释语法点在于说明语法点的适用环境,操练语法点是为了巩固和应用,归纳语法点在于概括语法点形式或语义的规律,提示可能出现的偏误。

(4) 教学行为

每一个教学步骤是由一个或数个教学行为构成的。教学行为指一个个有意义的教学活动。比如"操练语法点"这一教学步骤,可能有朗读、替换、重复、问答、看图说话、两人对练、小组活动、交际性练习、教师纠错等教学行为。教学行为是课堂教学过程中最基本的单位,是课堂教学中最活跃、最能表现教学艺术、经验、水平的地方。有经验的教师善于根据学生对象、教学内容、教学目的,选择最合适的教学行为,并加以组合。有效的课堂教学归根到底由一连串积极、有效的教学行为构成。崔永华(1992)先生提出了4点选择教学行为的标准:

① 选择学生最容易理解的行为;
② 选择是学生有最多的练习、实践机会的行为;
③ 选择最接近实际交际的行为;
④ 在教学行为的排列上,达到各行为之间的互相铺垫,平稳过渡。

二、综合课的环节设计

我们以每课书作为一个教学单位来设计汉语综合技能训练的环节。吕必松先生按照时间的发展顺序将一个完整的教学过程划分为"开头"、"展开"、"总结"三大环节,比较简洁明了。为了详细说明各个环节的设计思路、作用和教学内容,我们按照教学目的设计如下:

热身练习
↓
学习新知
↓
交际运用
↓
总结练习
↓
布置作业

1. 热身练习环节

(本环节控制在10分钟之内)

热身练习环节也就是常说的"开头"、"复习"环节。它处于一个教学过程的第一阶段,是学习新课的预备环节。

热身练习包括组织教学、检查复习情况步骤。这一环节主要有四个目的:

(1) 沟通师生情感、吸引学生注意,以便开始正式授课;

(2) 检查学生对前一课或前几课内容的复习和掌握情况,弥补前一次教学中的不足,对学生理解不够准确、掌握不够扎实的部分再次进行适当的讲练和纠正;

(3) 进一步熟悉和巩固旧知识;

(4) 以旧带新,为新课学习做铺垫。

热身练习的方式有:

(1) 采用与学生直接交谈的方式。与学生寒暄问候,了解学生最近几天的学习、生活情况,了解学生的身体状况,出勤情况,简要说明最近发生的重要事件,通知或提醒学生某些事项。

(2) 复习的方法主要有以下几种:

① 听写上一课学过的生词、句子或段落;

② 用所学词语、句型等进行问答练习;

③ 根据语境用所学词语或句式说一句话;

④ 用指定词语或结构说一段话;

⑤ 听一段话后回答问题并复述;

⑥ 情景对话;

⑦ 简述上一课课文大意;

⑧ 汇报完成课外调查、小组活动情况等。

复习检查的内容一般选择上一节课教学的重点或难点，考查学生的理解和掌握程度；也可以挑选学生作业中的问题来进行进一步的解释与操练。复习中的内容既包括知识，又包括技能，听、说、读、写的方式都可能用到。复习时选择的材料最好跟新课的内容有一定的关联，这样方便通过熟悉的内容引出新的内容。

在热身练习里也可以检查预习情况。这个预习一般指生词的理解、记忆，由于预习的内容多半也是进行新课教学的内容，所以我们也可把它放在"学习新知"环节。

2. 学习新知环节

学习新知主要教授和操练学生没接触过的生词、语法、课文等新材料。这一环节的教学目的是：学生初步了解新知识的形式、意义、使用环境、常见错误；通过各种技能化的训练手段，使用新知识进行简单交际运用；为下一步的交际项目训练提供参照范例和语段框架；为下一步的语言运用提供可借鉴的话题内容。

这一环节是整个教学过程的中心环节之一，是后一环节的基础和前提，其教学效果直接影响了交际运用的成败，重要性仅次于"交际运用"。

这一环节要把握的重点是：讲练结合、精讲多练；突出重点、难点，以旧带新、循序渐进。

本环节主要包括新课导入、生词讲练、语言点（基本句型、重点词语、常用句式等）讲练、课文讲练四个步骤。

（1）新课导入

新课导入一般根据学生水平使用语言、图片、视频、文字材料以及旧知、情景、动作等方式引出与课文内容相关的话题、文化背景等。导入是进行理解和操练的桥梁，是促使学生尽快进入新知的接收状态、激活大脑认知和想象功能的钥匙。巧妙的导入技巧可以有效化解学生对新知识的陌生感，并准确理解。

"导入"技巧可以用在各个操练环节的开始部分。此处的导入与生词讲练环节结合紧密，设计时可多考虑与生词学习有关的因素。

（2）生词讲练

生词讲练的目的一是帮助学生扩大词汇量，二是为学习语法和课文扫清障碍，三是为以后的交际训练提供与话题相关的词汇。讲练生词要根据词语的词性、义项、使用难度区分一般词语与重点词语，把握好讲练的内容和方式；根据不同阶段的教学任务及学生的语言水平把握好讲练的"度"；还要遵循由小到大，由浅入深的原则,从词到词组再到句子,进行逐级扩展。扩展的句子要与课文中的句子相结合,分散难点,为以后的语言点教学与课文教学打好基础。

初级阶段生词讲练的教学行为是：

① 听写生词:听写生词时,可以按照词性排列、按照语义场排列、按照在语法句式中的位置排列、按照课文出现顺序排列。教师可在黑板上事先安排好词语的位置序号,还可以根据需要补充一些词。

② 纠正错字:检查并纠正错字、错误的笔顺,归类联想已学过的汉字。

③ 补足没写出的字。

④ 朗读生词：

　A. 教师领读；

　B. 学生个别读(每人读 4—5 个,教师注意纠音)；

　C. 教师领读发音较难的词；

　D. 学生集体朗读。

⑤ 生词扩展练习：

　A. 学生朗读生词；

　B. 教师领读生词；

　C. 对学生提出的问题做出解释；

　D. 语素组词练习(中级阶段要加强语素教学的力度,练习方法是从生词中选择一些构词能力强的语素进行组词练习)；

　E. 词语搭配练习、扩展组句。

高级阶段的生词量比较大,要求学生课前通过预习了解生词的词义,课上一般不设独立的生词讲练环节,或者只设朗读生词的环节。生词练习一般与课文讲练结合在一起,利用课文提供的语境帮助学生理解和掌握词语的意义与用法。

(3) 语法点讲练

讲练语法点的目的是了解语法句式的形式特征,理解语法句式的意义功能,明白语法句式的使用条件,正确运用、实现交际。初级阶段的语言点以汉语的基本句型为主,中高级阶段侧重复杂句式和长、难句,注意句式的变化与替代以及之间表达的差异,注意语气和言外之意。

语法点讲练强调从机械性操练、半机械性操练到交际性操练,由教师指导逐渐过渡到独立、自由运用。

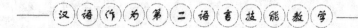

操练的一般程序是:

① 引入语法点

② 展示语法点

A. 板书例句;

B. 朗读例句,学生可跟读、个别读(教师注意纠音);

C. 不看黑板,重复。

③ 解释语法点(教师简要说明使用规则)

④ 操练语法点

操练的方式多种多样,如:

A. 替换某一成分;

B. 问答;

C. 根据情景说出合适的句子;

D. 完成句子的某一部分;

E. 看图说话;

F. 两人对练。

⑤ 归纳语法点

A. 总结句式的结构、意义;

B. 说明常出现的错误类型。

初级阶段的语言点讲练可以在课文讲练之前、由生词讲练环节自然过渡,也可以与课文讲练结合起来进行。

(4) 课文讲练

课文是教材编写最重要的部分,它包含了必要的生词和有规律呈现的语法句子,还有规范的对话体或叙述体的篇章结构。课文中容纳了较多的社会、文化生活的思想观念,是了解中国人、中国社会的一面镜子。课文集语言知识、文化内容、形式表达于一身,充分利用课文的特性进行汉语教学,能起到知识与技能融会贯通的作用。

课文讲练的目的有:巩固词汇、语法教学的效果,拓展语言形式表达的空间,提供真实、得体的语言表达环境,提供成段表达的结构和框架。

根据学生的学习弱点,讲练课文可以从听入手(比如针对日韩生),也可以从读入手(比如针对欧美生),朗读课文时注意学生发音。在讲练过程中,要注意各环节之间的内在联系,按照由浅入深、循序渐进的原则,由单句练习到对话练习再到成段表达练习,由机械练习到模仿练习再到自由表达练习,每一个环节都要为下一个环节做好铺垫,使整个讲练过程环环相扣、层层推进、步步深入。

讲练课文的一种程式:
① 听一遍课文录音;
② 针对课文内容,简单提出问题;
③ 教师领读课文;
④ 学生分角色朗读课文;
⑤ 学生不看书跟老师说课文;
⑥ 学生不看书回答问题(按照内在的逻辑顺序);
⑦ 复述课文内容(个人复述,集体复述);
⑧ 选用本课所学词语和句型进行对话练习。

3. 交际运用环节

第二语言教学的最终目标是培养学生运用目的语进行交际的能力。课堂教学环节的设计、教学步骤的安排以及教学行为的选择,其出发点和落脚点都是培养和提高学生的语言交际能力,在课堂教学过程中,交际运用环节就是体现语言教学目的最重要的环节,目的是为语言训练提供真实的交际场景。前几个环节扎实的训练,为交际训练奠定了坚实的语言基础,零散的、相对孤立的词语句式以及表达功能可以在此环节得到高度集中、全面的运用。这一环节是教学中的高潮环节,也可看成是课堂教学的"压轴戏"。

交际运用环节在内容与形式上的要求:

(1) 设计恰当的交际任务,激发和促进学生积极参与,让学生有话可说、有能力表达;

(2) 限定完成任务所需的语言形式,本课重点教授的字、词、句学生应能灵活、自如运用;

(3) 谈论和表述的话题要紧密结合所学的课文,观点允许多样,但主题集中;

(4) 无论是会话练习、小组讨论、辩论还是自由表述,都必须以成段表达为目标。表述的内容有内在的逻辑性,衔接得当,语义连贯;

(5) 注意跨文化交际的特点和交际策略的使用;

(6) 课堂交际任务可为学生课外自学提供拓展的空间。大的交际运用项目可以课外作业的形式布置给学生。

交际运用的一种方式——情景对话:

① 解释对话开始的背景、人物身份、时间、场合、谈话方式等;
② 提出组织对话的形式、段落长度、主题等;
③ 学生抽签分组或自由组合;
④ 学生两两练习;
⑤ 教师巡视,个别指导;
⑥ 根据多数学生的需要,提示或板书新的语言形式;
⑦ 小组汇报对话的结果;
⑧ 抽取2—4个小组进行角色扮演;
⑨ 教师指出表达中的突出问题,进行简单说明。

4. 总结练习环节

这一环节的主要目的是沟通和弥补,通过师生之间的交流,沟通情感,了解问题;通过有针对性的笔头练习,梳理教学中的问题,弥补不足。方法是:

(1) 教师简要归纳本课的教学要点;
(2) 评价学生们的反应、接受情况;
(3) 对问题突出的学生提出学习上的建议;
(4) 询问学生的感受,请学生自我评价;
(5) 进行必要的解释或说明;
(6) 做一些笔头的检测、巩固练习。

本环节通过有条理的总结,进一步加深学生对当课所学内容与学习重点的认识,明确学习的成就与不足,为课下有针对性的复习做准备。

5. 布置作业环节

课上的最后几分钟要布置作业。这个环节的目的是给学生课下的学习提出进一步的要求,使学生巩固所学知识以及为新课学习做好准备。作业包括语言形式和语言交际两部分。复习巩固类作业主要有以下几种形式:

(1) 听课文录音或做有关的听力练习;
(2) 朗读课文;
(3) 阅读教师指定的阅读材料(中高级阶段);
(4) 写汉字(初级阶段);
(5) 重点词语造句(初中级阶段);
(6) 用指定词语写一段话;
(7) 根据要求改写课文(中高级阶段);

(8)就课文中涉及的话题写一篇文章(中高级阶段)等。

预习的重点是新课生词、课文、与课文相关的文化背景知识(中高级阶段)。生词要求了解词义并会读会写,课文要求阅读后了解大意并标出不明之处,以便在新课学习时提出问题。

语言交际性作业也多种多样,可以是课堂交际活动的延续,侧重交际技能;也可以是相关文化知识的拓展,侧重了解。像调查、访谈、社会实践、上网查找资料等,都可看做真实性交际的最好形式。

第四节 汉语综合技能训练的方法例示

教学是门艺术。语言教学,就是要通过艺术化的教学方法和技巧,完美、高效、高质地完成语言教学的任务。

课堂是展示教师教学才能的舞台。课堂教学中,教师充分发挥个人的智慧,通过精心设计、卓有成效的教学行为,一步步引导学生达到既定的教学目标。教师的教学才能表现在对教学内容的深刻把握、对教学对象的全面了解、对教学过程的精心设计以及对教学训练方法的得体应用。把握教学内容,对所要教授的东西烂熟于心,才能做出最佳设计和选择;了解教学对象,才能有的放矢、因材施教;精心设计教学过程,才能保证详略得当,重点突出;应用好教学方法,才能事半功倍,提高教学效果。

教师的教学才能最外显的特征就是有丰富的教学经验,善于使用各种富有实效的教学方法与技巧。崔永华等认为,"所谓课堂教学过程,实际上是教师依照外语教学的规律,为实现特定的教学目的而选择,并按一定序列排列起来的技巧的组合。"(崔永华、杨寄洲,2005)课堂教学,在形式上表现为一个个环环相扣的教学技巧的"链"。教师的每一个教学行为,不管是操练词语、还是训练说话,都表现为一种处理问题的方法,而各种方法的搭配组合、连续衔接,就构成了一个完整的教学过程。

在技能训练的过程中,充分重视教学方法的重要性,很有必要,因为做任何事情,都有一个工时与功效的问题。采用好的方法与技巧,能起到事半功倍的效果。从教学理论上讲,教学理念、教学原则必须通过一定的教学方法和技巧才能得到有效的贯彻,教学内容必须借助方法的实施才能转化为可理解、可接受的输入,语言能力更是需要运用有效的实践方法去养成。不讲究教学法或教学方法不佳,照本宣科、只讲解不操练，一定难以收到良好的教学效果，只有把一定的教学原则、教学方法和教学技巧巧妙地结合起来，才能充分显示教学的科学性和艺术性。

教学方法与技巧的运用也体现出教师的个人特点和教学风格。性格、爱好、做事风格不同的教师，在课堂上的表现是不同的，他们所乐于使用的方法也有很大不同。如在处理课文时，有人愿意以听入手，有人愿意以读入手，讲授语法时，有人愿意使用归纳法，有人愿意使用演绎法。在没有什么特别要求时，听或读都是可行的，归纳法或演绎法都有其独到之处。关键是要把握住：所用的教学方法一定要有明确的使用目的，有极强的针对性，并且经实践证明是切实有效的。

汉语综合技能训练是全面的、系统的语言知识与技能训练，使用的方法与技巧大多数也都具有语言教学的通用性。由于听说读写单项技能的训练方法将在本书以下章节分别加以说明，语言要素训练方法也有本丛书的单列本《汉语作为第二语言要素教学》进行详细介绍，以下我们只选取既有特点、又有普遍运用价值的导入、提问、课文操练三个方面来进行介绍。

一、导入技巧

导入指学习新知识、处理新材料之前教师所采用的促进新知理解的语言或行为。导入的落脚点是新知识和新材料，作用在于创造易于学生接受和理解的环境，消除陌生信息可能带来的接收心理障碍，加快理解掌握的速度；制造宽松、融洽的课堂气氛，消除学生的紧张感；采用多样的输入手段，调动学生积极思考、积极参与的热情；增强教学的有效性和趣味感。

导入主要包括课程导入、语言知识点导入、课文导入、交际任务导入几个方面。导入设在每一教学环节的开始部分，是进入该环节的"引子"，在内容上与下面的活动紧密相连；与上一环节也应该有衔接关系。

1. 导入的要求

课堂上可以采用语言描述，动作、实物、图像视频等方式来导入。导入应具备以下要求：

（1）针对性。导入应有明确的使用目的，针对教学实际内容，考虑与之相适应的手段与方法。讲练语法一般采用动作、图片等直观形象的手段来加快理解，如果用语言来描述为什么要使用、什么时候使用"把"字句，学生是很难理解的；而在操练课文时，语言导入则完全可以。

(2) 启发性。导入应能启发学生的思维,能调动学生的认知因素和情感因素,激发学生分析、综合、归纳、推演等认知能力。针对教授的内容,提出问题、留下疑问,可以引导学生关注教学的过程。如在教授可能补语时,教师给出可能补语的格式,然后询问学生以下所给情景是否可以使用该格式,让学生来思考判断,并总结出使用的规则。在学习课文时先提出问题,可以留下适当的想象空间,让学生更加关注语言内容,并从文中去寻找例证。

(3) 简洁性。导入要精心设计,力争用最少的话语,最直接的形式、最少的时间,迅速缩短学生与内容的距离。导入是铺垫,是引子,所以不能喧宾夺主。在设计导入时,适合一句话说清楚的,不要用三句话;适合用画面表现的,不要使用成段的语言描述。简洁跟时效性有很大关联,简洁的目的是用最小的投入得到最大的产出。

(4) 趣味性。教学方法要讲究趣味,吸引人,导入更是如此。如果一上来教师不能抓住学生,拖泥带水、含混不清、没有趣味,学生很难对下面的内容感兴趣,也很难有饱满的热情投入。

另外,注意导入方式的真实性,创造多种高效率的互动形式,以促进学生开展交际活动,进行有意义学习。

2. 导入的方法与技巧

(1) 语言导入

通过语言解说,设置情景,沟通新知与旧知,解释文化背景。

1) 内容衔接:前后课内容、话题、事件发展上的相通或衔接。如:

上一节课我们学到方老师身体不太好,没来上课,同学们想去看望他。今天这一课要介绍同学们去方老师家的情况。

2) 设置问题:提出问题,引起关注和思考。如:

每个国家都有招待客人的礼节。那么去中国人的家做客,主人可能怎么招待客人?客人要注意什么?需要不需要带礼物?主人收到礼物怎么表示感谢?

汉语中有一种语言现象,可以连用两个否定词语表达肯定的意义。下面的句子大家看看可以怎么变换?

3) 介绍文化背景:解释跟新知识有关的文化背景,如社会习俗、人文地理、时代特征、历史人物、政治、经济制度等。如:

老舍是中国著名的戏剧家,代表作有《茶馆》、《龙须沟》等。他的作品主要通过现实中小人物的命运,反映历史的巨变、时代的变迁。我们今天要学习的这段课文,选自《龙须沟》第二场。前面的情节是……

4) 讲故事、时事或社会生活热点:举出与课文相关联的实例,通过实例讲解,提出问题,引发思考或讨论。如:

最近我的同事 X 儿子要小升初,她跑前跑后,到处打听学校的消息。同事 G 的孩子今年中考,每天作业做到很晚,虽然大人帮不上忙,但是心里比孩子还着急。同事 Y 的孩子今年高考,在一所重点中学,每天早出晚归,一直到晚上八点多才离开学校。这是中国大城市中普遍存在的现象。学习的目的只是为了上一个好的学校吗?除了学习成绩,还有没有其他的评价一个人的标准?中国的教育制度有什么弊病?在你的国家是否也存在同样的问题?先请大家思考,然后我们来看一下我们今天的课文——中国的学校教育。

5) 设置情景:解说语言发生的环境,多利用师生之间的共享信息。如:

你朋友最喜欢的一张 CD 盘不小心被你弄坏了,你怎么表达你的歉意?
你的一个朋友最近失恋了,心情不好,你很想帮助他。请给她打一个电话,安慰她,并劝说她出来跟你一起玩儿。

(2) 动作导入

使用富有表现力的动作行为展示语言描述的内容,引出要表示的语言形式,然后进行操练。

1) 单个动作:一个明确的动作代表一个完整的句子。
如教授趋向补语,教师可以利用教室的讲台(上、下)、门(出、进),教室前后(过来、过去)、椅子、桌子(起来)等场地物品,表演动作,让学生观察,然后板书例句,开始讲解练习。

2) 连续的动作:用一连串的动作行为提示语言的表达形式。
如教授"把"字句,教师让学生观察老师进教室后的一系列动作:放下书包、脱下大衣、挂在墙上、拿出书本、发作业、板书错题……然后鼓励学生尝试表达,并引出要讲授的语法。

(3) 实物导入

使用水果、文具、服装、模型等物品来引出要说明的事物。如进行"比"字句教学,可以用两只大小不一的苹果,标上不同的价签,让学生进行区分,学生可能说

"左边的苹果大,右边的苹果小""红苹果贵,黄苹果便宜"等,然后教师引出"比"字句。

(4)图像、视频导入

利用各种图片、插图、教学挂图、简笔画、投影、多媒体技术等平面的或立体的材料,引入要教授的内容,达到形象、生动、感人的效果。图像和视频具有直观表达的作用,能将语言描述不清的特征全面再现和复活,如语言导入中的文化背景介绍,如能配以图像或视频,效果会更突出。

二、提问技巧

听与说、问与答是人类最基本的交际方式,也是课堂上技能训练的有效途径。通过师生间和学生间的互问互答、多向交流,可以实现课堂的交际互动。互动指的是"教师与学生为实现既定的教学目标而在共同构建知识与发展能力的过程中所进行的双向交流活动"(左焕琪,2007)。在当代外语教学的课堂,师生、生生之间的互动行为进行得越充分、学生参与交流的频率越高,越能显现课堂教学的结果。"互动"不仅是训练的手段、检验教学效果的重要标志,更体现了一种新型的师生关系,具有发挥教师的创造性与学生的主动性以及交流师生之间思想感情的作用。

互动往往在师生之间和生生之间产生,而"提问"则是展开互动的一种典型方式。提问包括两方面:教师提问,学生提问。课堂教学的方法研究,更多地关注教师提问,而将学生提问放到口语交际训练中去讨论。

有效的课堂提问,能够激发学生的学习动机,强化学生的注意力和关注度,调动学生积极参与学习的热情;可以充分发挥学生的认知能力,激发学生思维,促进推理与想象;还能增进师生之间、学生与学生之间的语言交流、思想交流和感情交流。

提问适用于语言学习的任何方面、教学过程的各个环节。在复习检查环节、新课导入、词汇或语言点的操练、串讲课文以及真实的交际活动中,都可以运用提问的方法,或检查掌握情况、或引入新知、或深化理解。

1. 提问的特点

课堂教学旨在通过各种有效的训练方法、进行语言的技能训练。教师提问贯穿在整个教学过程、富有多功能的训练效果。提问不是简单的询问"懂了吗""有问题吗?",而是紧密结合训练材料、体现教师训练意图的训练手段。有人将提问看成是"搭梯子"(刘晓雨,2000),教师在教学中的作用就是为学生"搭梯子",引导学生沿着教师设定的路径,一步步到达理解和运用的高峰。

理想的提问应具备如下特点:

(1) 表现出教师对教材的深入研究。吃透教材是教师的一项基本功。全面、深入地理解教材内容,根据教材的构成,在备课的时候就设计好提问的范围和内容,考虑好提问的方式和时机、甚至提问的对象,都是非常必要的。提问要有计划性、系统性,避免随意的、与训练目的无关联的提问。精心设计的提问能有效杜绝课堂上的拖沓和零乱现象,保证课堂教学的效率。

(2) 与学生的语言和知识水平相适应。提问应切合学生的语言和知识水平,在选词用句上尽量照顾到学生的理解需求,保证学生明白、听懂;在内容上避免幼稚和简单,适应成人的思维;在难度上应该形成层次和梯度,照顾到同一班级里学生之间的差异。

(3) 能诱发学习欲望。提问的设计应能紧密结合所教授和训练的内容,吸引和带动学生积极思维、踊跃参与。提问的内容应能利于新知识的展示,带动下一环节或任务的实施。提问还可体现趣味性,用妙趣横生的语言来引出问题。

(4) 有助于实现教学过程中的某个具体目标。提问的目的在于完成某一教学任务,提问应有利于教学任务的实施与完成。如在学习生词"方便"时,包含生词的提问"住在学校里,生活方便吗?""在北京生活方便不方便?哪方面不方便?"等就将词语的记忆、巩固及交际结合了起来,用提问的方式完成了生词理解与运用的任务。

(5) 富有启发性,并能使学生自省。提问应能启迪心智,发人深省。语言训练中的提问应能将语言知识和语言规则的发现蕴含其中,启发和引导学生积极探索,自我发现,并能留下思考的空间,鼓励学生课外继续寻找答案。在讲"了"的用法时,给出不同类别的使用例句,让学生去分类分析,这样提问式的探究法更有助于学生的理解记忆。

理想的课堂提问还应适量适度,掌握节奏。单句的问答可频率密集、节奏较快;综合性、概述性的问答,教师应放慢语速,而且要有一定的等待时间,研究表明,3—6秒的等待更有助于缓解学生的紧张情绪,保证思考。

2. 提问的方式

提问最重要的方面是有效性,提问的范围、方式、数量和频度是检查和衡量一个提问是否有效的重要因素。提问的范围可限定为单词、单句和段落。一般涉及单词、单句的提问语句简短,意义直接;涉及段落的提问语句长、概述性强。提问的方式有直接式、引入式、解释式等。如讲练"名胜古迹",可以直接询问学生:"什么是名胜古迹?"。也可以先铺垫:"北京有名的地方故宫、长城等,有很悠久的历史,来北京的人都要去那儿玩玩、看看。那么,故宫、长城这样的地方可以叫做什么?"。解释性的提问可以这样:"'名'的意思是什么?'古'的意思是什么?那'名胜古迹'指什么样的地方?"。提问的数量可以根据某个语言训练项目的大小、难易程度来决定,一般难度大的项目,提问操练的频率就要高;而讲练课文时,问题的密集程度也要根据文章的篇幅和难度来决定。问题的跨度不要太大,也不必每句必问,细节性问题和概述性问题应保持一个合适的比例。

提问的类型,即构成形式,周翠琳(1997)将其分为展示式和查询式两种。如果教师对所提问题已有答案,提问只是一种语言训练和测试的手段,称为展示式提问;如果教师对提问并没有统一的答案,提问的目的只从学生那儿得到答案,则称之为查询式提问。展示式提问多应用于简单机械性操练,涉及的是低水平的认知活动,如句式替换练习、简单的判断、关于课文内容的理解等非交际性活动,目的在于记忆和熟悉语言形式;查询式提问带有强烈的真实交际性,提问的一方并不知晓问题的答案,双方存在信息差,这时的提问是以交际为目的的交流活动,学生需要自行选择和组织答句的语言形式和意义。在语言训练中,展示性的提问只是进入真实交际的准备条件,并不是语言训练的真正目的,而查询式提问即交际问答则是训练的核心。

提问的类型还可以设计为如下几种:

(1)直接式提问。即开门见山,直接发问,可用于各种语言环境。如展示式的提问:

师:今天几月几号?(出示日历,手指某一日期)
生:今天四月五号。
师:今天星期几?
生:今天星期三。

学习课文内容(选自《汉语口语速成·入门篇》第26课课文1,北京语言大学出版社,2007第二版):

师:学习结束以后英男打算做什么?
生:他打算去旅行。

师:英男打算去哪儿旅行?
生:他打算去西安旅行。
师:为什么去那儿旅行?
生:那儿的名胜古迹多,去那儿的车多,很方便。

查询式的提问:

师:昨天晚上你做什么了?
生:我跟朋友去五道口买东西了。
师:买了什么?
生:买了一双鞋。
师:漂亮吗?哪天穿来我们看看。
生:您看,这就是。
师:哟,真漂亮。我喜欢它的颜色。

交际性的提问一般要进行2—3个轮回,教师要注意学生的回答,并要引导谈话继续下去,还要给予及时的反馈或评价。

(2) 引入式提问。为了后面要引出的语言形式或内容,先进行语言铺垫,然后用提问的方式来进行教学。如前文"导入的方法"中"语言导入"部分。

(3) 解释式提问。通过语言形式分析、图解、视频、事例等多种媒介、使用解释性语言来进行提问。如为了让学生理解课文中出现的"便宜没好货,好货不便宜"这个句子,教师讲述了一个买便宜货上当的故事,并询问这个故事中所蕴含的道理,从而达到解释的目的。

(4) 总括式提问。先提出一个总问题,然后再提出这个问题下的几个分问题,即把一个大问题再细化为几个小问题。如上例询问英男为什么去西安旅行?答案分设在好几个话轮中,教师可以这样提问:为什么去那儿旅行?那儿的名胜古迹多吗?那儿比北京热吗?去那儿的车多吗、方便吗?第一问是总问,后三问都是围绕着总问来展开的,这样能帮助学生全面完整地回答问题,避免遗漏。

(5) 归纳式提问。每个问句之间是环环相扣、层层递进的关系。回答了前一个问题,有助于回答后一个问题,并且将前后问题串联起来就形成一个完整的叙述段落。在复述课文时最适宜使用这个方法。如《速成汉语初级教程》第28课课文2 (北京语言文化大学出版社,1996年):

艾 米:先生,我换钱。

营业员:换多少?

艾　米:150美元。

营业员:请填一张单子。

艾　米:用英文写还是中文写?

营业员:都行。

艾　米:我单子填好了,你看对吗?

营业员:对。给你牌子。请等一会儿。

艾　米:请问今天100美元对人民币的比价是多少?

营业员:100美元兑换853元人民币。这是1,279块5毛。请你数一数。

艾　米:没错。谢谢!

教师的提问可以设计成:

1) 艾米在哪儿?

2) 艾米在银行做什么?

3) 她换多少美元?

4) 营业员让她做什么?

5) 填单子时,用英文还是中文?

6) 今天100美元可以换多少人民币?

7) 艾米的150美元一共换了多少人民币?

将以上回答串联起来,就成为课文内容的完整叙述:

艾米在银行换钱,她要换50美元。营业员让她填一下单子,用英文写还是中文写都行。今天100美元兑换853元人民币,艾米的150美元一共换了1,279块5毛。

三、课文讲练技巧

1. 课文讲练的特点

在课堂教学中,讲练课文是最重要的一个环节。说它重要是因为,一个完整的教学过程大致分为热身练习——学习新知(生词操练——语法操练——课文操练)——交际运用——总结练习——布置作业等几大环节,而"课文"在"学习新知"环节中所处的位置,拿做菜来打比方,就像择、洗、切完毕,最后上锅翻炒的那一刻,所有的滋味、营养和精华都浓缩到这一盘菜上。讲练技巧就是创造美味的技艺。技艺得当、高超,能化腐朽为神奇,锦上添花;技艺不当、平庸,只能是无滋无味的夹生饭,前面铺垫的学习内容在此就达不到融会贯通的境地。

讲练课文,首先要明确两点:讲练目的,讲练内容。

(1) 讲练目的。无论讲练什么课文,都有一个训练什么技能、培养什么能力的问题。初级阶段的课文讲练,着重培养的是学生的听说能力,其次是认读能力。中高级阶段,还要关注文章的篇章结构、文化意义,以及分析问题、解决问题的能力。(以下说明均以初级为例)。

应该明确,讲练课文时,听说、认读训练是紧紧围绕课文展开的,是在生词、语法、课文内容的限制下进行的各种有关联的语言交流活动,脱离课文实际的活动都不符合训练的针对性和有效性。

在听和说、认和读当中,侧重点有所不同。听是为说服务的,认是为读服务的。听和认为说和读做准备,是说和读的前提,因而听、认能力的好坏直接影响说和读的效果。由于听、认的目的不等同于听力课的听和汉字课的认,因而对听认能力训练的深度和范围要小于听力课和汉字课。听多表现为听懂教师问话,听懂课文内容,读表现为认读汉字、生词、读懂句子、课文意思。讲练课文的任务就包括正确朗读课文,准确表达课文,并进行相应的扩展、活用练习。

(2) 讲练的内容。前面的环节已对课文生词和语法点进行了大量的操练,学生已初步理解和掌握了生词、语法的意义和用法,课文只是为它们的使用提供更为广阔的场景和语境,所以讲练的重点应放在以下几点:

"讲"的内容:

① 常用词语的特殊用法,如难——难说,好——好久。再如"偷"一词的基本义项为盗窃,而"好啊,你又偷着抽烟了"中的"偷"为瞒着人悄悄地做某事。这些常用词的特殊用法如果不讲,就会对理解课文造成障碍。

② 疑难句式,句子意思不能简单从字面中理解,句式中词汇的意义也与以往学习的常用义项不同。如"你再抽烟就请你离开"句中,"再……就……"表示的是假设关系。

③ 惯用语,如"有什么别有病,没什么别没钱",这样的句子往往包含很深的社会文化心理和人生经验。

"讲"的目的不仅在于传授新知识、新用法,更在于扫清理解障碍,为充分、深入理解课文内容和表达训练做准备。一般来讲,讲的比例要远远小于练的比例,讲也不是单纯地由教师传授,而是启发、引导和练习相结合。

"练"的内容:

① 练单句

A. 包含重大语言信息的句子;

B. 包含重要生词和语法点的句子;

C. 包含疑难句式或关联词语的句子;

D. 包含特殊语义语用功能的句子。

练习单句的目的在于进一步理解语言知识及用法,准确理解说话人的感情、意图,理解课文中人物的褒贬态度,重复课文语句,正确回答教师问题等。在练习过程中重点训练学生的听辨能力,记忆能力、模仿能力和分析判断等能力。

② 练小段对话。在小段对话中常包含有说话双方的问答技巧和交际策略。如怎么提问,怎么引起话题,怎么结束,怎么根据功能意念选择句式,怎么表示请求、拒绝、回避、犹豫、兴奋等心理。在这个训练过程中重点训练学生的交际策略能力。

③ 练成段表达。成段表达是在熟读课文之后进行的高度集中的听说训练,它是学生在理解记忆基础之上、对课文内容的完整概括和综合表达,既包含对字、词、句的准确得体运用,还包括语言的重新组织与安排。在此过程中训练的是学生的概括总结能力、描写叙述能力和语篇组织能力。

2. 课文讲练的方法

讲练课文的方法是多种多样的,各方法间也没有什么高下优劣之分,关键在于根据语言材料的特点选择最恰当、最有效的训练方法。一般从熟读课文入手,扫清理解障碍,然后进行成段表达练习,下面分别述之。

(1) 熟读课文

可以采用三种方法:

① 从认读入手,培养学生对汉字的认知能力和理解能力。对于欧美学生来说,这种方法很有必要。

A. 给学生几分钟时间,让他们先自行朗读,然后请学生分别朗读。由于每个学生的认知水平不同,他们可以根据个人需要或快速浏览,或细细研读。

B. 请学生分别朗读课文,其他学生可一边听一边看。这种方法有助于检查学生的发音、语调、停顿及生词数量,并可节约时间。

② 从听入手,让学生听课文磁带或教师朗读,直接在声音和意义之间建立联

系,这种方法可多使用在日韩学生班级。对欧美学生来说,可以发挥他们听说好的优势,对于那些不学汉字的学生也可省掉不少麻烦。

③ 听、认结合,学生一边听磁带或教师朗读,一边认读课文,这样做的好处是能帮助学生迅速地建立起正确的读音习惯。

对其他国别的学生或混合班来说,也可以采用直接领读的方式,学生一边跟读,一边看课文。

在朗读之后,可以采取跟读的方式来进一步加深学生对课文的熟悉记忆。跟读的过程中不能看书,锻炼学生用耳听,用脑记,用心想,用嘴说各感觉器官协调行动的能力。跟读的句子应逐渐加长,加难,语速也要不断加快。

(2) 回答问题

朗读之后,教师可以根据课文内容进行提问。提问应由易到难,由浅至深,由简到繁,由具体到抽象。先提细节性问题,再提概念性问题;先提单个问题,再提完整性问题;先提三言两语就能回答的问题,再提需多个句子甚至复句才能回答的问题;可先按课文内容顺序提问,再打乱顺序提问;也可以先教师提问,再学生互问。提问的作用很多,主要是检查学生的理解程度,帮助学生整理思路,为成段表达做准备。

(3) 扫清语言障碍

可以用以下方式来消除可能构成障碍的语言问题:

① 串讲式:在串讲课文的过程中将疑难问题解决掉,随遇随讲;

② 提拎式:教师直接将疑难问题提拎出来,加以解决;

③ 解答式:让学生提出问题,由教师或学生解答。

扫清语言障碍,最好用启发和引导的方式,让学生动脑筋自寻答案。由于疑难问题与课文内容有密切关系,与先前的旧知识可能有一定联系,上下文的语境也可能蕴藏一定的线索,因此可鼓励学生大胆地去猜。根据问题的困难程度,教师可以在学生获取答案后再做一些辅助练习,如提供若干例句,做替换、变换、完成句子、问答等多种方式的练习等。由于讲练课文的目的在于培养学生的听说能力和成段表达能力,因此扫清语言障碍的练习切忌喧宾夺主。

(4) 小段对话练习

对话过程就是问答双方的交际过程,小段对话意义完整,篇幅短小,一般1—3个话轮,方便师生之间和生生之间的快速操练。

(5) 成段表达

① 成段表达的第一个任务是就课文内容的完整叙述。进行成段表达最恰当的时机是在就课文内容提问之后,教师的提问实际上已经给学生了一个明确的成段表达的框架,学生只需将回答内容有机地串联起来就行了。学生程度好,可以让学生自行表达,程度差,可用以下步骤进行:

A. 教师一边提示,一边说出正确内容;

B. 完整地重复一遍;

C. 板书重点词语,省略部分打删节号;

D. 带领学生一边看黑板一边说;

E. 请学生分别叙述,共同完成。

② 第二个任务是就成段表达的框架进行模仿和替换练习,人物、事件、过程和结果可略做修改。有些叙述文和论说文实际上存在一定的"八股"格式,学习一个个课文可以建立一个个表达思想的叙述模式。如《速成汉语初级教程·综合课本》(1996)第28课课文1,整个文章线索是艾米向王欢老师请教→请教的内容→原因→王老师讲了一个真实的故事→故事的结局→听完这个故事,艾米拿定了主意。按照这个模式来叙述,可以改换成多种不同的内容,如"去哪儿买东西好""去哪儿旅行好"等。

③ 自由表达,活用扩展练习

课文是一定话题内容的体现,由于话题内容不同,谈论的角度和深度不同,课文总会给学习者留下想象和思考的空间。针对课文内容的自由表达、评论等扩展练习是学生从真实愿望出发所做的语言实践活动,教师可以提供一些相关词汇和句式,让学生选择使用。至此,针对课文的讲练活动可以画上一个圆满的句号了。

思考题

1. 汉语综合能力包括哪几个部分?
2. 怎样看待语言综合能力训练的"综合性"?
3. 综合课与技能课的关系是什么?
4. 语音教学的内容及重要性是什么?
5. 词汇教学的内容是什么?
6. 语法教学的内容是什么?
7. 试论语言表达的准确性与流利性的关系。

8. 汉字教学的途径有哪些?
9. 为什么说汉字教学是汉语教学的一大瓶颈?
10. 文化教学的特点有哪些?
11. 试论跨文化交际策略的内容与方式。
12. 语言教学中如何"导入"文化?
13. 学习者策略的分类及其主要内容是什么?
14. 成功的学习者的学习策略有什么一致性?
15. 加强策略教学的途径有哪些?
16. 举例说明课堂教学的结构。
17. 课堂教学的环节设计包括哪几个部分?
18. 课堂教学中最重要的环节是什么? 为什么?
19. 如何理解交际训练环节?
20. 导入的技巧有哪些?
21. 举例说明导入的作用。
22. 设计"提问"要注意什么问题?
23. "提问"只是教师对学生的行为吗?
24. 如何理解"课文"在语言训练中的作用?
25. 讲练课文有哪些方法和步骤?

参考文献

陈光磊(2006)《语言课中的文化教学》,《对外汉语文化教学研究》,商务印书馆。
崔永华(1992)《基础阶段精读课课堂教学结构分析》,《世界汉语教学》第3期。
崔永华(2005)《基础汉语教学模式的改革》,《对外汉语教学的教学研究》,外语教学与研究出版社。
崔永华、杨寄洲(2005)《课堂教学技巧略说》,《对外汉语教学的教学研究》,外语教学与研究出版社。
冯丽萍(1998)《汉字认知规律研究综述》,《世界汉语教学》第3期。
国家对外汉语教学领导小组办公室汉语水平考试部(1996)《汉语水平等级标准与语法等级大纲》,高等教育出版社。
国家对外汉语教学领导小组办公室汉语水平考试部(2001)《汉语水平词汇与汉字等级大纲》,经济科学出版社。
国家汉语国际推广领导小组办公室(2008)《国际汉语教学通用课程大纲》,外语教学与研究出版社。

国家汉语国际推广领导小组办公室（2007）《国际汉语能力标准》，外语教学与研究出版社。

国家汉语国际推广领导小组办公室编（2008）《国际汉语教学通用课程大纲》，外语教学与研究出版社。

郭志良主编（1996）《速成汉语初级教程·综合课本》，北京语言文化大学出版社。

胡明扬（1993）《对外汉语教学中的文化因素》，《语言教学与研究》第4期。

江　新（2000）《汉语作为第二语言学习策略初探》，《语言教学与研究》第1期。

江　新、赵　果（2001）《初级阶段外国留学生汉字学习策略的调查研究》，《语言教学与研究》第4期。

林　焘（2001）《汉语韵律特征和语音教学》，《林焘语言学论文集》，商务印书馆。

林国立（1996）《对外汉语教学中文化因素的定性、定位与定量问题刍议》，《语言教学与研究》第1期。

刘晓雨（2000）《提问在对外汉语课堂教学中的运用》，《世界汉语教学》第1期。

刘　治、朱月珍（2000）《国外第二语言学习策略的介入性研究》，《国外外语教学》第4期。

鲁健骥（1987）《外国人汉语词语偏误分析》，《语言教学与研究》第4期。

吕必松（1992a）《第二语言教学的四大环节》，《华语教学讲习》，北京语言学院出版社。

吕必松（1992b）《华语教学讲习》，北京语言学院出版社。

吕必松（2005a）《汉语教学中技能训练的系统性问题》，《语言教育与对外汉语教学》外语教学与研究出版社。

吕必松（2005b）《汉字教学与汉语教学》，《汉语的特点与汉语教学路子》，《语言教育与对外汉语教学》，外语教学与研究出版社。

吕必松（2006）《对外汉语文化教学定性》，《对外汉语文化教学研究》，商务印书馆。

罗青松（1999）《外国人汉语学习过程中的回避策略分析》，《北京大学学报》第6期。

石定果、万业馨（1998）《关于对外汉字教学的调查报告》，《语言教学与研究》第1期。

束定芳、庄智象（1996）《现代外语教学——理论、实践与方法》，上海外语教育出版社。

王晓澎、倪明亮（2006）《高级阶段汉语教学散论》，《对外汉语综合课教学研究》，商务印书馆。

王学作（1980）《汉字图表教学法浅谈》，《语言教学与研究》第1期。

温晓虹（2007）《对外汉语教学语言习得的理论基础》，载于《汉语教学：海内外的互动与互补》，崔希亮主编，商务印书馆。

吴丽君等（2002）《日本学生汉语习得偏误研究》，中国社会科学出版社。

吴勇毅（2008）《意大利学生汉语口语学习策略使用的个案研究》，《世界汉语教学》第4期。

徐子亮、吴仁甫（2005）《实用对外汉语教学法》，北京大学出版社。

杨惠元（2004）《课堂教学评估的作用、原则和方法》，《汉语学习》第5期。

易洪川（2001）关于培养留学生的汉字观，《国际汉语教学学术研讨会论文集》，《语言研究》增刊。

张高翔(2003)《对外汉语教学中的文化词语》,《云南师范大学学报》第3期。
张　英(1994)《论对外汉语文化教学》,《汉语学习》第5期。
张占一(2006)《知识文化因素与交际文化因素》,《对外汉语文化教学研究》,商务印书馆。
赵金铭(1996)《对外汉语语法教学的三个阶段及其教学主旨》,《世界汉语教学》第3期。
赵金铭(2004)《对外汉语教学概论》,商务印书馆。
赵金铭(2006)《对外汉语教材中的文化取向》,《对外汉语文化教学研究》,商务印书馆。
赵元任(1980)《语言问题》,商务印书馆。
周翠琳(1997)《课堂提问刍议》,《汉语速成教学研究》第一辑,北京大学出版社。
周健、彭小川、张　军(2004)《汉语教学法研修课程》,人民教育出版社。
周思源(1991)《论中高级阶段对外汉语教学中的文化问题》,《中高级对外汉语教学论文选》,北京语言学院出版社。
左焕琪(2007)《英语课堂教学的新发展》,华东师范大学出版社。

第三章 汉语口语技能训练

第一节 关于说话行为的研究

一、说话活动的本质

语言心理学认为,说话活动是由人脑的运动性语言中枢控制的,当人产生说话欲望后,大脑的运动性语言中枢首先活动,从储存在大脑记忆库中的言语信息中找出合适的词语,按一定的结构顺序排列组合,形成内部言语,然后通过人体各个发音器官的活动,将内部语言变成有声语言,整个说话活动是对言语信息进行编码和传递的过程。

桂诗春(1997)、徐子亮(2000)指出口语表达是语言的外在表现,其内部机制是话语的产生,它必须经过话语计划、话语结构的建立、言语计划的执行三个阶段。

话语计划即说话人根据自己的意图或者交际双方的需求计划自己说话的内容。首先要确定话语的类型——会话还是独白。如果是会话,就有与谈话的对方进行各种协调的问题。包括如何开始对话,如何在交谈过程中做出应答和各种反应、如何结束对话等。如果要进行独白,叙述性的需要计划所叙述事件的内容、次序以及事件间的关系等;讲演性的则需要计划话语的观点、论证的材料及结论等。

话语计划只是确定了话语的思想和内容,必须运用词语和句子将它们言语化,即建立话语结构,表达才有可能。从思想到话语,首先要从长时记忆库的心理词汇中选择合适的词语,按照语法规则进行排列,使其成为有意义的句子形式或词组形式。

话语结构的建立阶段是一个过渡阶段,通过语音形式将句子表述出来是由语言产生的第三阶段——执行阶段来完成的。执行阶段是把"语言信息的高度抽象的心理表征变为不断变化的肌肉活动型式,并调动发音器官,产生表达该信息的声音"(桂诗春,1997)。

二、"说的汉语"与"看的汉语"

"说的汉语"与"看的汉语"是两种不同的言语形式,即汉语的口头形式和书面形式。前者是通过声音和听觉系统传递和接受信息;后者是通过文字和视觉系统传递和接受信息。二者在语音、词汇、语法及语用方面均存在一定差异。概括起来,"说的汉语"主要有以下一些特点:

1. 有语调、语气、语音轻重等发音上的变化;
2. 句子不一定完整,有停顿、重复、易位等现象;
3. 有不规范、不准确或赘余的成分;
4. 句子简短,语法结构简单,没有大量的修饰语,较少使用关联词语;
5. 省略句、变式句、倒装句、反问句等使用频率较高;
6. 用词简单通俗;
7. 流行语使用频率较高;
8. 有大量比喻的用法。

"看的汉语"是写出来的汉语,但并不是"说的汉语"的文字记录。"看的汉语"在语言使用上有自身的规则。概括起来,"看的汉语"主要有以下一些特点:

1. 句子完整,句法结构严谨规范,结构复杂的长句出现频率较高;
2. 重视句际、段落间的衔接,关联词语使用较多;
3. 某些文体有相对固定的用词和写法;
4. 多使用具有庄重色彩的词汇,有些词汇,如文言词汇,只在书面使用。

我们可以通过下面两段话比较一下"说的汉语"与"看的汉语"在语言表达上的差异:

话题:2009年1月13日的股市行情

  股民老赵的独白:

    又跌啦,今天。跌破1900点了。前些日子那些还不错的板块也不行了,有色金属跌得最狠,黄金、银行股一溜跌。涨的呢,也不是没有,反正不多。哎哟,今天上午啊,你就,唉,看那大盘吧,一片绿,满眼的,成草地了。我看哪,这劲儿啊,估计,嗯,说不好,没辙,唉,等着吧,这不是都套着呢吗?

《参考消息》2009年1月14日　每日解盘

万隆证券:沪指失守　1900点　个股跌多涨少

承接周一尾盘弱势,周二两市双双下跌。盘面上,除钢铁类大盘股红盘外,其余大多绿盘,其中包括前期的机场类、航空类、运输类受政策利好的板块。此外,有色金属板块跌4.32%,居跌幅榜首位,其中黄金类个股下跌4.44%,银行板块整体下跌1.97%,券商也下跌2.18%。

"说的汉语"的教学目的,是培养言语交际能力,重在口头表达,教的应该是"人们说的话"。有些对外汉语口语教材,因对"说的汉语"的特点理解不够,本来应该是说出来的话却带有浓厚的书面语色彩。如:

A:你这么忙,还来送我们,这使我非常感动。

B:为朋友送行是件愉快的事情。

A:在这短短的时间里,我们既提高了汉语水平,又游览了名胜古迹。就要离开这里了,我还真有点儿舍不得呢!

B:学习虽然结束了,我们之间的友谊却是刚刚开始。[①]

在实际交际中,像"这使我非常感动""我们既提高了汉语水平,又游览了名胜古迹""我们之间的友谊却是刚刚开始"这样的话,如果是写在书信中比较自然,但在面对面的交谈中却一般不这么说。把这样的话作为"说的汉语"教给学生显然不太恰当。

有许多对外汉语教材在编写过程中不同程度地注意到了语体的问题。但是,"由于初级阶段语言能力的限制,加上人们观念上的某种固定的认识,因而实际上现有的多数通用教材从语汇和语法方面来看,语体的区分并不十分明显,其语汇为普通话的基本语汇,语法为普通话的基本语法。这大概就是不少学者强调的中性语体"(李泉,2004)。盛炎(1994)指出:"我觉得外国人学习中文,语体学习不妨从中性(neutral)语体开始。所谓中性语体,就是介乎正式和非正式之间的语体""随着中文程度的提高,语体的学习也随之加强"。刘珣(2000)指出,"在语体上,初级阶段既不宜过于口语化(不利于掌握基本结构),也不宜过于书面化(难于掌握,也

---

① 引自申修言(1996)。

缺少现实的交际价值),要注意学习口语和书面语都能用到的'中性'语体。从中级阶段后期开始,加强两种语体的区分和转换。"李泉(2004)认为,在实践中,教材的中性语体比重太大、使用的阶段太长(跨初、中、高三个阶段),而中级及以后的所谓书面语很大程度上又仅局限于文学作品,这种状况是很值得思考的。由于现有教材大多是中性语体,因而许多口语教材和书面语教材在语言材料和表达方式上并没有大的差别。此外,几乎所有教材在语体知识的介绍方面都很欠缺,甚至根本就没有语体方面的注释和说明。几乎所有教材的生词都只标注词性不标注语体,几乎所有教材的练习都不大涉及语体方面的内容,因此,教材编写的语体问题,从理论到实践都需要做进一步的研究和探索。

第二节 汉语口语技能训练

一、口语技能训练的原则

杨惠元(2007)指出,"说话训练应该贯彻交际性原则。所谓交际性原则是从交际目的出发,进行有指导的说话训练,达到提高交际能力的目的。交际性是说话训练的出发点,也是说话训练的落脚点。所谓'从交际目的出发'是说课堂上的每一个活动都是为了提高学生的口头交际能力。'进行有指导的说话训练'是说能力的提高靠训练,而训练必须有章法,要在教师的指导下进行。'达到提高交际能力的目的'是说训练要讲实效,最后落实到提高学生的口头交际能力上。"

二、口语技能等级划分与等级目标

第二语言教学的目的是培养学习者的言语交际能力。范开泰(1992)提出汉语言语交际能力应包含三个方面的内容:(1)汉语语言系统能力,即在使用汉语时具有合语法性和可接受性;(2)汉语得体表达能力,即能根据说话人和听话人的具体条件和说话时的具体语境选择最恰当的表达方式;(3)汉语文化适应能力,即在使用汉语进行交际时能适应中国人的社会文化心理习惯。

汉语口语技能训练的目的是培养学生汉语口头交际能力。国家汉语国际推广领导小组办公室制定的《国际汉语教学通用课程大纲》中将语言技能划分为五个等

级并描述了各项技能的分级目标,其中口语技能的分级目标如下:

一级:

能跟读、复述或背诵所学词句,能简单回答别人的问候,介绍个人最基本的信息,用简单的词语表达最基本的需求。需要时可以借助肢体语言和实物来表达。其中包括:

1. 能跟读、复述或背诵课堂上所学的词句,声调基本正确;
2. 能说出本人的基本信息;
3. 能主动问候他人或对他人的问候做出回应;
4. 能用简单的词语表达最基本的需求或指令;
5. 能表达最基本的请求或寻求帮助。

二级:

句调准确,能模仿造句,就提出的问题做出简单的回答,并就日常生活中所熟悉的话题与他人沟通,能表达基本的个人需求,其中包括:

1. 能用简单的词语介绍自己或他人的基本情况;
2. 能用简单的词句就日常生活中非常熟悉的话题与他人沟通,提出简单问题或给出明确的回答;
3. 能在熟悉的情境下,用学过的词语与他人沟通,给出简单的指示或要求,表达需求和寻求帮助;
4. 能在不同的场合下恰当地表达态度和情感。

三级:

能参与简单的对话,基本表达个人的观点和需求,模仿造一些稍微复杂的句子,能对熟悉的事物和生活中发生的一些事情做简单的陈述。其中包括:

1. 学会使用重音、停顿、语调或肢体语言等手段来加强语气;
2. 参与简单或日常的对话,谈论个人需求;
3. 能就日常生活及学习中熟悉的话题与他人进行简单的交流,或做简单陈述;
4. 能简单描述个人或日常生活中常见的事物、活动或一段个人经历;
5. 能对日常生活中的一些事物做出明确的表态,并能简单描述某一现象或状况;

6. 能讲述简短的故事。

四级：

能在工作及社交场合与人沟通，就一般性话题与人进行交谈或发表看法，能清楚地表达个人的观点，表述具有一定的连贯性。其中包括：

1. 能在一般社交场合与他人沟通，就一般性话题进行交谈；
2. 能参与简单的讨论，清楚地发表自己的观点；
3. 能就某件事提出建议或意见，并能给出理由；
4. 能使用基本的交际策略，表述基本清楚，且有一定的连贯性；
5. 能处理简单的日常事务，做出指示或安排；
6. 能较为完整地叙述或报告某件事情的经过或情况。

五级：

能就一般性话题进行论述或参与讨论、争论，能清楚地陈述理由，表明观点和态度，能就某些特定的话题，如与工作或专业有关的话题进行进一步的讨论。其中包括：

1. 在多种场合下与他人就一般性话题进行有效的沟通和交流；
2. 就自己感兴趣的话题进行描述或论证，表达条例清晰，话语连贯；
3. 就一些特定话题与他人进行较为深入的交谈；
4. 参与讨论或争论，能清楚地陈述自己的观点，反驳别人的观点。

三、外国人汉语口语表达中存在的问题与教学对策

外国人说汉语时普遍存在的问题概括起来主要有几个方面：

1. 语音语调不准确

汉语的音节由声母、韵母和声调组成。不同母语背景的外国人说汉语时在发音上存在的问题不尽相同。比如，以法语、意大利语、波斯语等为母语的学生发不好送气音 p, t, k；以英语为母语的学生常常 b-p, d-t 不分；日本学生容易把 zh, ch, sh 念成 j, q, x，发不好元音 e, u，送气音 p, t, k、前鼻音 an, en, in；韩国学生不易掌握的音有元音 ü、舌尖前音 z, c、舌尖中音 l 等。有汉语闽南方言或客家方言背景的印尼、泰国等华裔学生常将韵母 ü 或以 ü 做韵头的韵母念成韵母 i 或以 i

做韵头的韵母,如把"女的"念成"你的",把"大学"念成"大鞋"。与"音"比起来,不少外国人觉得"调"更难,汉语每个音节都有一个声调,声调的抑扬顿挫给汉语增添了音乐的美感,但对外国人来说却是一大难关。声调的问题概括起来说就是"上不去,下不来"——第一声调值不够高,第二声起点高,上不去,半三声发不好,第四声降下不来。此外,外国人说汉语时还会出现语调问题,主要表现是以母语的语调说汉语的句子,每个词原本的声调在这样的语调中也被带得走了调儿,即我们通常说的洋腔洋调。语音语调问题如果没有得到及时纠正会"化石化",即使到了高级阶段,有些学生汉语说得很流利,但语音语调依然不准确。

发音不准会导致交际障碍,甚至会造成误会。有个学生住在饭店,有一次感冒了,想起来在国内感冒时常用的一个偏方,需要一些盐,于是给服务台打电话问有没有盐,服务员说有,还问他要什么牌子的,他觉得服务员服务很周到,就说牌子没关系。过了一会服务员给他拿上来一条烟。学生这才知道他的发音不准,把"盐"说成了"烟"而导致了这个误会。还有学生坐出租汽车去"首都剧场"却被拉到"首都机场"可以说也是发音惹的祸。

语音语调不准,其原因有一半是听力的问题。因为听得不准,对语音的辨析能力差,所以说得不准。另一半是受母语发音系统的干扰。为此,在教学中,一要注意提高学生辨音辨调的能力,二要通过明确的说明、准确的示范和大量的练习,使学生掌握正确的发音部位和发音方法。

2. 词汇量不足

词汇量不足是人们说外语时普遍存在的问题,尤其是初级阶段,由于学习时间短,大脑词汇库中词汇数量有限,想说"姥姥"时只能用"妈妈的妈妈"来代替。不过随着学习时间和学习内容的增加,词汇量会逐步加大。要扩大口语词汇量,一要记,二要练,三要用。"记"即"记忆",学外语不记生词肯定是不行的。"练"是学习一个新词时要通过大量练习掌握词的意思和用法。外语学习中的词汇一般分成两种:接受性词汇(又称被动词汇)和使用性词汇(又称主动词汇)。对于接受性词汇,学习者见到时能辨认出来,也知道意思,但是不会使用;对于使用性词汇,学习者不仅能辨认而且能使用。在教学中,阅读课上学习的词汇为接受性词汇,口语课上学习的词汇一般是使用性词汇。使用性词汇要达到"会用"的要求需要做大量的应用练习。"用"指的是要尽量将在课堂上学到的词用到实际交际中,在使用中巩固。此外,为了帮助学生复习和巩固所学过的词,在教材的编写和实际教学中一定要重视词汇的重现。

3. 句子不规范

外国人说汉语时出现的句子不规范现象基本上属于语法偏误问题,与上文提到的中国人在口语表达中出现的省略、易位或口误等现象的性质不同。句子不规范现象较多出现在初中级阶段,初级阶段由于对汉语基本的句法结构掌握得不够熟练,说话时语法错误比较多,有些话说得颠三倒四,词序混乱。中级阶段,学生在会话和成段表达时,结构简单的句子基本上没有问题,不过还会有一些顽固的语法错误,如"我比他不高"、"饭店的菜一点贵"、"我起床得很早"等,当想要表达比较复杂的内容时,有时会出现语序混乱和虚词使用不当等现象。在口语教学中,可以通过背诵课文、句式替换练习、会话练习和成段表达练习等手段帮助学生熟悉汉语句法结构。不过,对学生在口头表达中的语法错误教师要有一定的宽容度,不要逢错必纠。特别是在初级阶段,首先要鼓励学生开口说话,帮助学生在说的过程中逐渐树立信心。当然对语法错误也不能放任自流,要在学生说完后对一些明显的和普遍性的错误进行纠正。如果学生在表达中出现的错误过多,不必一次都指出来,可以在以后的教学中慢慢修正。

4. 用词不当

外国人说汉语时出现用词不当的问题有很多原因,比如离合词是外国人学汉语的一个难点,离合词的词素之间可以插入其他成分,但一般不带宾语。学生们往往搞不清哪些词是离合词,经常出现"见面朋友"、"毕业大学"这类表达错误。这就需要我们在教学中遇到离合词时一定要强调该词在使用中的要求,并通过相关练习予以强化和巩固。另外,词语搭配不当也是外国人说汉语时经常出现的问题,如"短的人"、"贵重的时间"、"受到礼物"、"打足球"等,在词汇教学中,我们应该注意给学生说明,某个词与哪一类词搭配,如形容词"贵重"只能修饰具体的东西,像时间这样的抽象名词可以用"宝贵"来形容。另外,在生词扩展过程中要给学生展示词的典型、常用的搭配。词语使用不当还有一个常见的原因是词语混淆,如"不喜欢"和"嫌"对应着相同的英译词"dislike",外国人常误认为这两个词在使用中可以互换,而忽视了或者不了解二者在用法上的差异。实际上,虽然"嫌"有"不喜欢、讨厌"的意思,但当"嫌"的对象为事物时,句子中不但要出现"嫌"的对象,还要出现"嫌"的原因,比如"我嫌我的房间小"。但是用"不喜欢"时,并不需要出现"不喜欢"的原因,如"我不喜欢我的房间",不说"我不喜欢我的房间小"。因词语混淆而导致的语用偏误在词语使用偏误中占相当的比例,因此在教学中我们应该对汉语中的同义词或在汉语中虽非同义但对应着相同译词的"同译词"予以足够的关注,加强词语对比研究并及时将研究成果运用到教学中去。

5. 语句之间缺少关联

外国人说成段汉语时,有时说出来的都是些孤零零的句子,句际连接手段比较贫乏,整个语段缺乏连贯性。田然(1997)曾对外国人在中高级阶段(接受了9个月至一年以上正规课堂教学,掌握了基本语法,词汇量3000以上或同等程度学生所达到的阶段)留学生的上万字的语段表达的语料进行分析,发现即使在中高级阶段,还普遍存在连接词语的贫乏与滥用现象。而且没有发现一个学生在介绍或评述时用"至于"转移话题,用"加上"补充话题。

语段的连贯性包括表层结构的连贯和语意上的连贯。表层的连贯可以通过词汇、语法和逻辑衔接成分来实现。语意上的连贯与逻辑思维能力有关,需要通过学习目的语连句谋篇的思维方式而获得,这是外语学习中的一大难点。在教学中应加强成段表达练习,不但要训练学生掌握语段表层结构的连接手段,还要训练学生使用汉语进行思维。第二语言教学的对象一般为青少年或成年人,在学习第二语言之前,他们的大脑中已经建立了一套完整的母语思维系统,学习和使用第二语言思维必然受到母语思维系统的影响,其中有积极的影响也有消极的影响。比如,思维的逻辑性在不同语言中大体一致,但在表达思想时选用的词语及表述方式却往往存在或大或小的差异。第二语言教学说到底,就是帮助学生建立第二语言思维系统,即用汉语解码、用汉语编码的思维系统。要实现这一目标得经过长期的、专门的训练。

6. 流利程度差

说话是边想边说、边编码边传递的过程。对第二语言学习者来说,他们大脑中储存的第二语言经验成分的数量不足且可提取性和可使用性差,所以编码的速度、组织语言的速度比使用母语慢得多,这是说话流利程度差的根源。要使学生说话自然流畅,关键是提高编码的速度、提高组织内部言语的速度。多听多说是提高流利度的重要途径,另外,教师在教学中要尽量使用正常语速说话,给学生做出良好的示范,帮助学生习惯正常语速,锻炼听后快速反应能力。

7. 句式单一,口语特点不突出

外国人在实际口语对话中,习惯使用完整句、正式句,较少使用简约性极强的口语句式,回避汉语口语中一些常用的特殊词语和句式。比如,外国人在回答"明天的晚会你去吗?"这个问题时,通常这样说:"如果有时间的话我就去。"而中国人口语中更常用的说法是"有时间就去"。再如,表示强调的副词"就"、"又"(又没下雨,带什么伞呀?)、"可"(这事我可不知道)、"才"(那才是你的呢、我才不信呢)、明明、简直等,特殊句式如"把"字句、"是……的"句、反问句等,是口语中常用的词语和句式,但外国人却很少用。在实际交际中,如果有人问"哪位是王先生?",王先生通常答"我就是",但外国人的回答往往是"我是"。虽然两个答句的基本意义相同,但比较起来,前者用"就",含有强调确认事实的意味,更常用。再如,如果让一个中国人和一个外国人打扫本来很干净的房间,当中国人和外国人都用汉语对此举表示不解时,中国人可能会说"房间不是挺干净的吗?",而外国人更常用的表达方式可能是"我觉得房间很干净,为什么打扫?"。"不是……吗?"是汉语中常用的表示强调的句式,用来强调肯定的事实,"房间不是很干净吗?"的基本义是"房间很干净",但强调房间干净并不是说话人的最终目的,说话人是通过强调这一事实对与该事实相悖的行为"要求打扫"表示质疑或批评。用反问句对某些不合常理的情况表示批评或质疑是中国人口语中常用的表达方式,但外国人却很少用。

  造成上述现象的原因固然与一些口语常用词语和句式掌握起来有一定难度有关,也与目前的口语教学和教材中口语特色不够突出有一定关系。在口语课语言要素教学部分,应该注意突出口语词汇和口语语法教学,应该承认,我们的口语教材和口语教学在这方面的研究和实践尚有待提高。此外,教师或教材对一些特殊词语和句式的说明有时过于笼统,比如只是告诉学生"房间不是很干净吗?"的意思就是强调"房间很干净",而没有告诉学生这句话隐含的意思是什么,什么时候用。不少汉语教材中对表示强调的词句的说明通常只有"表示强调"四个字,没有进一步说明强调什么、为什么强调和怎么强调。以致不少学生认为表示"强调"就意味着可用可不用,进而导致表达中的回避现象。为此我们建议,在教材编写和教学中对这类特殊词语和句式不但要让学生知道其所表达的意思、语法功能及结构特征,还要明确什么时候用和怎么用以及用与不用的差别。

8. 口语与书面语混淆

  外国人用汉语进行口头表达和写作时会出现同样的问题,即口语与书面语混淆。说话时可能会夹杂一些书面词汇,而写作时,一堆大白话中会冒出几句文绉绉的书面语。下面是一个学生的口头报告:

    我妈妈是韩国语老师,她从事教韩语十多年了(注:应为"从事汉语教学工作")。她很爱学生,有时候我一点儿嫉妒(注:应为"有点儿嫉妒")她的学生。她每天每天工作很忙。每当学生成绩不好的时(注:应为"时候"),我妈妈都很忧郁。每当学生毕业的时,我妈妈都一点儿舍不得(注:应为"有点儿舍不得"),我觉得我妈妈是真好的老师。(注:应为"真是好老师")。

("注"和着重号为笔者加)

上面这段话中的"从事"、"每当"、"忧郁"在汉语中一般用于书面语,同样的意思,口语中常用的表达方式是"她教了十多年韩语了"、"学生成绩不好的时候"(省略"每当")"我妈妈都很郁闷"。

前文已经提到,在教学中应该重视语体知识教学,要注意提醒学生注意所学词语和句式多用于哪种语体。"在编选教材时,我们可以选取真实的口语语体语料编写会话内容,明确口语语体与书面语语体的区别;也可以提供多样化的语体,帮助学生提高感受语体差异的能力;还可以提供同一题材的多种不同语体,培养学生在不同领域、不同场合运用适当语体进行交际的能力。"(萧海薇,2004)

9. 表达不得体

中国人听外国人说汉语,有时候没有语法错误,但是听起来有点别扭。比如一个外国学生帮了老师一个忙,老师向他表示感谢时他说:"不用谢,咱俩是谁跟谁呀?"。这句话的确是中国人在别人向自己表示谢意时常说的,但适用于关系非常亲密的亲人或朋友之间,学生对老师这样说显得与双方身份不合。再如,一个男生特别爱用略带娇嗔语气的"什么呀"表示客气或反驳别人的话,如"好什么呀"、"多什么呀"、"贵什么呀"等等,经过询问才知道是在歌厅跟女服务员学的。虽然说得没错,但所用的表达方式太过女性化。

在学汉语的过程中,很多学生喜欢跟中国朋友学习一些比较"地道"的汉语,但往往只知其一不知其二,不分场合乱用,有时会闹笑话甚至令人不快。因此,在教学中,我们不但要让学生了解话语的意思,还要告诉学生适用的对象和使用的场合等。也就是说,话不但要说得对,还要说得得体。

四、口语技能训练的重点

口语技能训练的重点是口头表达能力,包括运用正确的语音语调语速表情达意的能力、选词造句能力、成段表达能力和语用能力等。

选词造句能力指根据表达需要,在大脑语言信息库中选择合适的词语并按照汉语口语语法连词成句的能力。

成段表达能力包括两个方面:一是把两个或两个以上的句子组合成语段的能力,二是把两个或两个以上的语段组合成语篇的能力。

语用能力指进行得体交际的能力,即根据交际目的、交际场合、交际双方的身份选择恰当的表达方式,还要适应中国人的社会文化心理习惯。

五、口语技能训练的层次

任何技能训练都要遵循由浅入深、循序渐进的原则,口语训练也不例外。训练要有层次,在不同阶段有不同的侧重点。初级阶段的训练重点是语音、句子(单句和复句)和简单的语段;中级阶段以声音表现技巧和语段训练为主;高级阶段的训练重点是语篇。具体的训练方法将在下文中做详细介绍。

六、口语技能训练的方法

(一) 语音、语调、语速训练

1. 声韵调

(1) 跟读

示范与模仿是语音练习的最基本的方法。通过示范模仿,训练学生的发音和运用声音技巧的能力。一般采用四段跟读法:

示范 ⟶ 模仿 ⟶ 再示范 ⟶ 再模仿
老师:z   学生 z   老师:z   学生 z

(2) 拼音

老师说出韵母/声母,让学生用指定的声母/韵母与其相拼。指定或不指定声调。

例1:老师:b a   学生:ba   老师:ba   学生:ba
例2:老师:t u   学生:tu   老师:tu   学生:tu
例3:老师:k ong 三声   学生:kǒng   老师:kǒng   学生:kǒng

(3) 听后说出听到的声母/韵母/声调/音节

例1:老师:hái   学生:二声
     老师:gōngzuò   学生:一声四声
例2:板书:① o   ② u   ③ ou ……
     老师:o

学生：①

(4) 音节连读

老师说一个音节和指定的声调，学生说出连续的音节。

  例1：老师：bā   一声二声

    学生：bābá

  例2：老师：fù   四声二声

    学生：fùfú

(5) 变调连读

老师说出两个或两个以上的三声音节，学生连读。例：

  老师：bǎ,shǒu   学生：bǎshǒu

(6) 发音对比

发音对比可以帮助学生体会不同的音发音部位与发音方法的差异

例：朗读

  j-z-zh   x-s-sh   q-c-ch

  i-u-ü   li-lu-lü   ni-nu-nü

2. 语调

  说话或朗读时，句子有停顿，声音有轻重快慢和高低长短的变化，这些总称语调（黄伯荣、廖序东，2002）。语调的训练方法主要有三种，一是朗读，二是跟说，三是配音。朗读是看着文本读，可以是跟着老师读，也可以让学生自己朗读，包括集体读、个人读、分角色读等。跟说是不看文本跟着老师说，老师领说时要注意除了使用真实自然的语音、语调、语速以外，还要配合话语内容展示真实自然的体态、表情等，使学生在说的过程中进一步领会话语的内涵与情感色彩。配音练习是看一小段录像，先进行模仿练习，熟悉内容后，关掉声音，让学生看着字幕（高级阶段还可以去掉字幕）进行配音练习。要求尽量与录像中人物的口型、重音、停顿、语速及表情等一致。语音、语调、语速训练可以设计单项练习，也可以与课文的读说练习结合起来进行。

(1) 重音

① 意群重音:意群里读音较重的词或词组。

A. 简单的主谓结构中谓语重读。若主语是代词,则主语重读。

　　今天 <u>8 号</u>。
　　屋里 <u>很冷</u>。
　　<u>谁</u>去呢?
　　<u>怎么写</u>啊?

B. 有宾语的句子,宾语重读。带两个宾语的句子,后一个宾语重读。

　　我吃<u>面条</u>。
　　猴子喜欢<u>香蕉</u>。
　　老师教我<u>武术</u>。
　　给你<u>钱</u>。

C. 宾语是人称代词时,宾语不重读,前面的动词重读。

　　他<u>喜欢</u>我。
　　请你<u>告诉</u>他。

D. 有定语、状语的句子,一般定语、状语重读。

　　这是<u>上海生产</u>的照相机。
　　请你<u>大声点</u>说。

② 逻辑重音:为了强调句子中某种特殊含义而把句子中的某个词或词组重读,叫逻辑重音。逻辑重音没有固定的位置,随说话人想表达的意思而定。

如,"<u>小王</u>明天去长城"回答的是"谁明天去长城的问题";"小王<u>明天</u>去长城"回答的是"小王什么时候去长城的问题";而"小王明天<u>去</u>长城"回答的则是"小王明天做什么"的问题,如果重音落在"长城"上,则回答的是"小王明天去哪儿的问题"。

(2) 停顿

停顿指在句子中、句子与句子之间、段落与段落之间的语气间歇。停顿的位置、停顿的长短,主要是根据语意表达的需要而定。具体有以下几种:

① 语法停顿。根据文章中的语法结构所作的停顿,大体按照文章中的标点符号确定。一般来说,顿号停顿的时间最短,逗号停顿的时间稍长,分号、句号停顿时间更长,段落之间的停顿时间最长。对于无标点的长句,一口气读不下来,一般按

语法成分作短暂的间歇。

主语或谓语较长时,在主谓之间要有间歇,例:

参加这次汉语大赛的学生｜都很优秀。
张明明｜是上次跟我去云南旅行的那个小伙子。

宾语太长时,宾语前稍有间歇,例:

我希望｜这回能遇到一位白马王子。
他觉得｜与其跟不爱的人结婚,不如一辈子打光棍。

定语太长时,距中心语远的那个宾语之后稍有间歇,例:

我想见见那个新来的｜据说长得比演员还漂亮的会计。

状语太长时。状语后稍有间歇,例:

在老师和同学们的帮助下｜我顺利通过了考试。

补语太长时,补语前稍有间歇,例:

他急得｜跟热锅上的蚂蚁似的。

需要提醒学生注意的是,停顿时应注意每个片段语意和结构的相对完整性。不能想在哪儿停就在哪儿停,以免在实际交际中影响听话人对句意的理解。有时候,同一句话在不同的地方停顿意思会不同。如:

中国队大败美国队｜获得冠军。(中国队获得冠军)
中国队大败｜美国队获得冠军。(美国队获得冠军)

② 逻辑停顿:为了突出某一内容而作的停顿,不受句法结构的限制。如:

他每个月所有的开销加起来｜还不到两百块钱。(语法停顿)
他每个月所有的开销加起来还不到｜两百块钱。(逻辑停顿,强调两百块)

(3) 句调

句调指的是整句话的音高升降的变化。全句声音较高的叫高句调,声音较低的叫低句调,不高不低的叫中句调。

句子末尾上升的叫升调句尾,末尾下降的叫降调句尾,不升不降的叫平调句尾。句调的高低和句尾的升降变化可以表达不同的语气。

四种句子的基本语调:
① 陈述句
陈述句一般是低句调或中句调,句尾下降。

　　他是比利时留学生。↘
　　公园的花开了。↘

② 疑问句
疑问句由于疑问程度和发问的方式不同,句调的高低和句尾的升降也有区别。
A. 是非问句句调高,句尾明显上升。

　　你真不想跟她结婚?↗
　　长得漂亮也是错吗?↗

B. 特指问句,句调较高,疑问代词重读,句尾平或稍降。

　　昨天<u>谁</u>来找你了?↘
　　你是在<u>哪儿</u>学的汉语?↘

C. 正反问句,句调较高,肯定和否定重叠的部分语速快,肯定部分高而强,否定部分低而弱,句尾平或稍降。

　　你<u>喜欢不喜欢</u>这个包儿?↘
　　你<u>看没看</u>新闻?↘

D. 选择问句,句调较高、语速慢,供选择的部分重读,前一分句句尾上升,后一分句句尾下降。

　　你去<u>桂林</u>↗还是<u>杭州</u>?↘
　　你想<u>结婚</u>↗还是<u>分手</u>?↘

③ 祈使句
A. 表示命令或禁止的语气时,句调较高,句重音加强,句尾很快下降。

　　<u>举起手来</u>↗,不许<u>动</u>!↘
　　别<u>插嘴</u>!↘

B. 表示请求或劝阻的语气时,句调低,语速慢,句重音拉长,句尾慢慢下降。

　　妈,您就给我买一个变形金刚吧。↘

好孩子,听话,别__闹__啊。↘

④ 感叹句

表示喜悦、赞扬的语气时,句调高,句重音拉长,句尾慢慢下降。

见到你↗,我真是太高兴了。↘

多好的人啊。↘

表示生气、发怒的语气时,句调高,语速快,全句音量增强,句尾很快下降。

这些人太不像话了!↘
简直是胡闹!

表示悲伤、难过的语气时,语调低、语速慢,句尾拉长下降。

这孩子实在太可怜了。↘
这次考得别提多糟糕了。↘

3. 语速

人们说外语时,语速的快慢与外语水平有关。初学者词汇量少,对外语语法结构不熟悉,说话时语速较慢,经过一段时间的学习和训练,语速会逐渐提高。

不过人们说母语时,语速也有快慢之分,这与人们的说话习惯有关。说母语时语速慢的人即使外语水平很高,语速也不会很快。语速在正常范围内稍快或稍慢都属于自然现象。有些学生认为说外语时说得越快越好,其实不然。话说得太慢或太快都不自然。前文已经提到,在教学中应该训练学生以正常语速说话,老师与学生说话时也要尽量使用正常的语速,跟初级阶段的学生说话时,句子结构可以很简单,但语速要正常,从一开始就注意培养学生习惯听和使用正常语速。

4. 语音、语调、语速训练中应注意的问题

(1) 善用启发式。当学生出现语音、语调错误时,教师可先利用手势或语言提醒学生,比如,学生将二声读成了三声,教师最好先提醒学生这个调是三声,让学生试着自行改正。如果还是发不对,教师再进行示范。要注意培养学生在学习中主动思考,自我修正的能力。

(2) 纠正学生的语音语调错误时要有耐心,不能急躁,以免打击学生的学习积极性。另外对出错儿的学生不要揪住不放,如果某个音学生发得不对,经纠正后还是发不好,可以先让别的学生练习,这样既可以使全体同学都有充分的练习机会,又不至于使出错的学生因为紧张越发读不对。

(3) 在进行语音、语调、语速训练时,教师应该做到既要作出正确的示范,还要有理论上的指导。要做到这一点,教师应该对每个音的发音部位与发音方法有充分的认识,不但自己会发,还要清楚每个音是怎么发出来的。比如 z、c、s 与 j、q、x 这两组音外国人容易混淆,从发音部位来说,j、q、x 的发音部位是舌面前部以及上齿龈和硬腭前部,而 z、c、s 的发音部位是舌尖和上齿背。韵母 o 的发音要领是掌握好开口度和口形,发音时,上下唇的距离约一食指宽,唇型不必太圆,稍稍收拢就行了,从外部只能看到上齿的边缘,看不到下齿。有的学生嘴张得太大,有的发音过程中唇型有变化(单元音发音时舌位和唇型不变),读成了复合元音 ou。此外,教师还应注意研究行之有效的教音、纠音和练习方法,科学的指导和有效的训练会使语音教学取得事半功倍的效果。

(4) 前文已经提到,即使到了中高级阶段,学生说话时洋腔洋调现象还是普遍存在的。如果不注意纠正,会使学生的错音、错调固定下来,让人听起来觉得不顺耳,严重的还会影响交际。因此正音问题不只是初级阶段的任务,在中高级教学阶段也应受到重视。

(二) 词语练习的方法

1. 展示法

(1) 指物说词或听词指物

教师将实物、图片等带入教室给学生展示,教师指物,学生说词,或者让一名学生根据实物或图片说词,另一名学生指出该物。该项练习很适合初级班。

(2) 根据动作说词或听词做动作

根据动作说词是一个人(可以是老师或者学生)做某个动作,让其他学生说出表示该动作的词。听词做动作是听老师说词,学生做动作,或学生之间一个人说词,一个人做动作。

2. 扩展法

扩展法是把词扩展成词组,再由词组扩展成句子,扩展练习可以帮助学生掌握词的常见搭配和语法功能,同时为句子和会话练习进行铺垫。在教学中,生词扩展时最好能将课文中的句子带出来。例:

参谋

参谋参谋

给我参谋参谋

我不知道该去哪家公司,你给我参谋参谋好吗?

我拿不定主意买什么礼物,你要是没事的话,请给我参谋参谋,好吗?
(画线的是课文中的句子)

需要注意的是,词语扩展时要注意展示最常用的、最典型的搭配组合。另外,口语课上的词语扩展主要围绕词语在当课中的义项展开,对多义词的其他义项不必牵涉。

3. 问答法

问答法是利用生词或短语进行问答练习。

例1:"合适"
问:这个班对你合适吗?

例2:对…来说
问:对你来说,汉字难不难?

做问答练习时要注意,学生回答时要使用完整的句子,如例1的问题,应该要求学生用"对……合适"或"对……不合适"来回答,不能只答"合适"或"不合适"。同样,回答例2的问题,要用上"对我来说",不能只答"难"或"不难"。这样要求的目的是使学生经过反复练习熟悉"对……(不)合适""对……来说"这样的结构。

4. 改句法

改句法是用指定词语改说句子。

例:"砸"
今天的考试我没考好。用"砸"怎么说?
→今天的考试我考砸了。

5. 情景法

情景法是学生根据某种情景,用指定词语说一句话。

例:冒昧
练习:根据下面的情景,用"冒昧"说句话
情景:你想问别人一个私人问题
→冒昧地问一下,你结婚了吗?

6. 完句法

完句法是用指定词语完成句子。

例:"一时"

练习:他刚刚大学毕业,＿＿＿＿＿＿＿＿。(一时)

7. 释义法

释义法是让学生用汉语说明词语的意思。比如,"电视台在黄金时间插播广告"中的"黄金时间"是什么意思?"我同屋是个夜猫子"中的"夜猫子"是什么意思。或者举例说明某个词语的意思,如举例说明"三天打鱼,两天晒网"、"祸不单行"等。

用汉语解释词义适合已经有一定语言水平的中高级阶段的学生。解释不必很精准,能说出大概意思就行。另外,要求学生解释的词要有所选择,应该是比较容易说明和以学生的语言水平能解释得了的。

8. 辨别法

辨别法是让学生在一组词中找出一个与同组的其他词非同类的词,可能是意义上的不同,也可能是词性或构词方式不同、褒贬不同等。请学生找出来并说明理由。这个方法较适合在中高级阶段的词语复习时使用。

例1:刀子 叉子 盘子 筷子 斧子

答案:"斧子"跟其他的词不是一类。其他的词都属于餐具。

例2:亲眼 亲耳 亲嘴 亲口

答案:"亲嘴"跟其他的词不一样。"亲嘴"是动词,接吻的意思。其他的都是副词,"亲眼"表示用自己的眼睛看,"亲耳"表示用自己的耳朵听,"亲口"表示(话)是从本人口中说出来的。

9. 造句法

造句法是用指定词语造句。上边提到的词语扩展、改句、完句和根据情景说话等练习,实际上也属于造句的一种,由于是在老师的提示和引导下进行造句,句子的内容和结构在一定的框架内,所以比较容易说出来。如果是用一个词直接造句,对外语学习者来说并非易事,特别是一些意思和用法较为复杂的词。如果教师不做任何语境提示或结构限制,让学生直接造句,容易造成该学生苦思冥想半天、别的学生在一旁干等的"冷场"情况。为节省时间,在课堂教学中,一般不提倡直接造句的方法,除非是能够脱口而出的句子。

10. 词语游戏

这是类似猜谜语的一个游戏。方法是一人说词义,一人猜对方说的是哪个词。可以是老师说,学生猜,也可以在学生之间进行。

例:猜"大饱口福"

说明:吃了很多好吃的东西,觉得很高兴,很满足。四个字。

猜:大饱口福

(三) 句子练习的方法

前边提到的词语练习中的问答法、改句法、完句法和根据情景说话等练习也适用于句子练习。除此之外,还有以下一些常用的练习方法:

1. 就画线部分提问

练习疑问句时常用的方法有问答法和就画线部分提问的方法。

例:
A:你什么时候上课?
B:我<u>早上八点</u>上课。

A:这件衣服多少钱?
B:<u>380 块</u>。

2. 变换法

练习句型句式时可以做一些变换练习,如肯定句变否定句,陈述句变疑问句,"把"字句变"被"字句等,还可以将两个单句变成一个单句或复句等。

例1:肯定句变否定句
　　　我是老师。→我不是老师。
　　　我吃饭了。→我没吃饭。
　　　我要跟他结婚。→我不想跟他结婚。

例2:"把"字句变"被"字句
　　　警察把小偷抓住了。→小偷被警察抓住了。

例3:将两个单句变成一个句子
　　　我做饭。饭好了。→我做好饭了。

例4:用关联词将两个单句变成复句
　　　她不漂亮。她很善良。

→虽然她不漂亮,可是很善良。

3. 替换法

替换练习是句式练习的一种方法,可以是单项替换,也可以是多项替换。

例:替换画线部分

你是什么时候<u>高中毕业</u>的?

<u>如果</u>有时间的话,我一定<u>去旅游</u>。

4. 游戏

(1) 传话游戏

老师以较快的语速对一位学生说一句话,句子要稍微长一点儿,内容要有点儿复杂,然后让这位学生转告下一位同学,以此类推。最后一位学生要说出他听到的是什么话,跟第一位同学听到的对比一下,看一样不一样。

(2) 答非所问游戏

每位学生问别的同学一个问题,回答的人要"答非所问",比如问的是"你叫什么名字",可以回答"我是天津人"、"我属龙"。然后,这位同学再问下一位同学别的问题,问题不能重复。

(四) 会话练习的方法

1. 熟读并背诵会话体课文

初级班口语教材主要以会话体课文为主,在教学中,训练学生在熟读课文的基础上背诵会话体课文。例:

小刘:劳驾,我问一下儿,地铁站在哪儿?

路人:在那座新的立交桥南边。

小刘:离这儿有多远?

路人:大概四五百米。(选自赵金铭,2002)

练习步骤:听→领读→学生分角色朗读→不看书跟老师说→学生两人一组,分角色不看书说出上面的对话,第一遍 A 是小刘,B 是路人。然后角色互换再说一遍。

2. 替换练习

例:对上边这段对话进行替换练习,保留对话中的句子结构,替换画线部分的内容

小刘:劳驾,我问一下儿,<u>地铁站</u>在哪儿?

路人:在那座新的立交桥南边。
小刘:离这儿有多远?
路人:大概四五百米。(选自赵金铭,2002)

3. 模仿课文进行会话练习和表演

仍以上段对话为例,学生在熟读、背诵和替换练习之后,两人一组以"问路"为题进行会话练习,练习时除了使用课文中的句子结构以外,还鼓励学生用上以前学过的词句并进行适当扩展。

例:

A:劳驾,我问一下儿,银行在哪儿?
路人:一直走,就在邮局旁边。
A:离这儿有多远?
路人:大概一两百米。
A:对不起,我再问一下,附近有书店吗?
路人:你看,那座大楼就是书店。
(画线部分为前一课学过的句子)

4. 将叙述体变成会话体

例:

摇滚青年

我的一个外甥考进了清华大学,他爱好摇滚音乐,白天上课,晚上弹吉他。清华的功课可不是闹着玩的,每当考期临近,他就要熬夜准备功课,几个学期下来,瘦得可以飘起来。他还想毕业后以摇滚音乐为生。不要说他的父母觉得大祸临头,连我这个当作家的舅舅,也觉得玩摇滚很难谋生。我得负起舅舅的责任,劝他毕业后还是去做电气工程师。可是他说他爱好音乐。我说:你先挣些钱来养活自己,再去爱好不迟。摇滚音乐我不懂,但似乎不是一种快乐的生活。我外甥马上接着说:何必要快乐呢?痛苦是艺术的源泉。我说:不错,痛苦是艺术的源泉,但不必是你自己的痛苦,别人的痛苦才是你艺术的源泉,如果你受苦,你只能成为别人的艺术源泉。虽然我自己并不这么认为,没想到却把外甥说服了,他同意好好念书,毕业以后不搞摇滚,进公司去挣大钱。(选自马箭飞,2006)

练习:将叙述体课文改编成会话体

会话角色：舅舅、外甥、外甥的妈妈

5. 话剧表演

高级班的口语课文有时是一部短剧或话剧的一个片段，学完以后，可以让学生分组排练，然后进行表演。

6. 看图会话

看图会话是根据一幅或一组图组织会话。

7. 讨论与辩论

讨论是中高级班常用的口语练习方法。讨论可以是全班性的，也可以是分组讨论。分组讨论时教师指定或由各组自选一个主持人，主持讨论并在讨论后将本组同学的意见归纳一下给全体同学介绍。

辩论难度较大，一般在高级班进行。辩论时根据班上同学对某个问题的看法分为正方、反方两组，各组先进行讨论，提出支持本方观点的理由，然后各组推选两位代表，到前边先陈述本方观点，双方成员可对本方不认同的观点进行反驳，展开辩论。

（五）成段表达练习的方法

成段表达练习的目的在于培养学生组句成段和组段成篇的能力。训练的重点是指导学生掌握构成语段和语篇的语法手段和词汇手段，包括正确地安排语序，正确地运用虚词，通过词汇的重现使句子之间、段落之间相互衔接，注意运用逻辑关系词语来表明句与句、段与段之间的因果关系、并列关系、承接关系、转折关系等，逐步掌握通过替代、省略等手段实现语段、语篇的连贯。

1. 组句成段，组段成篇

组句成段就是让学生把一个个单句依照其意义和逻辑关系排列组合成语段，组段成篇就是把几个语段组成语篇。常用的训练方法是将一段叙述体的文章切分成若干个意义和形式完整的单句，或将一篇文章的几个段落打乱顺序后让学生重新组合。其中的关联词语可以保留以便使学生利用这些标志词把握句子之间的逻辑关系。也可以将一些连接词抽出去，并将一些在语段、语篇中省略的成分添加上。这样学生在组句成段、组段成篇时需要采用省略、替代、添加等手段实现句子之间、段落之间的自然衔接，之后将组好的语段、语篇与原文比较，除了对比排列顺序是否一致以外，还要看看是否存在可省略的成分没省，可替代的成分没替代，需要用连接词的地方没有连接或连接词使用不当等问题。在排列顺序方面，有时学生所做的排列与原文有不同之处，但意思和逻辑上也说得通，教师可引导学生比较不同的排列在所表达的意思上是否存在差异。

例:组句成段练习(组句成段练习部分的例文均选自马箭飞,2006)

① 保留关联词语,给句子添上在原文中被省略的主语

  A. (我)早就听说长白山天池风景美丽独特

  B. 今年五月份,我的愿望终于实现了

  C. 我们马上和旅行社联系

  D. (旅行社)还派了一位导游

  E. 所以到中国以后我一直有个愿望

  F. 我和朋友看到杂志上有一个旅行社专门安排周末短期旅行,其中就有长白山

  H. 他们很快就为我们安排好了这次旅行

  I. (我)要去爬一爬长白山,看一看美丽的天池

(括号中的词为添加的主语)

原文:

  早就听说长白山天池风景美丽独特,所以到中国以后我一直有个愿望,要去爬一爬长白山,看一看美丽的天池。今年五月份,我的愿望终于实现了。我和朋友看到杂志上有一个旅行社专门安排周末短期旅行,其中就有长白山。我们马上和旅行社联系,他们很快就为我们安排好了这次旅行,还派了一位导游。

② 抽去一些关联词语

  A. 欣赏到了天池独特的雪景

  B. 等我们到了山顶才发现

  C. 我们坚持要爬到山顶。

  D. 虽然是五月份,可山上却下着大雪

  E. 这是我最难忘的一次旅行

  F. 汽车无法开到目的地

  G. 导游劝我们放弃爬山

  H. 风雪太大

  I. 不管怎么说,我实现了自己的愿望

  J. 天池一片白色,什么也看不清楚

原文:

虽然是五月份,可山上却下着大雪。汽车无法开到目的地,导游劝我们放弃爬山。可是我们坚持要爬到山顶。等我们到了山顶才发现,因为风雪太大,天池一片白色,什么也看不清楚。可是不管怎么说,我实现了自己的愿望,而且欣赏到了天池独特的雪景。这是我最难忘的一次旅行。

2. 复述

复述是成段表达练习常用的方法,可以复述叙述体课文,也可以将对话体课文变成叙述体。复述的方式主要有:一般复述、变换角度复述和扩充性复述。

(1) 一般复述

一般复述又可分为详细复述和简要复述,前者要求尽量完整地复述原文的内容,后者要求说出主要内容即可。完整复述课文时,为降低难度,教师可板书一些提示语。

例:复述课文

欢迎加入三T公司

大家好!从今天起,你们就是三T公司的一员了,欢迎你们加入三T公司。在正式上班以前,让我们先互相认识一下。我是公司人事部经理,姓李,负责公司人事工作。公司派我来接待你们,帮助你们尽快熟悉环境,进入工作岗位。我先领你们参观一下公司,和各部门负责人见一下面,然后你们就可以到各部门报到上班了。好了,我们这就算认识了,有什么问题或要求,尽管对我说,我一定尽力帮助大家。(选自马箭飞,2006)

提示语:

……!从……起,……就是……的一员了,……加入……。在……以前,让……先……一下。……是……,姓……,负责……。……派……来……,帮助……尽快……,进入……。……先……,和……见一下面,然后……就可以……了。……就算……了,有什么……,尽管……,尽力……。

(2) 变换角度复述

复述者可以从不同的角度复述一篇文章。比如,上面的例文"欢迎加入三T公司"是公司经理的讲话。复述时可以从经理的角度介绍一下今天接待新职员的情况,也可以从新职员的角度介绍一下经理今天是怎么接待自己的。例如,从新职员的角度介绍时可以这样说:

从今天起,我就是三T公司的一员了。在正式上班以前,公司派经理来接待我们,帮助我们尽快熟悉环境,进入工作岗位。经理代表公司欢迎我们加入三T公司,他先带我们参观了一下公司,和各部门的负责人见了一下面,然后我们就到各部门报到上班了。经理对我们说,有什么问题或要求,尽管对他说,他一定尽力帮助我们。

变换角度复述时,除了变换叙述者以外,还可以改变原文的时间和结构。如把正在进行的事变成已经完成的事,把过去的事变成将来的事等。另外还可以把顺叙改为倒叙或把倒叙变成顺叙。

(3) 扩充性复述

扩充性复述是发挥自己的想象力,在复述过程中增加原文中没有的内容。如果课文的内容是一个故事,学生可以在原文的基础上自由添加背景或延续故事的内容。

复述不同于背诵。在不改变课文主要内容的基础上,除了要求必须使用的词语及句式以外,在表达上要给学生一定的自由度,允许变换一些词语或表达方式。

在将对话体课文变为叙述体时,应要求学生避免频繁使用"他说,……""我说,……"这样照搬对话原句的情况。例:

(在超市)
妻子:你去那边拿瓶矿泉水来。
丈夫:要哪种牌子的?
妻子:"山韵"挺好喝的,就拿瓶"山韵"吧。

把这边这几句对话改成叙述体时,有的学生这样说:

妻子对丈夫说,你去那边拿瓶矿泉水来。丈夫问妻子:要哪种牌子的?妻子说"山韵"挺好喝的,就拿"山韵"吧。

这种"你说"、"我说"、"他说"式的复述实际上只是把两个人的对话变成了一个人说的"对话",没有体现出对话体与叙述体在表达上的差异,是不符合要求的。好的叙述方法是:

妻子让丈夫去拿瓶矿泉水,丈夫问妻子要哪种牌子的,妻子觉得"山韵"挺好喝的,让丈夫拿瓶"山韵"。

上面这三句对话中妻子用了两个祈使句,一般来说,对话中的祈使句转换成叙述体时,应该使用"某人请/让/叫/某人做某事"这样的句型,选择"请"还是"让""叫"要根据会话双方的身份决定。

3. 替换与模仿

替换与模仿练习可以是直接替换某语段中的部分内容,也可以是模仿原语段或语篇的格式就某个话题进行成段表述。

例1:

特别值得一提的是……

  我的学校是一所有名的私立大学。学校的规模不太大,可是各方面的条件都不错,学习、生活很方便。特别值得一提的是,体育娱乐设施非常全,而且非常先进。有各种运动场地,比如篮球场、游泳馆和健身房等,应有尽有。

  喜好艺术的学生也可以找到他们活动的场所。对这一点,学生们都非常满意。(选自马箭飞,2006)

  替换练习:介绍一所学校

  ……是一所……。……规模……,可是……的条件……,……、……很……。特别值得一提的是,……设施……,而且……。有各种……,比如……、……和……等,应有尽有。

  ……。对这一点,……非常满意。

例2:仿照下面的格式反驳人们对某种事物或现象的看法

格式:	例文:
介绍人们对某种事物或现象的看法,引出话题	提起……,说烦的人恐怕不是少数
↓	
分析原因	琢磨一下人们对……所抱的敌意是颇有点意思的
↓	
站在客观的立场摆事实、讲道理	平心而论,……。事实上,……客观地说,……并没有什么不对
建议抛开偏见,换一个角度看问题	如果将以往的偏见搁在一边看……,
正面肯定某种事物或现象存在的意义	……越来越大地影响着我们的生活,……,要……,我看谁也不会答应
↓	
得出结论	看来,还是……吧。

4. 口头报告

口头报告是要求学生就某个话题说一段话。话题可以是指定的,也可以是自由选择的。可以是课前准备好的,也可以是课上即兴发言。比如,初级班学完有关家庭、爱好的课文,让学生介绍一下自己的家庭、爱好。中级班某一课的话题是"谈工作",可以让学生谈谈自己理想的工作。高级班在学完有关恋爱婚姻的话题后,可以谈谈自己对该问题的看法。另外,每次课前,教师可指定一个学生准备下一次上课时跟大家说一段话,说的内容可以是自己的事,也可以是近期的新闻等,内容不限,准备时可以写一些关键词句和报告所谈的主要内容,但报告时要求口述,不能拿着写好的文章念,报告时间根据学生的水平可以逐渐加长,初级班一般两分钟左右,高级班可以用五、六分钟。

5. 演讲

演讲练习比较适合高级阶段的口语技能训练。可以分以下几步进行:

① 准备讲稿:学生可在课前准备讲稿。演讲稿应该观点明确,论证充分,有说服力,而且条理清楚,语言表达生动准确。

② 持稿演讲练习:学生在熟练朗读讲稿的基础上,在教师的指导下练习把握语气的轻重缓急、语调的抑扬顿挫、节奏的张弛疾徐以及眼神、表情、手势、姿态、动作等副语言手段。

③ 脱稿演讲:学生不看讲稿在班里或小组中进行演讲。

6. 故事接力

这是一种游戏式练习,老师跟学生一起讲故事。例:

第一句(老师):有人给小李介绍一个女朋友,约好今天中午在学校门口的咖啡馆见面。

第二句(学生甲):小李想好好打扮一下,于是去了理发店。

第三句(学生乙):理发师今天心情不好,给小李理发时精力不集中,理坏了。

第四句(学生丙):……

故事接力练习要求学生既要听懂别人的话,又能马上接出下句,并且语句衔接要自然。另外,还要发挥想象力,使故事情节生动、一波三折,是一项充满趣味和挑战性的练习,适用于中高级阶段。

第三节 口语课教学

一、教学环节

口语教学一般包括复习、新课教学、小结、布置作业四个环节。

1. 复习的环节

复习的目的主要有两个：① 检查学生对前一课或前几课所学内容是否掌握，对复习过程中所暴露出来的问题进行有针对性的指导。② 通过复习巩固所学知识，使其在不断地重现和使用中成为经验成分储存在学生的大脑记忆库中以供调动和提取。

口语课的复习重点包括语音语调、生词、常用句型句式和功能表达方式。

(1) 语音、语调复习

可以通过朗读学过的音节、生词、句子和课文等检查学生的语音、语调等。例：

朗读下面的音节：

① sǎozi（嫂子）　　② zìsī（自私）
③ zácǎo（杂草）　　④ zàicì（再次）
⑤ cízǔ（词组）　　⑥ cānzàn（参赞）
⑦ cūsú（粗俗）　　⑧ cóngsù（从速）

朗读下面的词：

高兴　　　　学校　　　　食堂　　　　作业
东西　　　　窗户　　　　名字　　　　时候
图书馆　　　星期日　　　火车站　　　大学生
（带着重号的为词重音）

朗读下面的句子：

这事你不知道？↗
你们今天走↗还是明天走？↘
你不是要回国吗？↗

熊猫是一种｜既可爱又珍稀的动物。
父母的鼓励｜对提高孩子的自信心｜有很大的作用。
（带着重号的为句重音，↗、↘分别表示升降调，｜表示停顿）

(2) 生词复习
① 用生词进行问答练习
例：

你看得懂中文菜单吗？
你做菜的手艺怎么样？
你爱吃荤的还是素的？
中国菜合你的口味吗？

（画线词语为前一课所学的重点词语）

② 猜词练习
例：

写着菜名的本子叫什么？（菜单）
请别人吃饭叫什么？（请客）
用鸡鸭鱼肉做的菜叫什么菜？（荤菜）

说明：所猜词语为上课重点词语，说明词义时不要求特别精准，用学生能听懂的话说出词的大概意思即可。

(3) 常用句型、句式复习
① 问答练习
例1：复习"比"字句

今天比昨天冷吗？
你比你弟弟大几岁？
你觉得汉语难还是英语难？（要求用"比"回答）

例2：复习"一来……，二来……"的用法

你为什么学习汉语？（要求用"一来……，二来……"回答）

② 改说句子练习

昨天二十八度，今天三十度。用"比"怎么说？

警察把小偷抓住了。用"被"怎么说?

我下课以后马上去食堂。用"一……就……"怎么说?

(4) 功能表达方式复习

去中国人家做客,想要离开时可以说什么?

——时间不早了,我该回去了。

旅游时,想请不认识的人帮自己照相,比较客气的说法是什么?

——麻烦您帮我照张相可以吗?

想要问路时,怎么打招呼?

——麻烦您问一下,去……怎么走?

——您好,请问,……在哪儿?

在马路上遇到一个熟人,除了"你好"以外,还可以怎么打招呼?

——你去哪儿?/出去呀?

(5) 课文复习

① 根据课文内容提问

例:昨天,保罗和木村一起去饭馆吃饭,木村为什么不想点菜?

为什么保罗不想请服务员给他们推荐菜?

木村觉得水煮牛肉这道菜味道怎么样?

② 简要复述课文内容

复述课文内容时可以根据课文的特点和复述的难易度选择让学生直接复述,或者看着提示词复述,或者老师先复述,学生听后复述。

2. 新课教学的环节

新课教学的环节一般由生词讲练、话题导入、语言点讲练、课文讲练和自由表达练习五个部分组成。

(1) 生词讲练

生词讲练的基本步骤如下:

① 认读生词,要求声、韵、调准确;

② 生词讲练。

生词讲练的基本方法是生词扩展,即先将词扩展成词组,再将词组扩展成句子,由小到大,逐级扩展,以帮助学生熟悉词的搭配特征和语法功能,并在此过程中进行问答、改句等应用性练习。前文已经提到,口语课上学习的词汇属于使用性词汇,要求学生不但了解词义,还要"会用"。此外,在生词扩展时尽量带出课文中的句子,为下一步的会话练习作好铺垫。

例:

到期
到期了
合同到期了
<u>下个月,我们的合同就到期了</u>

宽限
宽限三天
宽限几天
<u>能不能宽限几天?</u>
<u>下个月,我们的合同就到期了</u>,可是新房子还没装修好,<u>能不能宽限几天?</u>

问:如果你正在写一本书,跟出版社的合同马上就到期了,你还没写完,想请出版社宽限一个月,怎么说?
→我们的合同马上就到期了,可是我还没写完,能不能宽限一个月?

相处
相处得很好
问:你跟同学们相处得怎么样?
→我跟同学们相处得很好/不太好。

(画线的是课文中出现的句子或短语)

(2)话题导入

话题导入一般是通过提问或进行相关内容介绍引出本课话题,目的在于引起学生对本课话题的关注和学习兴趣,同时在话题导入过程中会用到相关的生词或句子,可以为新课学习起铺垫作用。比如,某一课的话题是买礼物,在进入课文学习之前可以先问问学生回国时准备不准备给家里人和朋友买礼物、打算买什么样的礼物、一般来说,年轻人喜欢什么礼物、年纪大的人喜欢什么礼物、如果有朋友结婚,一般会送什么礼物、送电器好不好等问题。这些都是课文中涉及的问题,学生发表意见后再看课文,会对比之前自己的意见与课文中人物的意见是否一致,还可以看看文中人物在表达意见时用了哪些词语和句式。通过对比,不但可以帮助学生更好地理解课文内容,而且对新的词语和句式的意义及用法印象更深。根据话题的特点、话题导入可以放在生词讲练之前或之后。

(3) 语言点讲练

在分课型设课的院校,语言要素教学主要由综合课承担,口语课上的语言点讲练在深度和广度上要有所控制,不要像在综合课上一样用大量的时间做语法练习。比如,课文中有"请把这封信交给老师"句,在综合课上,需要对"把"字句的语法、语义、语用特征进行全面的描述和练习,但在口语课上,可以只对"把……交给……"这一句式进行讲练。

  例:练习"把……交给……"
  说明:在汉语中,我们想说"什么东西交给什么人"时常常用"把……交
    给……"这样的说法。
  练习:你们入学时,把学费交给谁了?
    你刚才把作业交给谁了?
    你结婚以后,如果你爱人让你把每个月的工资交给她,你同意吗?

(4) 课文讲练

课文讲练的基本步骤是:

① 听一遍课文

学习课文之前先听一遍,一来可以锻炼学生对刚刚学过的词语的听后反应能力,二来可以使学生对课文内容以及说话人的语音、语调等有个整体的印象,为下一步学习做好准备。

② 朗读课文

朗读课文的目的一是熟悉课文内容,二是练习语音、语调、语速等。朗读可以采用教师领读、学生个人读、分角色读等多种方式,要求语音语调准确、语速自然、语句流畅。

③ 跟说课文

老师带着学生不看书说一遍课文,要求学生模仿教师的语音、语调、语速等,要像真正说话一样自然流畅。

④ 根据课文内容回答问题

这一步骤一是帮助学生进一步熟悉课文内容,二是在听说过程中进一步熟悉所学词语与句式,为下一步复述课文和会话练习等作好铺垫。

⑤ 复述课文内容

复述课文内容主要训练的是成段表达能力。复述时可以给学生一些提示词或结构。可以是个人复述,也可以是集体复述或接龙复述。复述的方式包括从不同角度复述、简要复述和扩展复述等。(具体实例参见口语技能训练方法中关于复述的部分)

⑥ 句式替换练习

该项练习的目的在于帮助学生进一步熟练掌握本课所学重点句式和常用的功能表达方式,并能在不同语境下使用。

例:

刘:你脸色怎么这么不好?是不是哪儿不舒服?

陈:昨天老毛病又犯了,失眠、头疼,疼得我什么也干不了,别提多难受了。

刘:现在好点儿了吗?

陈:好多了,基本上不疼了。(选自马箭飞,2006)

(5) 自由表达练习

自由表达练习包括会话练习、讨论、辩论等。这里所说的"自由"是相对的,并不是放开了想说什么就说什么,而是结合该课话题,选用该课所学词语和句式等进行练习。

初级阶段的自由表达练习基本上采用模仿课文内容进行会话练习的方式。教师可将会话练习中需要用的词语和句式写在黑板上,并给出几种情境供学生选择,然后拿出一定时间让学生进行分组练习,教师巡视并及时对学生进行指导。待各组练习完毕后可请两三组到前边来说。学生在说的过程中可能会出现一些表达错误,教师要记下来,待学生完成会话之后择其要点进行简要说明。

中高级阶段的自由表达练习的自由度较初级阶段更大一些,多采用就与课文内容相关的某个话题说明自己的观点或进行讨论、辩论的形式。一般先分组进行,然后每组推荐一名同学到前边发言,或事先给每组指定一位组长主持讨论或辩论,然后由组长到前边介绍本组的意见等。

3. 小结的环节

小结是对当课教学内容和要点的简单总结。在小结的过程中还可以对一些重点词语和句式简单复习一下,以使学生加深印象。

4. 布置作业的环节

作业主要包括复习和预习两方面,复习的内容为当课所学词语、句型句式、功能表达方式和课文等。预习主要要求预习生词和课文。另外,中高级阶段可以每次课前指定一两位学生准备一个三到五分钟的口头报告,话题可以是指定的,也可以由学生自定。口语课一般不留书面作业。

二、教学示例

教案示例(一)

教材:《路——短期速成外国人汉语会话课本》(赵金铭主编,2002,北京语言文化大学出版社)

教学对象:初级班学生

教学时间:2课时

教学内容:① 第10课生词、语言点、课文(4、5)

教学重点:① 反问句"不是……吗?"的意义和用法
　　　　　② "谈工作"常用的词语和表达方式

教学时间:2课时(100分钟)

教学步骤:

一、复习(约7分钟)

1. 提问:你父母是做什么工作的?你爸爸工作忙不忙?经常加班吗?你们国家是几小时工作制?一个星期上几天班?你以后想做什么工作?

2. 请两组同学用上述问题进行对话,询问对方本人或家里人的工作情况

A:……是做什么工作的?

B:……。

A:……工作忙不忙?

B:……。

A:经常加班吗?

B:

A:……以后想做什么工作?

二、新课学习

1. 生词讲练(约15分钟)

① 认读生词(学生每人读三、四个,教师正音→教师领读→学生集体朗读)

换、为什么、适合、律师、职员、职业、最、理想、第、非常、假期

② 生词扩展

假期
领说：有假期　没有假期　假期很多　假期很长
　　　我们公司的假期不多
　　　学校的假期很长
　　　<u>老师一年有两个假期，在假期里可以去旅行</u>
提问：你们一年有几个假期，在假期里你做什么？

理想
领说：很理想　不太理想　他的工作不太理想　这个学校很理想
　　　理想的工作　理想的职业　理想的学校　理想的爱人

非常
领说：非常好　非常忙　非常难　非常……（学生说）
　　　非常喜欢　非常高兴
　　　我爸爸工作非常忙，经常加班。
提问：<u>我非常喜欢旅行，你呢？</u>

最
领说：最好　最忙　最努力　最……（学生说）
　　　最理想　最理想的职业
　　　<u>对我来说，最理想的职业是当老师。</u>
提问：对你来说，最理想的职业是什么？

第
领说：第一　第二　第三……（学生接着说）
　　　第一天　第一个星期　第一个月　第一年
　　　第一课
提问：每天谁第一个到教室？
　　　今天我们学习第几课？

为什么

提问:久美的朋友最近为什么很忙?(前几课学过的内容)

　　　高飞为什么不想学经济?(前几课学过的内容)

　　　你为什么学习汉语?(要求用"第一……,第二……"回答)

　　　为什么你觉得……是最理想的职业?

　　　(要求用"第一……,第二……"回答,让之前回答"最理想的职业是什么?"的学生回答该问题)

换

领说:换工作　　换班　　换……(让学生说)

　　　我想换个工作

适合

领说:适合我　　不适合我

　　　这个班很适合我

提问:你觉得这个班适合你吗?

领说:这个工作不适合我

　　　我想换个工作,我觉得这个工作不适合我

　　　他适合在 A 班学习　　我适合做这个工作

　　　我姐姐适合当老师/职员/大夫……

提问:你觉得你适合做什么工作?

　　　你觉得xx同学适合做什么工作?

领说:我想换个工作,我觉得我不太适合当老师。

替换:……想换个工作,……觉得……不太适合当……

(画线的为课文中出现的句子)

说明:生词扩展时,可以根据教学需要安排生词出现的顺序,这里将"换"、"工作"放在最后进行练习,目的在于自然引出课文内容。

2. 课文4讲练及自由会话练习(约45分钟)

课文 4

小王:我想换个工作。

爸爸:为什么?现在的工作不是挺好的吗?

小王:我觉得我不太适合当老师。

爸爸:你想换什么工作?

小王:我想去公司工作。

① 导入

老师:小王想换工作,你们猜小王现在做什么工作?他为什么想换工作?他打算去哪儿工作?

学生:(自由回答)

老师:好,我们听听谁猜得对。

② 听一遍课文 4

③ 语言点讲练

反问句:不是……吗?

以提问方式引出"不是……吗"句:

 老师:小王为什么想换工作?

 学生:……

 老师:小王想换什么工作?

 学生:……。

 老师:小王的爸爸觉得小王现在的工作怎么样?

 学生:……

 老师:爸爸说什么?

 学生:为什么,现在的工作不是挺好的吗?

 (如果学生答不出来,老师可以重复一下爸爸这句话,引出本课语言点:"不是……吗?")

语言点说明:

"现在的工作不是挺好的吗?"意思是"现在的工作挺好的,(为什么要换工作?)"。再看下面的句子:

 领读:

 A:我今天要去上班。

B:今天不是周末吗?(今天是周末,为什么去上班?)

A:她是我姐姐?
B:姐姐?你不是独生子吗?(你是独生子,怎么有姐姐?)
A:她是我爸爸的哥哥的女儿。

A:今天下午我们一起去逛商店吧。
B:你去吧,我不想去。
A:不想去?你不是非常喜欢逛商店吗?
(你非常喜欢逛商店,为什么不去?)

说明:在汉语里,我们觉得一个人说的、做的跟我们知道的事不一样、我们不知道为什么这样,常常用"不是……吗?"强调我们知道的事,表示疑问。

语法说明尽量简明,特别是对初级班。要用简单的语言结合例句帮助学生理解,必要的时候可以适当用一点英语,但尽量少用或不用,让学生尽可能多听汉语。一些语法教学中常用的术语,如"主语、谓语、名词、动词、肯定、否定、疑问、强调、表示"等可以在学习之初通过译词让学生理解和记住意思。

练习1:用"不是……吗?"改说句子

他是你的同学,你为什么不知道他的名字?
你八点上课,为什么还不起床?

练习2:完成对话

A:我们去看电影吧。
B:我不想去。
A:为什么?_____?

A:我想去上海。
B:去上海?_____?

④ 朗读课文
教师领读——学生分角色读

⑤ 跟说课文

⑥ 老师与学生分角色说课文

⑦ 学生分角色说课文(两人一组或全班分成两大组说)

⑧ 替换练习

  A:我想换个……。(班/工作/房间)

  B:为什么?现在的……不是挺好的吗?

  A:我觉得……。

  B:你想……?

  A:我想……。

⑨ 自由会话练习

模仿课文进行会话练习,课文比较短,练习时可自由扩展

话题:一个人想换班、工作、房间、同屋

  例:A:我想换个班。

    B:为什么?现在的班不是挺好的吗?

    A:我觉得我不太适合在 A 班学习,对我来说,太容易。

    B:你想去哪个班?

    A:我想去 B 班。

    (以下为学生自由扩展的内容)

    B:我听说 B 班非常难。

    A:没问题,我有一个中国朋友,她常常帮助我。

    B:是女朋友吗?

    A:不是,是女的朋友。

3. **课文 5 讲练(约 30 分钟)**

课文

  不少人觉得律师、翻译、公司职员都是不错的职业。不过对我来说,最理想的职业是当老师。第一,我比较适合当老师。第二,我非常喜欢旅行。老师一年有两个假期,在假期可以去旅行。

① 导入

老师:小王想去公司工作,你们觉得当公司职员是不是个好职业?你们说说你
   们觉得不错的职业。

学生:……。

② 下面我们听听课文里的"我"的最理想的职业是什么。

③ 听课文 5

④ 回答问题：

老师：不少人觉得哪些职业是不错的职业？
学生：不少人觉得律师、翻译、公司职员都是不错的职业。
老师：不过对他来说，最理想的职业是什么？
学生：不过对他来说，最理想的职业是当老师。
老师：为什么？
学生：第一，他比较适合当老师。第二，他非常喜欢旅行。老师一年有两个假期，在假期可以去旅行。

（在学生回答问题时，老师板书重点词，为下面的复述做准备）

……觉得……都是……。不过，对……来说，……理想的……是……。第一，……适合……，第二，……非常……，……假期，在……里……。

⑤ 朗读课文
老师领读一遍——学生个别读——学生集体读
⑥ 跟老师说课文
⑦ 按照上面的提示复述课文
先请一两位同学复述，然后集体复述（或先集体后个人）
⑧ 分组练习：选用所学词语和句式介绍自己最理想的职业
⑨ 每组请一位同学到前边来介绍

4. 小结（约 2 分钟）

老师：今天我们学了十一个生词，大家说说有哪些？
　　　我们还学习了一个常用的句子"不是……吗？"
　　　"你的工作不是挺好的吗？"，这句话是什么意思？
学生：你的工作挺好的，（为什么要换？）。
老师：这句话什么时候说呢？
学生：有人的工作很好，可是他不喜欢他的工作、想换工作。
老师：今天学了哪些谈工作时常说的话？
学生：我想换工作。/你的工作不是挺好的吗？/你想换什么工作/我想去公司工作/我不太适合当老师/律师、翻译、公司职员都是不错的职业/对我来说，最理想的职业是……。

118

5. 布置作业(约1分钟)
① 复习第10课生词和课文
② 预习第11课生词(1—13)、课文(1、2)、语言点(1、2)

教案示例(二)

教材:《汉语口语速成·提高篇》(马箭飞主编,2006,北京语言大学出版社)

教学对象:具有汉语基本听说能力,掌握汉语一般句式和主要复句、特殊句式
　　　　　及1500个左右常用词汇的汉语学习者

教学时间:2课时

教学内容:第6课课文(1):生词、语言点及课文

教学重点:① "时……时……"、"哪儿啊"的意义和用法
　　　　　② 与修理电器有关的常用词句
　　　　　③ 会话和成段表达能力训练

教学时间:2课时(100分钟)

教学步骤:

一、复习(约7分钟)

复习上一课学过的与购物有关的词句。

例:词语复习:老师说词义,学生猜词抢答
　　　　　　开业、打折、实惠、用得上、厨房用具、床上用品、家具、定做、有眼光……

句子复习:说出上一课课文中与购物有关的句子
　　　　　这家商店刚开业,商品一律打九折。
　　　　　我想买些礼物,好带回去送人。
　　　　　逛了半天也没拿定主意买什么。
　　　　　我把所有的大家具店都跑遍了,也没买到我要买的家具。
　　　　　这种桌子是日本特有的,中国根本没有卖的。
　　　　　……

说明:如果学生回忆不起来,教师可进行提示,如"这家商店刚开业,商品一律打九折"句,教师可以用提问的方式帮助学生回忆:"小王为什么来这家商店?"

二、新课学习

1. 生词讲练(约15分钟)

① 认读生词(学生每人读三四个,教师正音→教师领读→学生集体朗读)

　　按、开关、反应、插、插销、接触、不良、零件、失灵、报废、保修期、维修

② 生词扩展

老师做动作,让学生选用本课生词描述:

按开关/按门铃/按电话号码、插插销、维修

其他生词扩展:

反应

领说:有反应　没有反应

　　　我叫他,他没有反应。

　　　我的电视出毛病了,按下开关没反应。

反应很快

老师问了一个问题,他的反应很快。

那个运动员的反应有点慢。

接触

不良

领说:接触不良　开关接触不良　按下开关没反应,可能是开关接触不良

　　　A:我的电视出毛病了,按下开关没反应。

　　　B:可能是开关接触不良。

消化不良　我最近胃不舒服,可能是_____。(后一半让学生接上)

零件

失灵

领说:零件失灵了　按下开关没反应,是不是里面什么零件失灵了?

报废

领说:该报废了

　　　这辆车已经开了十多年了,该报废了。

这台电视已经看了好多年了,该_____。

保修期
领说:保修期一年　电器的保修期一般是一年
　　　<u>过保修期了吗?</u>
提问:你的手机保修期是多长时间?现在过保修期了吗?
　　　在保修期内,如果东西坏了可以怎么样?
　→免费维修
　　　<u>没过保修期的话,可以免费维修。</u>
(画线的为课文中出现的句子)

2. **课文讲练**(约 50 分钟)

要是早坏两天就好了

(金京顺是韩国学生,她房间里的电视坏了)

金京顺:师傅,您帮我看看,我的电视出毛病了。

师　傅:什么毛病?

金京顺:按下开关没反应。

师　傅:是不是没插好插销?

金京顺:我检查过了,不是。它不是老这样,说不定什么时候又好了,时
　　　　好时坏。

师　傅:可能是开关接触不良。

金京顺:好像不是开关的事儿,是不是里面什么零件失灵了?

师　傅:看了多少年了?该报废了吧?

金京顺:哪儿啊,才买一年多。

师　傅:过保修期了吗?没过可以免费维修。

金京顺:过了,刚过一个月,要是早坏两天就好了。

① 导入

老师:你们看一下,今天的生词大部分跟什么有关?

学生:电器。

老师:韩国学生小金的电视出毛病了,你们猜可能是什么毛病?一般电器
　　　出毛病了,可能有哪些原因?

学生：（自由回答）

老师：好，下面我们听一下课文，然后告诉老师小金的电视出什么毛病了？看了多长时间了？过保修期了没有？

说明：以上两个问题既是课文的主要内容，又可引出本课语言点。

② 听课文

本课两个语言点分布在课文前后两部分中，听课文时可以先听第一部分，然后讲练语言点1"时……时……"。听完第二部分后，讲练语言点2"哪儿啊"。

③ 语言点讲练

语言点1：说不定什么时候又好了，时好时坏

导入：

老师：这个学生的电视出什么毛病了？

学生：按下开关没反应。

老师：是老这样吗？她是怎么告诉师傅的？

学生：不是老这样。说不定什么时候又好了，时好时坏。

老师："时好时坏"是什么意思呢？

学生：……。

说明：

表示两种情况交替发生。"时"字后面一定是两个意义相反的词，一般是单音节词。

例：（领读）

① 他对我的态度时冷时热，我不知道为什么。

② 他的病时轻时重。

③ 游客们边看风景边照相，时走时停。

练习：用"时……时……"完成句子

① 电视的声音_____。

② 汽车开得_____。

③ 最近的天气_____，人们很容易感冒。

语言点2：哪儿啊，才买一年多。

导入：

老师：师傅问小金，她的电视看了多少年了，是不是该报废了？小金是怎

么回答的?

学生:哪儿啊,才买一年多。

说明:用在口语中,否定别人的话,意思相当于"不是、不对"。

例:(领读)

(1) A:那人是小王的丈夫吧?

　　B:哪儿啊,那是小王的哥哥。

(2) A:好久不见,你是不是回国了?

　　B:哪儿啊,我去旅行了。

(3) A:你汉语说得真好。

　　B:哪儿啊,还差得远呢。

练习:用"哪儿啊"完成对话

(1) A:这菜是你做的吧?

　　B:_____。

(2) A:汉语很难吧?

　　B:_____。

(3) A:我觉得你对买东西很在行。

　　B:_____。

④ 朗读课文

教师领读→学生两人一组,分角色练习朗读课文,教师巡视,进行发音指导→请两组学生朗读课文,其他学生不看书听。

⑤ 跟说课文

学生不看书,跟教师一起说课文。

⑥ 就课文内容提问

小金的电视出什么毛病了?

师傅觉得可能是什么原因?

是不是没插好插销?

是不是开关接触不良?

小金觉得可能是什么原因?

电视看了多少年了?该报废了吧?

过保修期了吗?

为什么金京顺说"要是早坏两天就好了"?

⑦ 成段表达练习(复述课文)

从不同角度复述:分别从小金和师傅的角度讲述这件事。

扩展复述:从小金的角度复述时可增加买电视和电视出毛病之前的情况、修理后的情况;从师傅的角度可以增加修理中发现的情况等。

⑧ 功能表达练习

(1) 请人帮忙修理电器

A:师傅,您帮我看看,……出毛病了。

B:什么毛病?

A:……。

(2) 探讨原因

B:是不是……?

A:我检查过了,不是。它不是老这样,说不定什么时候又好了,时好时坏。

B:可能是……。

A:好像不是……的事儿。

(3) 谈保修期

A:看了多少年了?该报废了吧?

B:哪儿啊,才买……。

A:过保修期了吗?没过可以免费维修。

B:过了,刚过……,要是……就好了。

3. 自由表达练习(约25分钟)

① 选用本课与修理电器有关的词语和句式分组进行对话练习,然后请两组同学到前边表演。

情景:A 请人帮助修理电器

角色:A 和师傅

题目:师傅,您帮我看看,……出毛病了。

要求:会话内容必须包括"请求帮忙修理并说明情况"、"探讨原因"、"谈保修期"三方面,除此之外可做适当扩展

补充词语:

电器名称	故障
冰箱/空调	不制冷　噪音大
洗衣机	不能排水/甩干　噪音大
电脑	突然死机　网速太慢　中病毒
手机	不显示电话号码　自动关机　待机时间太短

② 看图说话

方法1:根据下图请大家一起讲一个故事,每人讲一句,要求句与句之间尽量用上关联词语

方法2:请两位同学看图分角色对话

"你现在知道它什么毛病了吧!"
(张洪明)

(选自马箭飞,2006)

4. 小结(约2分钟)

总结修理电器时的常用词语和句式

电器常见的毛病:按下开关没反应、电视机有画面没声音、冰箱……

出毛病的原因:没插好插销、开关接触不良、零件失灵

谈原因时常用的句子:"是不是……?""可能是……""好像不是……的事儿。"

谈使用时间时常用的句子:"用了多少年了?""该报废了吧?""过保修期了吗?""没过可以免费维修。"

5. 布置作业(约1分钟)

复习本课所学内容,预习课文2(生词、语言点及课文)

教案示例(三)

教　　材:《汉语口语速成·高级篇》(马箭飞主编,1999,北京语言大学出版社)

教学对象:具有较好的听说能力、掌握3500个以上汉语词汇的汉语学习者。

教学内容:第7课课文(3)生词、语言点、课文

教学重点:① 本课重点词语与句式

　　　　　② 成段表达能力训练

教学时间:2课时(100分钟)

教学步骤：

一、口头报告(约 8 分钟)

一位学生做 4 分钟左右的口头报告,然后回答同学们提出的问题

二、复习与导入新课(约 10 分钟)

1. 上一课学过的成语和重点词语
2. 第 7 课课文 1《感性消费》的主要内容;课文 2《都市的广告》的主要观点
3. 听后复述前一课所学描述广告泛滥情况的重点语段

  都市广告泛滥,无孔不入。你可以逃脱得掉学习、约会、应酬、考试,甚至惩罚,你逃脱不掉广告。除非你不上街,不看电视,不翻报纸杂志……那么,你同囚犯没什么两样。没有办法,你只得欢迎广告,实在无可奈何。

  提示语:泛滥 无孔不入 逃脱得掉 逃脱不掉 除非 那么
     没有办法 只得 无可奈何

4. 新课话题导入

  上边这段话是在批评广告泛滥的现象。下面我们再看一篇文章,看看这位作者对广告是什么态度。

说明:本课话题是继续前一课关于广告的话题,所以复习与导入可结合起来。

三、新课学习

1. 课文讲练(约 55 分钟)

一般分以下几个步骤进行:

(1) 分段或分部分听后回答问题,板书重点词语对学生进行提示,同时为下面的讲练做准备。
(2) 讲解重点词语、句式。
(3) 段落主题、内部层次及语言表达方式的分析。
(4) 复述段落内容。
(5) 对重点段落进行替换练习。

以第一段为例:

① 听

  提起广告,说烦的人恐怕不是少数。说来也怪,也许是从广告在中国公开亮相的那天起,人们对它的非议也与生俱来。早在十多年前,中央电视台首次

在黄金时间插播广告,曾引起轩然大波,抗议信件雪片似的飞来。到如今,广告已无孔不入,报纸、杂志、广播、电视以及人们生活的各个角落随处可见它的身影,我们稍不留神,就会跟它撞个满怀。真是的!

② 回答问题

问1:提起广告,说什么的人恐怕不是少数?

答:说烦的人恐怕不是少数

板书:提起　恐怕　不是少数

问2:从广告在中国公开亮相的那天起,人们对它的态度怎么样?

答:从广告在中国公开亮相的那天起,人们对它的非议也与生俱来。

板书:说来也怪　公开亮相　非议　与生俱来

问3:中央电视台哪一年在什么时间首次插播广告?

答:早在十多年前,中央电视台首次在黄金时间插播广告。

问4:这件事在社会上的影响怎么样?

答:引起轩然大波,抗议信件雪片似的飞来。

板书:早在……之前　黄金时间　曾　轩然大波　雪片似的飞来

问5:到如今,广告已经怎么样了?

答:到如今,广告已无孔不入。报纸、杂志、广播、电视以及人们生活的各个角落随处可见它的身影,我们稍不留神,就会跟它撞个满怀。真是的!

板书:到如今　无孔不入　随处可见　稍不留神　撞个满怀　真是的

说明:回答问题时,要求学生用课文中的词句,然后可以问,同样的意思还可以怎么说?要求学生使用课文中的词句,目的在于熟悉新词和新的表达方式。高级班学生基本的口语表达已经比较流利,需要提高的是进一步扩大词汇量和掌握丰富、生动、多样的表达方式。

③ 重点词语和句式讲练

……不是少数/不在少数

改说句子:大学毕业后想出国深造的学生不少。

→大学毕业后想出国深造的学生不是少数/不在少数。

说来也怪

问:"说来也怪"之后常常说的是什么样的情况?

答:奇怪的、不正常的

练习：用"说来也怪"说一件让自己觉得奇怪的事。

公开亮相

问：公开亮相是什么意思？

答：……。

说明：换一种说法可以说"出现在人们面前"。

改说句子：车展上展示了几款新车

→ 车展上，几款新车公开亮相。

非议

问："非议"的意思是什么？

答：……。

扩展：引起非议　引起大家的非议　他的做法引起大家的非议
对……有非议　人们对广告太多有非议

与生俱来

练习：有人觉得人的性格是天生的。用"与生俱来"怎么说？

答：人的性格是与生俱来的。

黄金时间

问："黄金时间"指的是什么时间？

答：……

扩展：黄金时代　黄金地段

雪片似的飞来

说明：表示在一段时间内来了很多信件

改说句子：他结婚的时候，朋友们给他发来了很多贺卡

→他结婚的时候，朋友们的贺卡雪片似的飞来

稍不留神，就会……

说明：表示很容易发生什么情况

练习：开车的时候，稍不留神，就会怎么样？

→开车的时候，稍不留神，就会发生交通事故。

真是(的)

说明：常用来表达不满的心情

例：你明明知道，怎么不告诉我呀？真是的。

　　这人老迟到，真是的。

练习:用"真是(的)"说一件让自己不高兴的事

④ 语段主题、层次与表达方式分析

主题:对中国的广告最早出现时的情况和如今的情况做简单的说明和对比。

层次与表达:

引出话题	提起……
回顾	从……起,……。早在……前,曾……
描述现状	到如今,……

⑤ 成段表达练习(根据黑板上的提示词语,复述这一段的内容)

提起　恐怕　不是少数　说来也怪　公开亮相　非议　与生俱来
早在……之前　黄金时间　曾　轩然大波　雪片似的飞来
到如今　无孔不入　随处可见　稍不留神　撞个满怀　真是的

用"提起……,早在……之前,曾,到如今……"的结构,并选用上面的词语谈谈人们对"安乐死""整容"等问题的态度。

课文逐段讲练过后进行语篇结构分析:结合课文串讲时对各部分进行主题分析,总结本文的结构。

论点:饶了广告,给它一点宽容
论述方式:

简单回顾历史与描述现状
↓
分析人们对广告抱有敌意的原因
↓
从顾客购物的角度、商家宣传的角度、艺术欣赏的角度、广告的社会意义论述广告存在的必要性
↓
得出结论

2. 分组讨论(约 25 分钟)

(1) 分组讨论支持还是反对本文作者的观点。支持的可以对作者的论述进行补充;反对的说出反对的理由。

(2) 请每组的组长到前边总结一下本组的意见。

3. 小结(约 1 分钟)

结合板书总结本课教学内容。

4. 布置作业(约 1 分钟)

(1) 复习本课生词和课文。

(2) 预习第 8 课课文 1 生词、课文。

(3) 准备就第 8 课课文 1 的话题发表自己的意见。

结 语

本章介绍了与口语技能训练有关的知识与训练方法。

在第一节中,我们介绍的是关于说话行为的研究,主要讲了两个问题:1. 说话活动的本质,即对言语信息进行编码和传递的过程。2. "说的汉语"与"看的汉语"。指出了汉语的口头形式和书面形式在语音、词汇、语法及语用等方面存在的差异。

在第二节中,我们介绍的内容包括:1. 汉语口语技能训练的原则,即交际性原则。2. 国家汉语国际推广领导小组办公室制定的《国际汉语教学通用课程大纲》中关于口语技能的等级划分及等级目标。3. 外国人汉语口语表达中存在的问题与教学对策,总结了 9 大问题并提出了相应的教学对策。4. 口语技能训练的重点。口语技能训练的重点是口头表达能力,包括运用正确的语音语调语速表情达意的能力、选词造句能力、成段表达能力和语用能力等。5. 口语技能训练的层次。技能训练要有层次,不同阶段应有所侧重:初级重点训练语音、句子(单句和复句)和简单的语段;中级阶段以声音表现技巧和语段训练为主;高级阶段的训练重点是语篇。6. 口语技能训练的方法。在这部分结合实例介绍了语音、语调、语速、词语、句子、会话以及成段表达的训练方法。

在第三节中我们介绍了口语课的教学环节并为初、中、高三个等级的口语教学提供了教案示例。

思考题

1. 不同阶段口语技能训练的重点是什么?
2. 如何在口语教学中贯彻交际性原则?
3. 口语课教学一般包括哪几个步骤?

参考文献

陈田顺(主编)(1999)《对外汉语教学中高级阶段课程规范》,北京语言文化大学出版社。

范开泰(1992)《论汉语交际能力的培养》,《世界汉语教学》第1期。

桂诗春(1997)《实验心理语言学纲要》,长沙:湖南教育出版社。

国家汉语国际推广领导小组办公室(2008)《国际汉语教学通用课程大纲》,北京:外语教学与研究出版社。

黄伯荣、廖序东(主编)(2002)《现代汉语》(增订三版),北京:高等教育出版社。

李　明、石佩雯(1998)《汉语普通话语音辨证》,北京:北京语言文化大学出版社。

刘广徽、金晓达(2008)《汉语普通话语音图解课本》,北京,北京语言大学出版社。

李　泉(2004)《面向对外汉语教学的语体研究的范围和内容》,《汉语口语与书面语教学》,北京:北京大学出版社,60—72页。

刘　珣(2000)《对外汉语教育学引论》,北京:北京语言文化大学出版社。

马箭飞主编(2006)《汉语口语速成·提高篇》,北京:北京语言大学出版社。

马箭飞主编(2007)《汉语口语速成·中级篇》,北京:北京语言大学出版社。

马箭飞主编(1999)《汉语口语速成·高级篇》,北京:北京语言大学出版社。

申修言(1996)《应该重视作为口语体的口语教学》,《汉语学习》第3期。

盛　炎(1994)《跨文化交际中的语体学问题》,《语言教学与研究》第2期。

盛　炎(1990)《语言教学原理》,重庆:重庆出版社。

田　然(1997)《外国学生在中高级阶段口语段表达分析》,《汉语学习》第6期。

王福生(2004)《对外汉语教学活动中口语和书面语词汇等级的划界问题》,《汉语口语与书面语教学》,北京:北京大学出版社,47—59页。

王钟华主编(1999)《对外汉语教学初级阶段课程规范》,北京:北京语言文化大学出版社。

萧海薇(2004)《浅谈对外汉语语体知识教学》,《汉语口语与书面语教学》,北京:北京大学出版社,73—19页。

徐子亮(2004)《汉语作为外语的口语教学新议》,《汉语口语与书面语教学》,北京:北京大学出版社,87—100页。

徐子亮(2000)《汉语作为外语教学的认知理论研究》,北京:华语教学出版社。

杨惠元(1996)《汉语听力说话教学法》,北京:北京语言学院出版社。

杨惠元(2007)《课堂教学理论与实践》,北京:北京语言大学出版社。

赵金铭（2004）《"说的汉语"与"看的汉语"》,《汉语口语与书面语教学》,北京:北京大学出版社，1—12页。

赵金铭主编（2006）《汉语可以这样教——语言技能篇》,北京:商务印书馆。

赵金铭主编（2002）《路——短期速成外国人汉语会话课本》,北京:北京语言文化大学出版社。

周健、彭小川、张　军（2004）《汉语教学法研修课程》,北京:人民教育出版社。

第四章 汉语听力技能训练

第一节 听力技能的属性

一、听力技能的意义

在听、说、读、写各项技能中,听懂话语被认为是言语交际得以实现最重要的方面。

语言是人与人交流的工具。在口头交际中,人们需要借助声音的传播来接收语音符号和理解其中的意义。人类的发声器官可以发出各种各样的声音,但只有包含了一定意义的声音才被视为语音。语音的发出与接收,代表了交际双方的不同角色,从而构成说话和听话这两种互为反向的语言通达形式。说话人发出信息,听话人接收信息并做出反馈,谈话才得以进行。在交际过程中,很难说准确表达和准确接收哪个更为重要。一般而言,听懂话语和表达话语都是实现交际必不可少的方面,但是,从保持谈话的连续性角度来说,听懂话语的作用可能更为重大。在交际中,如果听话者听不懂话语,无以应答、无从谈起,就会直接导致交流障碍或交流中断。据美国外语教学专家的统计(胡春洞,1990),听,在人类交际中所占的比例为45%,可以说,听懂话语、准确理解说话人的意图和心理是进行恰当表达的先决条件。

对儿童语言能力发展的研究也证实了听在语言学习中的作用。研究表明,婴儿在出生几周之后就有了听觉,他们可以感知到不同的声音,辨别不同的音色,区分说话人的特征,并能做出相应的回应。在长达一两年的语言静默期里,伴随着语音信息的大量输入,儿童的大脑中逐渐建立和储存起语言的声音、意义体系,一岁多开始说话,到四五岁基本学会语言。儿童学习母语100%的成功率进一步印证语言输入是先于输出的,它给成人二语习得带来的启发是,在语言教学的过程中,要尽量创造条件来输入语言,以促进学习者第二语言机制的建立,从而为语言的输出做好准备。

二、听力理解的本质

何谓听力?听力是"耳朵辨别声音的能力"。语言教学中的听力理解,应该包含两方面的内容:1)辨别语音;2)理解意义,那么听力理解技能应该就是通过辨别语音来理解话语的能力。

从语音辨别到话语理解是一个复杂的心理过程,胡春洞(1990)将其概括为如下七个步骤:

(1) 音的感知和识别;
(2) 对具体、简短的材料进行初步的理解;
(3) 对材料进行短时记忆储存;
(4) 将刚刚储存的材料,与前面已经储存在短时记忆中的材料加以联接;
(5) 将刚刚储存的材料,与正在进行短时记忆的材料加以联接;
(6) 领会材料的意思并进行长时记忆储存;
(7) 对大意、概括的回顾。

心理学上听的过程体现了在言语信号接收中、大脑高级神经活动的分析与综合功能。听力理解的过程包括从语音的感知、识别、储存到意义的获得,由此也为我们提出了听力训练的一系列任务。

徐子亮(2000)从认知的角度将听力理解概括为三个连贯的加工过程:语音代码转换为言语信息代码,再转换为语义信息理解,即:听觉加工、译码加工和思维加工。这三个过程也可细分为一连串的步骤:

听觉加工:自然音
    →筛选(从自然音筛选出语音)
    →甄别(从语音确定汉语语音)
    →辨析(受汉语语音系统控制,析出音节的声韵调)

译码加工:→激活(调动已贮存的、语音代码相同的词语模式)
    →匹配(选出记忆中与外界语音刺激完全一致的词语)

　　　　　　→提取(把匹配的词语提取到工作记忆,等待组合)
思维加工:→组合(按语法规则把词语组合成言语形式,修正提取有误的词语)
　　　　　　→理解(把言语形式转换为命题,显示语义;直接用目的语;转译成母语)

　　由于理解的过程可以分解为不同的步骤,它带给我们教学上的启发是,听力理解也可针对不同的步骤来制定教学上的策略。由于学习者语言水平的不同,掌握的知识结构不同、内化的程度不同,他们在理解的各个阶段都可能出现问题,理解的速度和准确程度也因人而异,我们的教学需要根据不同的情况而采取不同的教学方法。

　　从心理学和认知的角度概括而言,理解的过程经历了语音感知、话语理解和信息储存三个阶段,而听力理解的本质,就是"利用听觉器官对言语信号接收、解码的过程"(杨惠元,1996)。听话的人通过大脑的神经功能,将捕捉到的声音符号进行辨析分类,激活大脑中已经贮存的经验成分,进行意义的匹配,从而完成意义的建构。听力教学的任务基本上也是围绕这三个方面来实施的。

三、听力微技能

　　在理解的过程中,需要激发和调动学习者的各方面能力,从以上语音感知、话语理解和信息储存的内容来看,感知能力、理解能力和储存能力是影响听力理解水平的重要方面。研究者从各自的研究角度切分了构成话语理解能力的要素,提出了听力训练的"微技能"概念。李清华(1987)提出要重视听力分项技能训练的思想。她将听力的分项技能划分为六个方面:
(1) 对听力材料的筛选能力;
(2) 预测和更正预测的能力;
(3) 跳跃障碍的能力;
(4) 识别重述或变换措辞的能力;
(5) 利用联接词和语法关系提供信息的能力;
(6) "一心二用"的能力,听的同时要能做笔记、画图、做试验。
　　1996年,杨惠元在他的《听力说话教学法》中,将听力技能分解为八项微技能,分别是:
(1) 辨别分析能力;

(2) 记忆储存能力；

(3) 联想猜测能力；

(4) 快速反应能力；

(5) 边听边记能力；

(6) 听后模仿能力；

(7) 检索监听能力；

(8) 概括总结能力。

李、杨等人的研究，特别是杨惠元所提出的系统理论与操作方法，第一次明确提出了听力教学的任务就是听力微技能训练，将以往笼统、零散的观念概括明确化了，听力技能训练也逐渐变得具体而有针对性了。

1. 怎样看待听力微技能

关于划分听力微技能的做法，也有人提出一些疑问，比如，上面提到的这些微技能，有不少并非听力所独有，比如"辨别分析能力"、"联想猜测能力"、"概括总结能力"，在口语技能、阅读技能中也都存在。研究者还认为，微技能是人天生就有的，并非后天训练而成，学习者在使用母语听说和阅读时，所采用的技能无非也是这些；语言学习是一个复杂的心理认知活动，对它只能做出一个大致而模糊的区分，不能将微技能的训练视为提高听力水平的唯一途径，作为一门独立的课型，听力课与技能训练并不是一回事（李红印，2000）。以上论述，为我们客观全面地看待微技能提供了更深入的视角，然而从语言教学的实际来看，听力微技能的提出依然意义重大，并且是我们从事和完善听力教学最有效的依据。原因如下：

（1）语言各技能之间不是截然区分的。从语言信息的角度来看，听与读属于接收性的，说与写属于表达性的，同一性质的技能特点具有更多的一致性，这是不言而喻的。比如听和读，都要凭借一定的输入方式来接收信息，那么在接收的过程中，对信息的识别与分辨、记忆与储存、概括与推理都要遵循大致相同的加工模式，所不同的在于输入的媒介，一为语音，一为文字。余文青（1999）对30名留学生听读关系的研究证明了听、读之间的相关，即阅读效率高者，听力效率也高。马燕华（1999b）的调查显示，日韩学生对字形更为依赖，倾向于语音——汉字——意义的加工模式。由此来看，在听力理解中起作用的因素，在阅读理解中也可能起作用，我们不能因为它们具有共性而加以排斥，关键在于如何突出它们在听力技能训练中的特点。当然，有些微技能的划分也值得商榷，比如"对听力材料的筛选能力"、"一心二用"、"边听边记"、"听后模仿"等技能可能更具有学习策略的特点，但是划分微技能的做法并没有错。

（2）分技能的语言教学，常常是"你中有我、我中有你"的，技能训练的方法也是相互结合、相互借鉴的。如一些学校开设的听说课、视听说课等，就是将听、说结合起来、进行综合训练的。周小兵(1989)列出了听话训练的 8 种方法：听辨、听解（解释）、听读、听译、问答、完成、复述、讨论，认为听话训练能促进口语表达能力的提高。杨惠元的《听力说话教学法》更是听和说训练融会贯通的典范。听力技能中的微技能，是从分析听力理解过程和理解难点中概括出来的，概括得是否全面、准确有待讨论，但是专项的微技能训练，更具有教学的针对性，能有效减少教学的盲目性，给课堂教学提供了更多的操作方法。

（3）二语习得的很多研究都是基于一定的假设而建立的，比如中介语系统，习得顺序研究、情感过滤模式等，其中都存在大量有待验证的东西。"微技能"实际上就是人的心理认知能力，它支配人的行动和思维，也必然参与到语言学习中。虽然实际发生的过程难以窥视，发挥作用的大小也不十分清楚，但是对听力教学而言，通过各种训练和检测手段去逐渐挖掘它，验证它，总比怀疑它、什么都不做要好一些。

2. 听力微技能的训练

关于听力微技能的划分已有了各种不同的说法，我们认为，从听力理解的过程看，以下微技能的训练是必不可少的：

（1）辨音能力

听力理解的第一步是分辨语音。汉语语音包括声母、韵母、声调几部分，分辨语音就是要求学生根据所听音节声、韵、调的不同，快速识别其意义。在连续语流中，孤立的音节是很少的，所以，除了单音节、双音节的听辨训练外，语句和语段中的音节意义识别更为重要，还包括识别重音、连续变调、弱化、轻声等音变现象。语音的听辨是听力理解的基础，也是训练的重要内容。

（2）信息检索能力

语言交流的过程就是信息交换的过程，听懂话语，需要有一定的对信息的检索能力。信息的来源一是直接从文中获得，如大量的细节信息，时间、地点、人物、工具等，它们包含在一定长度的语句内，听者要能从中快速搜寻到，并记录下来；还有一个来源就是对语句的综合处理后得到的，也可叫做"概括之意"。要想获得概括之意，听者需要对文章各部分内容进行理解，对各种分散的信息进行综合，从而判断得出其核心意义，有时也需对字面意义加以剖析推断，得到"言外之意"。

听力理解过程中的解码,就是获取信息的手段。而在解码的过程中,需要调动人的认知能力。认知能力指人的思维能力、判断推理能力、联想猜测能力等,它们是随着人的成长而逐渐养成的,并不是在汉语听力训练的过程中养成的,但是在听力训练的过程中需要借助它们的力量来完成听力理解的任务。面对完全陌生的语言形式,学生的认知能力一开始会受到抑制,或者发挥的作用不一,听力训练的任务就是通过有效的刺激手段或练习形式,激发和调动学习者的大脑,使其发挥出更大的潜力。

解码还需要语言能力,学生的语言能力是制约听力理解的重要因素。语言能力包括语法能力、语用能力、交际策略能力等,听力理解既是一个学习语言的过程,也是一个运用语言的过程,不同水平的学生,其解码的速度和准确度都会不同。

(3) 记忆储存能力

搜寻到的信息需要快速储存记录下来,已备进一步的提取和使用。记忆储存之所以必要,是因为短时记忆容易遗忘,"边听边写"是克服短时记忆不易储存的好方法,使用单词、符号、图标、箭头等快速记下关键信息,快速记笔记、听写等方式都有助于信息的记忆和储存,因此也是听力训练的重要内容。另外,"强记"或称"心记"也是加强记忆储存能力的一个方法。

第二节 听力技能训练的性质

一、听力训练的任务

关于听力训练任务的研究,一般认为,听力训练的任务就是训练和培养学生听力理解的能力。吕必松(2007)认为,听力训练的任务在于:打听力基础;培养听的技巧;培养听的适应能力;培养注意力和开发智力。这种理解,如"打听力基础"、"培养听的适应能力",主要是针对听力课程而言的;而"培养注意力"是对学习习惯的要求,"开发智力"也更多带有智力训练的意味。我们认为,这种认识并没完全针对听力理解的本质来说明。因为成人的二语习得与儿童学习母语有一个很大的区别,那就是成人已是心智成熟的学习者,他们的学习习惯业已养成,智力水平也已固定,文化素养也已具备,也都有了相当的分析问题与解决问题的能力。学习语言,他们欠缺的只是目的语的这一套规则系统和交际运用能力。听力课上,学生的注意力会相当集中在听力内容上,听力理解的失误更多是由语言材料造成的,而非注意力和智力的问题。当然,注意力和智力也在语言学习中起一定的作用,这与其他学科的学习性质相同。但是用学习语言的方法来启发智力,更侧重于挖掘学习者学习的潜力,比如锻炼记忆力、加快反应速度等,这并非我们教学的根本目的。

我们的语言教学,最终目的是让学习者掌握在目的语环境中交际的能力,讨论听力训练的任务,应该围绕着教学目的、从分析听力理解的心理过程、认知过程来入手。既然听是语言交际技能中最重要的因素,听力训练的任务就应该定位于如何帮助学生更快、更好地理解话语上。从最初的语音感知、辨析起步,一直到综合理解段落、篇章,在严格的、系统的训练中,使学生掌握一套听时理解的方法技巧和学习策略,最终使学生听力水平稳步提高。

因此,我们将汉语听力技能训练任务划分为以下几个层次:

基础任务:培养和训练学生从听入手、听懂话语的能力。这包括最基本的识音、辨音练习,解码练习和记忆储存练习。

语言任务:帮助学生熟悉和学习语言形式,融会贯通各种交际技能,促进听说能力协调发展。

学习目标任务:逐步建立起汉语的语感,习惯汉语的叙述方式和中国人的思维表达方式,了解基本的中国文化。

听力技能训练的基本任务是对听力课教学的最基本要求,它体现了听力技能训练的初始目的,无论在初级还是中高级阶段,都是课堂教学首要关注的问题。然而听懂话语,只完成了听力训练的一部分,更高的要求是要在语言、文化知识运用上取得收获:在听力理解的过程中,逐渐积累知识,培养语感;通过听力技能的训练,促进其他技能的协调发展,最终获得语言综合运用能力。

二、听力技能教学的课堂实施

在我国对外汉语教学界,从上世纪 80 年代初开始,汉语教学的课程设置发生了很大变化,技能训练受到重视,听、说、读、写分技能的教学模式得到普遍推广和应用。按技能设课,实质上是在交际法原则指导下的拆分和细化语言技能、进行专项训练的做法。在培养交际能力思想的指导下,各院校陆续开设专项听力课,听力课逐渐发展成为一门独立的课程,从而带动听力课程研究、课堂教学方法研究、教材编写等一系列相关研究。

典型的听力技能课表现为播放预先录制好的音像材料,如磁带、CD、mp3 等,通过各种练习方式训练学生的听力理解能力。随着教育技术手段的进步、教学设备的更新换代,以听为主的课程逐渐分化为以声音输出为主要方式的听力课、新闻听力课,声音、图像结合的视听说课、电影课等。播放的材料也取材广泛,广播、电视、网络上截取下来的东西都可应用于课堂。由于本章主要阐述聆听过程中的训练,所以不区分播放的材质,而只以"听"这一行为为叙述对象。

听力课单独设课之后,在相当长的一段时间内,却一直存在"听力难教"的说法。主要由于这么几方面的原因:

(1)教学设备单调,限制了教师的教学行为。众所周知,听力课是借助录音设备来进行课堂教学活动的,按键、放音、倒带这些机械性很强的活动限制了教师更多、更好地参与到教学活动中,尤其是在语音室上课,一个个隔断拉开了人与人之间的距离,耳机线也缩小了教师活动的空间,使人产生人为机器"奴隶"的感觉。

(2)课堂教学活动单一,影响了课堂气氛的营造。课堂教学的过程一般为听录音,做练习,对答案。为了突出听力课型以听为主的特点,教师不强调语言的输出表达,不能像上口语课那样去创造大量互动性的活动,调动学生积极参与;听力课也不强调语言要素的操练,因而缺少了很多综合课的操练环节,师生双方均感到课堂气氛沉闷。

(3)学生对提高听力水平的期望值较高,而教师无法在课堂有限的教学时间内,明确标示学生的进步。听力课上几乎每堂课都有大量的新内容,每篇文章总有不少听不懂的词语,声音稍纵即逝,语速也可能较快,学生不能 100% 地听懂所给的内容,就会存有遗憾,少数学生还会产生挫折感,这样就会对教师的心理产生影响。

实际上,尽管存在这样或那样的问题,对于听力课本身而言,大多数学生是持积极肯定的态度的。根据李红印、陈莉(1998)的调查,在被调查的 30 名学生中,认为"听力课很有帮助"和"有一点帮助"的学生分别有 13 名和 14 名。虽然样本数较小,但还是能说明一些问题。那么,"听力难教"的问题主要存在哪儿呢?我们认为,首先,听力课的教学观念应该改变。教师中存在一种简单和偏颇的看法,那就是听力课是以听为主的课堂教学,如果进行其他方面的活动,有抹煞听力课型特点之嫌。这种看法大可不必。我们可以从以下两方面来说明:

(1)以听为主的技能操练,并不排斥说、看、写等其他技能训练活动,任何一种语言教学都不可能只使用一种方式来进行。边听边说,边听边看,边听边写,边听边做,多种手段常常是相容并蓄,各显其通的。只要我们抓住"听"的输入方式,围绕听力理解来设计安排教学活动,说、写、读等活动都为"听"而服务,所使用的手段自然是越丰富越好。

（2）听力教学的目的在于通过语音输入媒介来训练、提高学生听懂话语的能力,但是否听懂、听懂多少并不是靠教师肉眼就可以判断的,而是要借助其他表现手段来检验。比如听后回答问题,听后判断正误,边听边填空等听力课上常用的练习方式,就是用来检测学生理解的程度和难点的。明确地说,听力训练需要我们根据听力材料的内容和训练的各项微技能来设计各种各样的练习方法,由此来掌握学生的理解情况,做练习是必不可少的方法。

其次,电化教学设备要为我所用。与运用其他教育科学技术手段一样,都有一个适时、恰当、合度的问题。技术工具要为我所用,使其发挥应有的辅助作用,切不可喧宾夺主,为其所累。不管是纯听还是视听,机器的操作都要熟练,何时听,何时停,是从头至尾,还是逐句、逐段停顿,不仅做到心中有数,更要注意标识,倒带准确,动作干净。如果使用不够熟练,就得多加练习,直至找到最佳的操作技巧。

再次,教学方法和技巧需要改进。听力课难上,最重要的原因是缺乏行之有效的教学方法和技巧。有的教师只会放录音、做练习、对答案,方法难免简单而单调,课堂气氛也容易沉闷。改进教学方法和技巧不仅要注意听、说、读、写的交叉运用,耳、脑、口、眼、手的协调动作,还要注意课堂情景设置,如适当的引入,背景知识介绍,对文章内容的合理猜测等,从而调动学生的学习热情,减轻理解的难度。教师还要善用教材,用好教材。根据教材内容准备丰富的教学辅助材料,如音乐、图片、道具、生词卡片等,配合使用。要掌握技能训练各个环节常用的、有效的、甚至有趣的教学技巧。如训练学生对词语的记忆,我们可以采用"听句子挑生词"、"用生词回答问题"、"说出一组词语中的第×个词"、"模仿跟读"、"听写或填空"、"猜词"等方法。总之,方法得当而富有变化,技巧娴熟而有效果,训练就会扎实、到位,听力课也能上出特色,上出风采。

从"教"的角度讲,教师的教学能力也需要不断更新和提高。教学能力来源于对教学理论的理解和教学实践经验。教学理论是依据教学目标抽象、概括出的思想原则、操作原则,反映了语言教学的规律性认识,掌握最新的、科学的教学理论,能有效地指导教学、改善教学。而教学实践则是在理论指导下的、融入了个人教学体验、教学认识的具体的处理方式和实际操作。语言教学的成功,不仅取决于正确的理论指导,还取决于与此相匹配的教学手段、个人的独创性以及根据特定群体的学生状况所使用的针对性策略。教学的理论素养依赖于读书思考,教学的方法和经验来源于实践,它们都可以通过勤奋的学习来获得。

三、听力技能训练的原则

听力理解是借助于声音传播来进行、以理解为目的的,因此听力技能训练具有不同于其他技能训练的特点,课堂教学要紧紧围绕"听"来做文章,突出特点,教学中一般要遵循以下原则:

(1) 强调大量输入。儿童语言学习的经历和二语习得研究成果都说明,大量聆听是提高语言能力不可或缺的手段。造物者给了人一个舌头,两只耳朵,所以听到的话是他说的话的两倍,埃毕克特托斯的比喻对学习语言而言,也不无道理。体现在课堂教学中,就是要提供大量的听力材料,来不断地刺激学生的感知,训练学生熟悉词句的声音,加快识别速度,从而达到快速、准确地理解。

大量输入首先要保证一定的输入量,在有限的课时内充分利用好时间,多听多练。如果安排有其他讲解或练习活动,也都要紧紧围绕"听"来进行。如生词讲练,不必采用板书例句的形式,可用听老师说的方法,学生听后重复,听后回答问题。还要明确一点,大量输入并不是仅局限于录制好的材料,老师的讲述、介绍,以及师生的互动都是必要的。

(2) 以听为主,以练为辅,听练结合。听力技能训练是以听为主的教学方式,课堂中的各种活动,包括环节设计、练习方式等都要以听为出发点,而相关的说、写、读等活动也都要紧紧围绕"听"来展开,为"听"而服务。然而听力理解的过程又是一种复杂的心理加工过程,从接收声音起,听话者的心里就一刻不停地对接收信息进行着预设、推理、匹配、补充等各种加工活动,好像"黑箱操作",学生听懂没有、听懂多少都是我们无法从表面看到的。因此,在听的基础上,设计多种多样的练习,通过做练习的形式来考察学生听的结果和听懂的程度是非常必要的。

(3) 强调可懂输入。听力输入材料要适合学生的接收水平,利于学生的理解,过难或过易都不利于学生的学习。材料的难度主要取决于生词量的大小和话题的熟悉程度,因此选择材料时要把握好合适的度。另外,从声音单向输入的特点来看,"听"总是要比"看"难一些,因此听力材料的难度要略低于阅读程度。

输入的听力材料也要尽可能地体现出真实、自然的语言环境。与儿童自然习得语言的方式不同,成人学习外语更多地依赖课堂教学的集中传授。听力教学中再造真实、自然的语言环境,可提供更多易于理解的途径,提高理解的速度。语言素材要取自真实场景,尽可能再现真实语言的特点,声音自然、得体,感情真挚;有足够的背景声响,可以提示事件发生的场所,材料的内容也要真实、生动、有趣。

第三节　影响听力理解的因素

影响听力理解的因素有很多方面,可能存在于语言内,也可能存在于语言外。学习者的语言水平、背景知识是属于语言内部的要素,也是影响理解最重要的因素。试想一个只学了一个月汉语的留学生,就去看电视、看电影,无论如何也难以达到理解领会的目的。语言外部的要素,比如材料的类型、录音效果的好坏以及学生的注意力、听力习惯等,也都可能对理解的程度造成影响。材料的篇幅也不能简单化理解。如单句、对话和短文三类,从篇幅上讲,短文应该是最长的,似乎也应该是最难的,其实从 HSK 听力测试的样题看,反而是单句的难度最大,因为单句和对话所提供的字节信息最少,还包含大量靠语气、习惯用语和随意的口语句式表达的意思,一两句话里就包含一个考点,难度相应较大。听力输入的形式、即纯听还是听、看结合,也有一定的影响。一般认为,视听的方式可为信息解码提供多个相互作用的通道,解码速度相应就快;纯听,只靠声音的单通道输入,丢失信息的可能性就会增加。学生的身体状况、注意力是否集中,大脑参与解码的活动性如何,也会影响理解。除此以外,语言本身的制约是最为重要的,以下我们主要从两方面来说明。

一、语言要素

语言要素包括语音、词汇、语法等方面,进行以听入手的听力理解技能训练,首先要分析各语言要素在听力过程中的作用,以及对理解程度的影响。

1. 语音识别

语音是语言存在的物质基础,学习语言,首先是建立起目的语的语音系统,打好语音基础。语音的听辨跟读音很有关系,只有读准的语音,在听时才有可能进行正确的音义转换,才有可能作出正确的判断,语音的听辨和识别能力的强弱,直接影响语义的获得和理解力的产生。由于语音听辨不力而导致理解困难的情况说明,在听力训练中,培养学生对汉语语音的音感和提高听觉器官对汉语语音辨析的灵敏度是听力训练首先要解决的问题。

汉语的语音系统包括声、韵、调三个方面，其中任何一个方面的差异都可能形成不同的词汇，表达不同的意义。汉语中只有400多个音节，加上声调也只有1200多个，可它们表达的意义却远远超出这个数字。对外国学生来说，汉语中大量的同音词、近音词为听辨语音造成很大的麻烦。在听写时，学生把"常常"听成"尝尝"、把"骑车"听成"汽车"，把"回信"听成"贵姓"，从而影响了对整个句子的理解。刘超英(1993)、王又民(1998)对学生误听和双音词标注的分析说明，学生中存在大量的听音、辨音问题。杨惠元(2000a)把"近似的音和调"视为学生听力的第一难点，据他的调查，90名学生中，有26％的学生混淆了"兑换"和"退换"，错误率在15组词语中位居第二，问题的原因主要在于送气与不送气的区别。也有人认为，声母引起的障碍主要集中在那些发音方法相同而发音部位不同的声母上，而不是送气不送气的问题(马燕华,1999a)。尽管研究的结论还不统一，但是，语音识别影响句子理解是不容置疑的。

正确的语音辨析能帮助学生理解词义、句义，而识别的速度、理解的正确率与学生对词语的熟悉度、发音的正确率有很大关系。在平时的训练中，大量的聆听模仿训练，有助于学生储存有关的语音信息，当他们再次聆听时，就可加快反应的速度，提高正确率。而语音的训练必须跟意义结合起来，单纯的辨音辨调练习意义不大，教师应该提供一定的语境，在语流中、句子中来进行练习。

语音训练侧重两方面。首先，要培养学生具有听音、辨音和模仿的能力。如先听音，听清、听准、听够，然后模仿发音或读音，并进行必要的纠音正调练习。其次，要培养学生具有把生词和句子的音、形、义联系起来进行快速反应的能力。通过大量地输入，反复地刺激，帮助学生加强记忆。再次，提倡整句输入，整句理解，同时要求学生注意句式的结构特点以及上下文的关联作用，以做到快速地提取。

2. 词义匹配

听到的语音，要马上转化为意义，其转化过程，首先是词义的匹配过程。在听力理解过程中，词义是理解的基础，也是理解的首要障碍。"根据调查，生词多是影响留学生提高听力水平的主要困难"(高彦德、李国强、郭旭,1993)。一篇段落或文章，当生词的数目达到一定程度时，学生不仅对单句的理解不得要领，由于割裂了上下文之间的联系，对文章的整体把握也必定凌乱、不完整，甚至是相反的、错误的。一般来说，生词障碍是显性的，可以量化的，也多是可以预测的。

如果没有良好的技能训练，不能熟练地使用猜词技巧，生词对听力理解的影响常常是绝对的,虽然其影响大小因人而异。刘超英(1993)分析了8位学生听不懂的135个词以后指出,词汇问题是绝对的,又是相对的。说它是绝对的,因为听不懂的词中43%是未知的,即使写出来也看不懂;说它是相对的,57%听不懂的词是已知的。我们知道,一个词的音义进入学生大脑知识系统的方式是不同的,已知的词汇,其进入词义系统的方法如果是文字输入,激活的最佳方式也应该是文字,而非语音。另一个可能是,词汇加工时的刺激不够,尤其是语音的刺激不强烈,造成提取时反应不灵敏。一般来说,二语学习者的语言能力通常不是通过自然习得获得的,加之听力过程中,聆听者无法控制说话人的语速、声音大小、音质、音色等,从语音上来辨识词义,其难度要大于从文字上来辨识,这也就是靠听力培养出的词汇量少于阅读词汇量的原因。

生词量影响听力理解是客观现实,任何语段里都不可能不包含未知的词语,听力理解要求听懂每一个词语是不现实的,也是没有必要的。原因是,从一方面来讲,意义的获得不是一个一个词义的简单相加,句子的意义有时要靠句式义、甚至语气、重音等来获得,这时生词的影响可能表现不出来。另一方面,除了细节内容外,听者还要理解说话人的意图、了解文章的概括义、中心思想,那么,那些并不妨碍我们获取整体意义的生词就可以跳跃过去。最重要的一点,跳跃生词障碍、有效猜测词义是聆听时最常采用的策略,也是提高二语听力水平的重要方式,因此它在听力技能训练中占有重要的位置。猜测词义不仅是必须的,而且是切实可行的。有研究证明,在嘈杂的环境下,孤立词的辨析只能达到40%或47%,随着不断增加语言片断,片断越长,认对率就越高(桂诗春,1991)。利用语境和上下文等材料的提示作用,来合理猜测词义、理解词义,是解决生词问题的最佳途径。

3. 句子结构综合加工

听力理解的最终目的是理解句义、段落义,其中既包含单句,也包含对话、叙述段落等。具有相应的语法知识是理解句子的必要条件。汉语被称为"意合的语言",总的来说缺乏明显的形态标记,句子成分与词类之间不是一一对应的关系。正确理解句义需要明白汉语句子基本的组装规则,以及所表达的基本涵义。像"把"字句、"被"字句、趋向补语、可能补语等,这些最具特点的汉语句式,常常是学生学习的难点,而困难之处就在于对其复杂语义的把握。例如:

(1) 吃饭了。
(2) 把饭吃了。
(3) 饭被我吃了。

以上三句,例1是无主句,有提醒、催促之意;例2是"把"字句,强调对事物的处置,强调结果,根据语气的不同,可以表示命令、劝告等;例3是"被"字句,汉语里的"被"字句常常用来表达不如意、受损之义,它的适用范围大大小于英语的被动式,针对此句的问句也带有追究责任的意味。

在听力过程中,句式的意义可能随语言环境而变化。根据说话者的意图,普通的句子经稍加变化就可带上言外之意,比如改变语气、语调、重音、停顿的位置,可以使表达的重心发生转移。如表疑问的"吗",表猜测的"吧",表当然的"呗",表感叹的"啊",因为语气的不同,使用的语气词就不同。而语调除了可表示陈述、疑问、祈使等句子性质外,上升的语调还可以表示疑问、惊讶、不确信等,下降的语调可表示肯定、确信、同意、赞同等。汉语中一些特殊的表达句式,从字面上也难以找到正确的理解,比如反问句,明为问句,实则答案已包含在句中,而且真实的意义常常与字面意义相反:

(4) 女:昨天晚上的电影怎么样?挺好看吧?
　　男:好看什么呀!
(5) 他哪儿会买东西?
(6) 谁说我不知道?

再拿重音来说,重音是传递信息的主要途径,由于说话人传达信息的不同,可以对不同的句子成分实施重读。如以下三句:

(7) <u>昨天</u>小王没来。
(8) 昨天<u>小王</u>没来。
(9) 昨天小王<u>没来</u>。

根据下画线所表达重音的不同,第一句回答什么时间,第二句回答什么人,第三句回答做什么、怎么了,同样一个句子,借助语气轻重、声音高低缓急,表达出不同的意义。毛悦(1996)对78名学生听力测试结果的分析表明,通过重音、停顿等表现出的语义内容是学生理解的一个难点,这是从卷面答题中看到了问题。

如此看来,如果说,词汇是建筑的砖石,语法句式可以说是建筑的框架,它们共同撑起了理解的大厦。

二、文化背景知识

文化指一个民族在特有的生态环境、人文环境中逐渐形成的认知特点、生活态度、审美情趣和大众心理。语言作为文化的一部分,其中包含了大量的民族因素。不同文化背景的人们进行语言交流,有一个相互了解、认同的过程。因文化差异而导致的认识冲突现象时有发生,因此有人把跨文化交际能力作为与听说读写译能力相并列的"第六种能力",是有其道理的。在听力和阅读过程中,学习者如果熟知目的语的文化背景知识,就会比较容易理解说话人的意图,也容易把握句子的真实意义。

文化背景知识中的一类是文化词语,文化词语是语言所表达出来的最富民族性的东西,常敬宇先生认为文化词语有两种形式,一是文化词汇本身载有明确的民族文化信息,并且隐含着深层的民族文化的含义;一是普通词汇直接或间接反映了民族文化(包括物质文化、制度文化、心理文化),如"龙、华表","红、白、黄","松、竹、梅"等,以及一些宗教词语等(常敬宇,2009)。文化词语也与特定的地域、人物、事件相联系,如"红娘"表示媒人;"大团结"表示10元的钱币;也具有一定的时代性,如"小姐"、"同志"这类称呼语含义的改变。

文化背景知识中的另一类是社会文化内容,包括公认的社会习俗、规章典范、礼貌礼仪、评价心理等,他们表现在社会功能的各个方面,渗透了民族思想的精髓。在汉语交往中,可以用"鄙人"、"贵姓"等谦辞来贬低自己,抬高别人,以示尊重;面对别人的夸奖,可以使用"哪里哪里,还差得远呢"来表示自谦;表示拒绝时,很少直接说"不",而使用委婉的托词等。最典型的例子是中国人打招呼的方式,中国人常根据旁人目前的行为来进行寒暄,如在路上遇见,中国人常说"你出去啊?"、"买东西呢?"、"回来了?";在就餐的时间段常问:"吃了吗?",初来乍到的留学生常感到不解,以致产生误会。

总之,文化背景知识应该作为一种文化素养而被学习者所具有,它们一部分来源于先前的有意识学习,如通过阅读母语材料来获得,一部分可以在目的语学习过程中,通过学习该语言文化来掌握。不论使用哪种方式,知识积累得越多,可供解码的依据就会越多,交际也就会越顺利。

第三节 听力理解的一般策略

一、图式理论

任何人当听到一段与自己生活经验、文化水平和知识领域相差很远的语篇时，都会感觉困难。困难之处不仅在于词汇意义，更重要的是闻所未闻的内容。最典型的就是科普文章，例如一段关于生物基因工程的文章，如果之前对基因一无所知，头脑中没有储存相关的概念，理解起来困难就很大。现代图示理论从认知心理学的角度、研究了理解过程中的这种现象，表明图示对理解的发生有很大作用。该理论认为，现实中获得的各种知识都是以经验或概念的形式储存在大脑中的，这些知识的各个要素（或称变量）相互联系、相互作用，形成具有一定心理结构的网络，这个心理结构就是图示。从心理学上讲，图示就是知识，即一个人的语言知识和认识世界的认知力总和。比如在"购买"的图示中，就包括买者、卖者、货币、商品等要素，当购买行为发生时，图示中的各个变量就同情景的适宜方面发生联系，从而帮助人们做出预测、解释和判断。

听力行为发生时，接收者对连续的语音输入，并不是被动接收的，而是积极参与的。听者先前所具有的背景知识，包括语言知识和生活经验、直接参与到理解的过程中来。图示作用的过程，首先是激活背景知识对接收的信息进行总体预测，如听到与"购买"有关的内容时，根据先前有过的购买经历，听者头脑中就会出现谁买、谁卖、买什么、多少钱这样的基本预测，然后逐渐从语篇中提取细节信息，来逐一对预测进行验证和修正，并不断提出新的预测、推动进一步的验证和修正，最后完成理解全过程。

语篇中的信息是否被图示选择，取决于这部分信息是否与图示中的某一变量相吻合。学习者大脑中储存的知识图示越多，与输入内容相吻合的几率越大，被选择激活的可能性就越大。如果学习者大脑中根本没有与所听内容相关的知识，就会觉得难以理解和记忆。当我们听专业性较强的科学文章时，感觉就是如此。

人们利用知识图示来预测推理时，倾向于最熟悉和掌握较好的领域。由于人们对事物的认识存在差异，建立的图式也会因人而异，这些差异反过来又影响对语篇的理解。国外研究有过这样的试验，让不同专业的学生看一段描述一个人试图挣脱束缚的文字,语言较含混,结果教育心理专业的学生认为,被束缚者是一个犯人,企图越狱逃跑;体育系的学生认为,他是个摔跤手,正在进行一场摔跤比赛。

图示理论还认为,图示是记忆的主要内容,对输入信息进行加工,是在图式的指导下,有计划地从记忆中提取、并重构记忆表征的。图式为记忆加工、存储提供了一种框架,使被图示组织进来的信息获得长时记忆;而与图示无关的、难以组织进来的信息则很容易遗忘。

图式现象体现了人类已有的认知结构在理解信息时的主动作用。图示理论主要作用于阅读理解和听力理解过程,反映了人接收不同的符号,进行解码的方式。

在听力(或阅读)教学中,图式的作用可以概括为这样几点(高霞,2003):

(1) 预测作用:由于图示集合了关于某一事物的具体构成的知识,它能为听者听懂语言材料提供一种积极的准备状态,当图示被激活后,听者对即将叙述的内容便会产生一种预期。当预期同材料所叙述的内容一致时,图示将促进对材料的迅速理解;反之图示将阻碍对材料的理解。

(2) 补充作用:在听的过程中,听者不是停留在语言材料的表面形式,而是结合自己已有的图示理解材料,建立起意义表征,其中包括材料没有直接叙述而由图示提供的内容,这种补充与原文要表达的意思是一致的。

(3) 对信息的选择加工:在听之后,某一图示只要被有关的线索激活,就会为信息的加工、储存提供一种框架,能被图示组织进来的信息将获得长时记忆,而与图示无关的、难以组织进来的信息则很容易遗忘。图式对记忆的促进作用贯穿在整个储存和提取过程中。

在听力教学中,图式的作用非常重要。为了充分发挥图式的作用,教师首先要鼓励学生重视知识图示的构建,特别是在中国生活、学习的经验积累。还以"购买"为例,中国的购买场所一般分为三类,一是大商场,其特点是拥有众多品牌(甚至国际一流品牌),规范化的销售模式,礼貌得体的语言操作,可使用银行卡,年末节日有各种打折促销,不接受讨价还价。一种是超市,以购买各种日用品和食品为常,明码标价,货物自取。大型超市可使用银行卡,小超市只能使用现金。入口处常有存包处。第三类就是数量广大的私人商店,个体摊贩,因经营灵活,可以随行就市,讨价还价,产品质量参差不齐,退换货保证或有或无,只使用现金,从业人员的语言口语化强。学生只要多参与到中国的社会生活中去,多与中国人接触,就能比较快地、比较多地建立这样的购买图示。

对于一些具有文化特征的材料,常常需要学生对中国人的文化习俗、思维方式、社会背景有一定的了解。教师应该有意识地利用一切可能的机会，比如词汇讲解、背景介绍等方式，多向学生进行灌输，有时课间的闲聊、教室墙上挂的一张图片都可能使学生受益匪浅。如《"福"倒了》这篇课文，介绍了春节家家户户门上贴"福"字的习俗，"福"字倒着贴，取"倒"、"到"谐音，表达了人们"福到了"的美好愿望。课文通过贴"福"字的描述，介绍了中国人善用实物祈福的习俗，类似的还有贴对联、挂年画、挂灯笼、放鞭炮、跑旱船等。学生的知识系统中如果建立起这样一个春节风俗图示，理解起来就快得多了。

在课堂教学中，要鼓励学生积极开动脑筋，充分利用图式的预测作用来进行合理猜测。例如我们可以根据文章的题目来想象文章可能谈论的内容，当听到《大熊猫》这个题目时，我们马上会联想到被誉为中国国宝的珍稀动物大熊猫，它那黑白分明的毛色，笨拙、憨厚的模样。因为大熊猫是一种动物，那么介绍动物的方式一般会围绕着动物的外貌体征、生理特点、生活习性、生活区域、保存数量等方面来展开。如果听者对大熊猫的情况有所了解，就能调动大脑中的知识图式来积极预测所听材料的内容和范围，从而降低理解的难度。文章的题目提供了材料的背景和范围，也为合理猜测提供了一定的思维线索，并能预示可能出现的词语。例如在"天气和季节"的课文中，我们预计会听到：

（1）表示天气和季节情况的常用词汇：

晴、阴、多云、下雨、下雪、刮风、风力、气温、摄氏度、春天、夏天、秋天、冬天、冷、人、热、凉快、暖和、潮湿、干燥、闷热等

（2）表示天气和季节情况的常用句子：

晴转阴、多云间晴、阴有小雨、最低气温15摄氏度、风力二到三级、天气暖和、干燥少雨等

（3）与天气和季节有关的话题：

电台或电视台的天气预报、向某人介绍或描述天气情况、介绍某地有几个季节、每一个季节的气候特征、喜欢的季节、喜欢的原因、某个季节适宜从事的活动等

预测作用还有助于学生提出问题并解决问题。不论是文章的题目还是关键词都给学生理解文章提供了一定的线索，也会给学生提出一些问题，比如为什么选择大熊猫来进行介绍？文章要告诉我们什么道理或什么事实？听天气预报的目的是什么？对气温和风力的了解能帮助我们决定什么？要求学生"带着问题去听"，这是很多有经验的老师常常使用的方法，它使听力活动不仅仅局限于对内容的了解，

更成为学生认知活动的一部分,从而启发、指导学生发挥主动性、去解决语言问题。

二、自上而下加工模式和自下而上加工模式

图示理解的基本活动方式是自上而下的概念驱动方式和自下而上的资料驱动方式。自上而下说的是理解时,人们利用已有的语言知识和有关经验,通过对语篇的整体把握,带动了对字、词、句的理解,从而完成从整体到细节的演绎过程。自下而上方式则正好相反,是从对字、词、句信息的理解、逐渐上升到对语篇整体意义的把握。自上而下可看成是分解的过程,以往的知识经验帮助听者对输入的符号信息进行逐步的化解和分析,形成预测和判断。自下而上可看成综合的过程,听者通过对一连串感知到的语言形式进行抽象归纳整理,最后形成概括性的理解。

自上而下和自下而上的加工模式不是单独起作用的,而是同时发生、同时起作用的,它们彼此之间存在相互影响、相互促进的关系,因此理解的过程是一个综合加工的过程。从理解的结果——获取的信息来看,也可分为两大类,一类是概括性信息,一类是细节性信息。概括性信息是归纳、总结的结果,细节性信息是精细分析的结果,理解语篇一般少不了对这两方面的认识。

概括性信息指对文章主旨大意的理解和把握。当我们听到一段话时,需要对所听内容有一个大致的理解,了解说话人的观点和态度,说话的目的,言外之意等。如本文主要讲了什么问题?这个故事主要告诉我们什么?作者的态度是什么?它要求学生不仅有从纷繁复杂的细节中抽取主旨的归纳能力,还要有跳跃障碍、保持理解的连贯性的能力。如:

对于现今 30 岁以上的人,小人书曾是他们最初吸取知识的一个很重要的源头。很多人肚子里的历史典故、民间传说、古典小说的情节任务,往往是从小人书中得到的。在没有电视的年代,捧一本巴掌大小的图文并茂的小人书,津津有味地看着,是常见的大众文化景象。

问:本文的主要内容是什么?/在这一段,作者主要告诉我们什么?/下面哪种观点是正确的?/这篇文章主要谈:/作者的主要观点是:/作者认为:

  A. 小人书介绍了很多历史故事
  B. 因为没有电视,人们才看小人书
  C. 小人书曾经是人们喜爱的一种阅读形式
  D. 30 多岁的人最爱看小人书

在进行概括性的理解活动时,教师应该帮助学生排除生僻词语和复杂句子的干扰,将注意力集中在概括文章大意上,告诫学生切忌纠缠于个别信息而影响对文章整体的把握。我们可以通过教学生分析文章的题目和结构、寻找主题句、连接关键词语等方法来获取文章大意。

除了把握文章的中心思想、段落大意以外,听话人还需要了解各种具体的信息,比如事件发生的时间、地点、人物、方式、结果等,还得明确把握论述的论据、事例、事实等。细节性信息一般都包含在词汇和单句这些较小的语言片断中。如下面的对话中包含有4个跟时间、数量有关的词语:

女:听说你父亲<u>一个星期</u>前已经出院了,现在身体怎么样?
男:还很虚弱。人一过<u>七十</u>,就容易生病,今年他已经住了两次医院了,一住就是一个月。

问1:他父亲今年多大年纪?
 A. 七十多了
 B. 不到七十
 C. 不太清楚

问2:他父亲今年住了多长时间医院?
 A. 一个星期
 B. 一个月
 C. 两个月
 D. 七十天

有的时候,仅仅掌握细节信息就够了,如问1;有的时候,需要对细节信息进行处理,如问2。这个对话中的问题,需要将有用的数字综合起来进行判断:"住了两次医院","一次"一个月",那么今年父亲一共住了两个月的院。聆听过程中,抓住细节性信息,有助于听者了解文章全貌、形成全面准确的理解。在此过程中,学生需要有抓重点和关键词的能力,以及对数字等信息的敏感。

第四节 汉语听力技能教学的要点

进行听力技能教学,关注的要点涉及教学的重要内容,如教学目标的确定、材料的选择、教学的形式等。

一、教学目标

《汉语水平等级标准与语法等级大纲》(以下简称《标准》)对各等级学生应达到的听力水平作了详细说明,其具体指标是我们实施听力教学的依据和目标。该《标准》分为1—5级,因第五级水平接近母语,我们主要列出1—4级的内容,见下表:

		一级	二级	三级	四级
话题		基本的日常生活、简单的社会交际、有限的学习需要	基本的日常生活、社会交际和一定范围内的学习需要	一般性日常生活、社会交际、学习和一定范围内的工作需要	报刊、电台、电视台的一般新闻,较高层次的学习(如大学本科),各种社会交际活动。
语言		1033个甲级词129项甲级语法点	3051个甲乙级词、252项甲乙级语法点	5253个甲乙丙级词、652项、点甲乙丙级语法点	7000个左右甲、乙、丙、丁级词,910项甲乙丙丁级语法点
能力	语速	不低于160字/分	不低于180字/分	180—220字/分、正常语速	180—240字/分、正常语速
	长度	300—400字	500—600字	/	/
	难度	1%非关键性生词、无关键性新语法点、同课文内容接近	不超过2%生词、无关键性新语法点、话题熟悉的语言材料	能跳跃障碍、获取信息。可进行一般性交涉和业务洽谈,听懂话题熟悉的新闻广播	有较强的跳听、猜听和获取所需主要信息的能力,听懂语速正常的一般性新闻广播和电视节目
	场所	教室	教室和交际场所	人系听基础课和交际场所	本科学习和各种交际场所

《汉语水平标准》关于听力能力的解释性说明涉及话题、语言和能力三个方面，前两个方面的要求属于基本要求，内容跟说、写、读的要求一致，而能力方面的要求来自听的角度。第一个指标是语速，第二是篇幅，只规定了最低限度，而没有规定上限；第三个是听力场所，区分了交际场所和非交际场所两种不同的语言环境，以及不同的语言来源；第四个是生词和跳跃生词障碍的能力。

1. 语速

语速是指所听到的话语的发声速度，一般以每分钟发出音节的数量为衡量标准。说话速度越快，单位时间内发出的音节数量就越多，音节之间的间隔越小，留给听话者的反应时间就越少，从而带来的理解难度就越大。《标准》对一级水平的语素要求是不低于160字/分，以后逐渐增加到五级的180—260字/分，从慢速逐渐过渡到基本接近正常语速。

在平时教学中，学生常反映"说得太快"，这就是语速问题。语速是听力难点之一，也是听力教学的训练重点之一。课堂教学既要对所听材料的语速加以控制，以保障教学的质量、保护学生学习的热情，也要"与时俱进"，不断调整材料的语速，以培养学生跟上母语使用者说话的速度，具有适应实际交际的能力。初级水平的听力材料，由于受学生能力限制，多是录音棚中录制好的，语速慢而清晰，停顿较长，间隔也长，以保证学生的理解消化；进入中高级阶段，录音中说话者的语速可逐渐加快。

跟语速相关的一个问题是音质和音色。初中级教材的材料多取自课文录音，字正腔圆，标准地道，易于学生接受；随着学生水平的提高，教学中的材料日趋丰富，新闻、影视、讲座、报告等自然语料逐渐增加，说话者的语音常常受各种因素影响，不仅速度加快，而且可能有各种语调、语气变化，还可能有方音，不再字正腔圆，这无疑使语速问题复杂化了，实际上，这对培养学生真实的语言水平很有好处。在听力课上，教师的说话速度也要跟材料的语速协调起来。尽量靠近学生的接受水平，或稍高出学生能接受的水平。

2. 篇幅

篇幅指所听材料的文字长度，一般以字数多少为衡量标准。篇幅越长，包含的文字数量越多，需要理解和记忆的信息就越多，理解的难度也随之增加。《标准》对一级水平的要求是，文章长度在300—400字，二级在500—600字，三级以上没有具体说明。

在初级教学中，教师往往选择篇幅短小的语言段落来进行听力训练，那时学生接触到的语言知识不多,积累的词汇量也小,还没形成汉语的语感,先从短文入手,可以帮助学生逐渐习惯由听入手的学习过程,掌握解码的技巧和方法。随后,慢慢增加文章的长度。

学生听力水平与听力材料篇幅的关系从客观上可理解为正相关,能够从一个较长段落里捕捉到主要思想和典型数据、并达到较高的理解正确率,可以说这个学生具有较高的听力水平。然而,根据学生水平来选择材料的篇幅也是相对的,因为文章的长度并不完全代表文章的深度和难度。以《HSK汉语水平考试》听力试题为例,它并不是按照从易到难的顺序来排列的,表面上容易的第一二部分篇幅极短,都是一个或两个句子,句子中要考察的有词语、惯用语、习惯表达、疑难句式,还可能是不同的语气、言外之意等。短短的一两个句子中蕴含着这么深的考点,难度很大。第三部分为较长的短文,字数一般在300—400字左右,最长不超过500字。虽然篇幅较长,但考点不多,每段文章有3—4个问题。

听力材料的篇幅也不是越长越好。以五级平均水平220字/分钟的语速听一篇短文,3分钟就达到660字的篇幅,这已达到全神贯注连续听的最高限度,超过这个限度,大脑就会出现疲劳,而影响听力效果。语体的不同也会改变理解的难度。听力材料的形式主要为对话体和叙述体,每一类又可分为口语体和书面体,口语体随意、零散、停顿反复较多,语句可能不规范,语气可以强烈夸张;书面体严谨、整齐、很少反复,句子规范,语调平和,两者的难度未见研究。还有人将材料内容加以区分,认为,在同样的篇幅里,有贯穿情节的叙述文体、或有较为明确的观点和看法的议论文体听起来都容易掌握,而以传播知识、信息为主的材料、如广告、说明、时刻表等,听起来会较难。

3. 听力场所

听力场所指听力活动发生的地点。听力场所有两类,一是非交际场所,听话者不直接参与听说交互活动,只以第三者的身份对聆听到的听力材料进行领会或评价;另一个就是在实际交际场所,听话者作为听说活动的成员,直接参与交谈、接洽等交流活动。《标准》1—5级对非交际场所听力活动的要求是:由听懂同课文类似的听力材料,到听懂一般性新闻广播和电视节目,内容由熟悉的话题到不一定熟悉的话题;在课堂上,由听懂教师用速度较慢的普通话所作的简单讲解,一直到听懂教师略带方音、较为复杂并带有某种专业性的讲解;对交际场所听力活动的要求是:在社会交际场合,由能进行生活内容熟悉的简短问答,到进行一般性工作交涉或业务洽谈,并能听懂对方谈话的真实用意。

关于交际场所及非交际场所的区分对明确听力教学的任务很有意义。如前文所述,在真实的语言交际环境中,听懂话语是维持谈话、实现交际的必要条件,课堂教学的目的就是培养学生具有在真实的社会中理解话语和处理问题的能力。虽属非交际听力场所,目前课堂听力教学虽在非交际听力场所进行,却是进行交际训练的主要途径。听力课上所作的各项活动,无论是大量输入还是有效练习,应该都是围绕着这一目的来设计和实施的。需要说明的是,将听力课堂划分为非交际场所,侧重于其学习场所的特点,并不是说其过程就完全是单向机械的聆听,而不包含师生或生生之间真实的交际。

课堂听力教学中要注意的另一个重要方面就是听力材料的来源。不同等级所采用的材料体现出层级性,初期以听专门编写录制的有声材料为主,然后逐渐过渡到自然有声材料,如新闻、电影电视、报告演讲等。其差别不仅在于语速和篇幅,还有一个理解通道问题。一般来说,学习者聆听与课文相仿的话题,理解的通道是打开的,所不同的是细节上的差异;而听广播、看电视,则主要是获取新信息、新内容,世界上新发生的事,故事情节的发展,其内容常常无法预料。聆听熟悉或不熟悉的话题,多跟训练的要点有关。为了复习巩固,可多听熟悉的话题,为了拓展拔高,就要拿不熟悉的材料,当然前提是词汇和语法难度是相同的。

立足于训练的最终目的,听力选材范围要扩大,涉及的话题要广,要尽可能地满足学生学习、生活需要。

4. 跳跃障碍能力

跳跃障碍的能力主要指学生具有克服生词或其他疑难问题的干扰、通过推理、概括等方式达到理解的能力。《标准》1—5级中关于跳跃障碍能力的规定是:由能听懂的话大多为已学过的语句,到具有一定的猜测词义、跳跃障碍的能力,以至具有相当强的跳读、猜读、概括和提炼的能力。材料中的生词量1级为1%,2级为不超过2%,3级以上没有具体规定。

跳跃障碍是听力和阅读中使用最有效的策略,任何文字材料中都可能包含生词等未知的成分,采用一定的方式来扫除障碍,提高听的质量,加快理解速度,不仅是必要的,而且是可能的。人的认知能力中有一种"完形"功能,它会在人看待有成分缺失的事物时,自动按照合理的、合乎逻辑的思维方式将其补足。听力理解过程中的意义空白,大部分可以依赖人的认知能力、语言知识、逻辑思维等方式来填补。另一方面,对待任何输入信息,人都是有所取舍的,只有最关心的、最重要的信息,人的大脑才会高度警觉,并将其留在短时记忆中,然后整合起来。

这就是说,听者不需要字字计较,一些并不影响我们理解的非关键性词语是可以忽略掉的。

一般认为,听力过程中的障碍更多的来自生疏词语,关于生词的问题,在前文中已有详细说明。需要确信的是,在课堂教学中,我们可以采取适当的训练方式来帮助学生掌握跳跃障碍的技巧。如抓主要信息,不纠缠于枝枝蔓蔓;保持聆听的连贯性,遇到生词不停顿;利用完形心理来填补空白;还有一些具体的策略,比如利用上下文的照应、语境的启示、结构的一致性、固定搭配等来猜测词义等。教师应将跳跃障碍能力的培养视为听力教学的一项重要任务,从初级阶段贯穿到中高级阶段,通过练习的设计和操作来一步步地进行下去。

二、听力方式

课堂教学中,精听与泛听是经常使用的两种听力方式。精听指逐词逐句地、深究式地细听。从内容上讲,要准确无误地听出某些重要的数据和事实;操作上可以停顿、反复多次;教学方式上可以分析、拓展;作用上,精听不仅能提高听力水平,还能极大地促进词汇和语法学习。泛听指跳跃式的粗听。从内容上讲,可以不计较精确说法,只了解主要意思或大概意思;操作上一气呵成,不停顿,少反复;教学方式上提倡综合、归纳、提炼;作用在于开阔视野、增长知识、巩固词汇和语法学习。精听和泛听代表了听力教学不同的训练方向,它们各有其优势,并形成优势互补。

精听与泛听,在课堂操作时是交替进行的。一般好的听力教材,都划分出适宜精听或者泛听的部分,有时精听在前,有时泛听在前,这关系不大。如果没有明确的划分,教师可以利用同一篇文章分别采用精听和泛听的方式来处理,这时应该先进行泛听部分。如当听到这样一段对话时:

山本:喂,是王老师吗?听说你是个足球迷,我买了两张明天的票。
王欢:太好了!是中国队对意大利队吧?
山本:中国队对 AC 米兰。
王欢:几点?
山本:7点1刻。我想早点儿走,咱们去城里逛逛。
王欢:好。在哪儿见面?
山本:下午两点在西直门375路车站,怎么样?
王欢:行,一言为定。

泛听的任务是提出一些概括性的问题,让学生带着问题听,如"两个说话人在谈论什么?"、"他们谈到了问题的几个方面"等。然后进行精听,进一步要求找出谈话中涉及的时间、地点等精细内容。在时间分配上,精听可占到课时的 2/3 或多一些。有些教师也常把一些泛听部分作为作业布置给学生,这也是可行的。下面再详细介绍一下精听和泛听的特点。

1. 精听

精听是一个细细聆听的过程,其结果要求所获信息精细、正确。这些信息也可称为细节性信息,主要指:

包含时间、地点、年龄、价钱、数量等信息的数字;

包含人名、地名、单位、职业、方式、工具等信息的普通名词或专有名词;

表达原因、结果、条件等逻辑关系信息的词语或结构;

表达语气(赞叹、惊讶、命令、质疑、夸张、强调等)、态度(肯定、否定、拒绝、犹豫、客气、礼貌等)、情绪(高兴、消极等)信息的词语或结构。

获取信息时可能需要重复聆听,必要时还可以暂停。有的信息可以直接获取,如上例中关于时间(7 点 1 刻、下午两点)的问题;有的信息需要将获得的信息进行一些加工,如:

男:怎么搞的?8 点上班,你好,迟到半个小时。

问:男的几点到的?

关于语气、态度等类的信息常常靠分析词语或句式结构来判断,这类信息多表现为"言外之意"。如:

男:这件衣服好看是好看,就是……

问:男的想买这件衣服吗?

男人只用了一个轻微转折的词语"就是",就把他否定、迟疑的态度表示出来。这一问题在第二节"句子结构综合加工"中有详细说明,在此不赘言。

精听是听力教学最主要的方式,课堂教学效果不仅有赖于教师的精心设计和准备,也有赖于学生掌握正确的学习方法,如边听边记的习惯是记录细节性信息最有用的手段。每当捕捉到有关信息,学生要快速记录下来,使用数字、符号、母语、拼音都行,关键是要方便和快捷。如果是应试,事先浏览问题、划出问题的题干,做到心中有数,然后边听边看答案,这样的方式也行之有效。

精听教学也肩负着语言学习的任务。获取细节信息常常有赖于某个词语、或某个句式的理解和记忆。对影响理解和记忆的语言要素进行适当的教学处理,也很有必要。教学内容包括词汇训练和语言点训练。词汇训练可以在听前做,也可以在听后做。练习的角度可以是理解性的、记忆性的、识别性的,还可以仅仅是教师的讲解、扩展练习,重要的是从词汇的形、音、义方面加强感性和理性认识。关于听前的词语教学,有人提出不同意见,认为真实的交际是无法预知出现的生词的,建议在听的过程中培养和训练学生猜词能力。这个意见无疑很有道理,也是听力教学很重要的一个方面,但是由于并不是所有的词汇都适合在文章中猜出意义,猜词的做法并不是绝对的,做些听前词语练习有助于化解理解困难,对于新的语言点也可如此处理。在教学上要注意的是:适合在听前做的,就在听前做;适合在听的过程或听后做的,就在听中或听后做,根据实际情况灵活掌握。语言要素训练的力度和重点与综合课有所不同,侧重于语音识别和意义理解,不需要大量的扩展练习。

2. 泛听

泛听的方法在于抓主旨、抓大概,理解了主要意义就算达到了目的。得到的信息可称为概括性信息。泛听作为精听的必要补充,起到扩大学生知识面,提高理解速度的作用。

从内容上来讲,泛听部分常常是精听内容的拓展和延伸,是对精听话题的另一角度阐述和解释。同类话题大多具有相同的语言内核,有变化的叙述方式,这些对锻炼学生的理解力有很大的好处。泛听内容也可以与精听无关,只要程度相当,难度合适,任何体裁和题材的材料都可以拿来使用。

泛听练习还有一个很重要的作用,那就是针对学习过的语言要素进行大量的听觉训练。一般认为,听比看要更难,能看懂的词或句子未必能听懂,这说明在平时的语言学习中,学生运用听觉通道掌握的东西要少于来源于视觉的东西,或者说,靠视觉理解了的东西,没有经过听觉的锻炼和提升,也达不到长久记忆。这也是我们提倡大量输入的原因。

关于泛听的量没有什么明确的规定,可以肯定的是,泛听的容量要远远大于精听,保持在5∶1或5∶2的比例上都没有问题。问题是课堂教学的时间有限,拿不出更多的时间,解决的办法只能是靠课下,通过布置一定的泛听任务来要求学生完成。除此以外,鼓励学生自行选择泛听的内容和方式,看电视、听广播、唱歌,以及找一些其他科目的课本录音来听,都不失为学习的好方法。比如看电视,现在大部分的电视节目都附有中文字幕,学生可以边听边看边说,久而久之,听力水平会有明显提高，解码的速度也会越来越快。现在有研究认为，过于随意的泛听（或称随意听）对提高听力水平帮助不大，所以学生自我安排的泛听活动也要有意识地关注一些词或句，或给自己规定一些任务，提出一些问题，这样泛听的效果会更好。

泛听方式开启了另外一扇了解世界的窗口。上课用的精听材料，有些是编者撰写的，有些是改写的，语言人工的痕迹或多或少存在，程度比较高的班级才可能直接选用自然语料；更为重要的一点，不管是真实性材料还是非真实性材料，一旦成为教材的一部分，印刷成册，就有一个内容老化、过时的问题，教材更新还不能做到三两年一换。所以，教师应该及时补充与社会生活紧密联系的内容，以免在思想上、观念上误导学生。大量的听与看一样，都肩负着扩大知识面、积累经验的任务。这一任务如果在课堂上得不到充分的完成，自然要求学生在课下完成，甚至不需教师的安排，学生也会自行做出安排。总而言之，学习不仅仅是课堂行为，更是人的社会行为。

三、听力练习

听力练习是考察教学效果、进行技能培养的必要手段。"练习的量应该足够"，根据文章的篇幅，练习的量应能覆盖从概括性到细节性的多种信息，便于从多种角度考察对材料的理解；练习的形式应多样，便于训练不同的微技能。

基于不同的训练目的，听力练习可分为这几类：巩固语言知识的练习，如针对语音、词汇、句式的各种练习；训练语言基本技巧的练习，如猜词、快速记忆等；形成语言技能的练习，如听说结合、听看结合、听写结合等类的练习；发展学习能力的练习，如概括段落大意、听后复述或复写、记笔记等。还有一种练习与听力训练或多或少有一定关系，但更多地与培养学生学习兴趣有关，如唱歌、猜谜、听故事、欣赏电影等。不管练习的形式如何，练习设计的原则是要有针对性，练习形式与考察要点结合紧密。据统计，很多教材听力练习的形式都在 20 多种，比较典型的题型有填空、回答问题、判断正误、选择正确答案几种。

依据听力理解的语音感知、话语理解和信息储存的三个过程，我们把听力练习可以分为以下三类：

1. 以感知为目的的练习

感知类的练习其目的在于让学生通过聆听去正确识别、辨析语音、语音组合和语调。它的重点放在听力感知上，视觉和上下文的辨异线索都保持在最低限度，以便学生仅依靠自己的耳朵来分辨。练习过程体现了一个习惯的培养过程,它要求学生准确无误、迅速快捷地识别这些音、达到熟练辨认的结果。感知类的练习一般短小、相互分离,任务简单、快速。常用的形式有单字辨音、辨调;词语辨音、辨调;句子模仿辨析等。具体的训练方法可以多样,以词语为例,口头重复、填空、听写、机械性的替换练习等都是有效的手段。

2. 以理解为目的的练习

理解类的练习其目的在于获取意义,它不仅仅关注语音,更关注语音背后的内容。学生通过字、词、句的声音输入,努力捕捉其代表的意义,获取细节性信息、综合性信息,不仅理解字面意义,还要理解隐含意义,从而得到对事物的准确理解和把握。理解性练习多围绕着内容来设计,任务形式较复杂,完成任务不仅依赖于语音感知,更有赖于语言知识、文化水平和解题技巧。回答问题、判断正误、选择正确答案是其最重要的练习形式。

3. 以记忆为目的的练习

记忆类的练习其目的在于加强内容的储存,提高听力理解的速度,它更典型的特点是聆听时记忆策略的使用。如听后快速重复、边听边写等。

第五节 汉语听力技能教学的过程

听力技能教学的过程一般分为听前、听时、听后三个阶段。听前是听时的必要准备,听前做一些热身活动,既可以调理学生的心理,也可以为听时练习扫除理解障碍,加快理解的速度;听时是听力教学过程的主体,是贯彻教学法思想的实践行为,通过有目的、有步骤的环节设计和丰富多样的练习形式,训练和检查学生的听力理解情况。听后是听时的总结和效果延续。

一、听 前

听前活动可以分为两个部分:课堂准备,热身练习。

1. 课堂准备

课堂准备是指课堂教学活动之前教师所作的各项准备活动,如备课、整理材料、检查磁带等。课堂准备的内容应是多方面的,最重要的就是备课。上课之前,教师要根据学生的特点、水平、训练目的,制定出精细的教学方案,确定教学的重点、预测难点,选择适当的教学方法进行引入和拓展,还要编写补充练习,根据实际情况补充泛听材料等。除此之外,还要检查一下听力设备,熟悉操作程序,预听磁带或其他音像材料,确认其音质、清晰程度,以做到心中有数。每一次课前,都要将磁带倒到合适的位置。

2. 热身练习

热身练习是指与教学内容有关的各项前期准备活动,既有心理方面的,也有语言方面的。听力理解的过程是一个复杂的心理转换过程,如果不管学生的心理状况和语言材料的难度、拿来就听,会影响教学的效果。我们说,听是交流表达的必要前提,任何交流都要在一定的场合、一定的环境下进行,否则就会让人摸不着头脑,有突兀感。训练听的能力也一样,在正式的听时练习之前,先做一些语境铺垫、背景知识的介绍、关键生词和语法的讲解等活动,既能消除学生的紧张心理,又能降低听时练习的难度,还能培养学生良好的听力习惯。热身练习活动主要分为两类:知识性活动和语言类活动。

(1) 知识性活动

围绕着教学材料的内容,听前的知识性活动可以采用背景知识介绍、话题内容的猜测、相关词汇的调动等方式进行,以帮助学生熟悉所听材料的范围,调动储存的经验图示。

对于那些比较陌生的题材,比如科普类,以及跟民族文化历史有关的题材,上课伊始,教师可以直接切入主题,来进行介绍。如在听《大熊猫》这类自然生物题材的课文,教师可以重点介绍大熊猫之所以被称为"国宝"的原因,如其独特的生物特点、居住环境、存留数量以及保护措施等,然后提出问题。而对于社会、文化类的题材,则要侧重其历史背景介绍,文化现象的产生渊源、人们的态度观点等。如《WTO是什么?》这样的文章,介绍了中国加入WTO以后,可能给中国经济、社会、生活各方面带来的影响,以及不同人士的理解。关于这个问题,教师就有必要对当时中国的计划经济现状、经营体制做一些说明,也有必要询问学生对WTO的了解。

从文章的题目可以预测到文章内容的范围。教师要善于启发引导学生,调动学生的联想猜测能力,对文章的大致内容、谈论重点等做出一定的合理想象。如前面提到的《大熊猫》一文,如果学生对此有一定的了解,教师就可以用引导的方式来帮助学生联想猜测。如:这篇文章可能谈论大熊猫的哪方面内容?外貌体征?食物?习性?居住地?为什么称为"国宝"?一边提问,一边讨论。学生知道的内容,可以让他们在听的过程中验证；不知道的内容，可以在听的过程中去搜寻。围绕题目所作的猜测内容不一定在录音里全部出现，那么文章谈论的重点是什么？或者猜测过程中被忽略的问题是什么？如此一来，听前的热身作用就很好地体现了出来。

在根据题目进行内容猜测时，还要注意文章的形式和体裁。不同的形式和体裁在叙述方法上会有很大不同，表现在文章结构上、逻辑思维安排上也都有所不同。在此不展开说明。热身练习中，教师可以有意识地从这个角度来引导学生进行合理想象。

根据内容的预测，可以方便地带出相关的词汇与表达。如听"在邮局"这个话题的课文时，可能遇到以下词汇：

  邮票 包裹 信封 明信片 邮筒 邮政编码 地址
  航空 EMS 收据

常用的表达，如：

  往……寄一封信
  要贴……的邮票
  填一下单子

涉及的内容可能有：

  选择合适的邮寄方式
  询问价钱
  询问到达时间
  单子的填法

这些词汇与表达，不管以前学生是否接触过，在此做一归纳性的展示以及适当的解释练习，也深有好处。

（2）语言类活动

语言类的活动主要指对可能影响听力理解的词汇和语法点进行必要的解释和说明，以及为加强记忆和理解所进行的适当操练。

听前是否有必要讲解生词，对这个问题曾经有过不同意见。反对的人认为，听的过程就是交际的过程，在交际的时候是没有人停下来给你解释生词的，而且交际的对方也不可能知道哪些词汇会阻碍你的理解，因此听力教学应该把生词放到听的过程中去解决，通过猜测词义或跳跃生词的方法来达到理解。这种观点当然很对,但不能绝对化。因为生词的构词特点不同,出现的语境强弱不同,可供猜测词义的手段并不一致,有的词适用这种方法,有的词可能不适用。还有一些词,特别是一些虚词和科普词汇,硬猜也没有必要。那么,在听前热身练习中,简单地讲解一下生词,耗时不多,却可省去不少麻烦。

语言类的活动分为两大部分,一是理解,一是记忆。理解的方法不必多言,与其他课型使用的方法基本一致,但要注意的是,步骤宜简单,意义不扩展,操练点到为止。而记忆操练是值得认真做的。因为以声音为媒介来理解意义,加强声音的感知和熟悉度非常重要。记忆操练以声音输入的方式来进行,可以采用重复、替换、扩展、填空、词语归类等多种方法进行。

二、听 时

听时是听力技能训练的主体活动。它是学生运用大脑来接受声音符号、进行解码分析综合的过程,也是预测、验证、推理的过程。在此过程中,师生双方互动合作,共同推进和完成一系列的检测活动。

听时的组成部分包括听、讲、练三方面。听和练是学生活动,讲是师生互动活动。一般步骤是先听,然后做练习,最后讲解。在实际操练中,这三个方面常常会交叉进行,如边听边讲,边听边练,讲练结合等。从时间安排上讲,每一个听力材料一般放三遍(视学生情况可多可少),每一遍侧重不同,要求不同,完成的任务不同。三遍结束,听、讲、练的活动也随之完成。下面我们说明一下这三遍的教学要点。

1. 听第一遍

第一遍往往不停顿,要求学生从头听到尾,保持连贯。任务是掌握文章的大概内容,做相应的概括性练习。在听前,教师可以提出问题,如谈话的主要人物有几个?故事发生的地点在哪儿?他们在谈论什么?文章主要讲了什么问题?这个故事主要告诉我们什么?作者的态度是什么?等等。第一遍锻炼了学生从纷繁复杂的细节中抽取主旨的归纳能力,还有跳跃障碍、保持理解的连贯性的能力。这时,教师要提示学生将注意力集中在文章大意上,不要纠缠于某个生僻词语和复杂句子而影响对文章整体的把握。还可以通过设计练习题来教授一些方法,比如分析文章的结构、寻找主题句、连接关键词语等。

2. 听第二遍

听第二遍也不停顿。听的同时,做细节性练习。学生可以边听边看,边听边做。细节性问题常常是与具体的事实相关联的信息,如数字、地名、人名等,它们多包含在一个个单句中。这时学生需要有抓重点和关键词的能力,以及对数字等信息的敏感。获取细节信息与听辨、识别语音有极大关系,还跟记忆能力、记录速度有关。所以在听的过程中,提倡随听随记。记录符号不限,用汉字、拼音、符号、母语都行,它主要是弥补瞬时记忆的不足。如果有备选答案,也可快速浏览,然后边听边搜寻答案,以减少做题的盲目性。

核对练习时,可以回放,特别是出错较多的部分可反复放,这样可做到精细的理解。

3. 听第三遍

第三遍主要是整理思路,往往也不停顿。听前两遍时,学生已经对所听内容有了全面而细致的了解,此时可以自然地按照文章的叙述,跟听回想。如果做练习,可以侧重于重述整理,如复述,转换角色对话,概括中心思想等。

三、听后

听后活动是前两个教学活动的延续和总结,主要任务在于,在聆听过程中所遇到的重要生词和语法,再次做一些必要的处理,解释用法,简单扩展练习;归纳一些重要的表达法的意义,如反问句的形式特点等;分析说明一些文章结构特点,如记叙文、论说文、说明文的语篇构造、语段的衔接、成分的照应等。关于聆听的材料,在内容上可作进一步的深化,如介绍一下这一问题的后续性发展,人们的反应,相关的研究;也可提出问题让学生发表意见。听后活动在整个听力教学过程中所占比例最小,所以不可占用过多时间。

听后活动也包括布置作业环节。可要求学生课下继续完成相关作业,如听写、填空、听后笔头回答问题等。也可布置新的听力材料来做泛听练习。

以下通过一份教案来具体感受听力教学的过程。

《风味小吃》

选自杨惠元(2000b)《速成汉语初级听力教程》下册第三十五课的精听部分,设计课时为两课时。

教学目的:通过有针对性的训练,提高汉语听说能力,并实现听说技能到交际能力的转化。

教学重点:训练语言接收能力中联想猜测、辨别分析、快速反应和概括总结能力等微技能。

教学方法:采取自上而下的图式理解模式,利用背景知识、社会经验等对获取语言信息的作用,加速理解过程;进行词语、难句、和长段落逐渐深化的分项理解训练;根据难点,有侧重地进行微技能训练。

(一) 听前

1. 热身活动——内容的预测

根据课文题目,引导学生猜测、预示可能出现的词语和话题范围。

(1) "风味"是什么意思?

(2) 什么是"小吃"?

(3) 在哪儿能吃到小吃?

(4) 小吃常常适宜什么时候吃?

可能出现的内容:各种各样的小吃介绍、小吃的名字、小吃的名字的由来和意思、小吃的种类、做法、什么地方的小吃有名……课文里的人物

2. 热身活动——讲练生词:扫除理解过程中的词语和句式障碍

(1) 理解生词:通过图画或 ppt

　　削:用刀斜着去掉物体的表皮

　　烫:温度高的物体接触皮肤感觉疼痛

　　理:对别人的言语行动表示反应或态度

　　碎:完整的东西变成零片

(2) 词语练习:听与模仿

　　1) 他削苹果的技术很高,削下来的苹果皮又长又薄。

　　2) 青菜放开水里烫一下。

　　3) 小王做事只考虑自己,大家都不爱理他。

　　4) 孩子把饼干掰碎了给小鸟吃。

(3) 补充新词:利用录像进行知识介绍和词语理解

　　山西:刀削面*、老陈醋、猫耳朵*

　　上海:南翔小笼包

　　天津:狗不理包子

　　北京:炸酱面、糖耳朵、驴打滚儿、烧麦*

　　兰州:牛肉拉面*

西安:饺子宴、羊肉泡馍*

四川:凉面、元宵、汤圆、粽子

(4) 句式的理解和简单操练:选择正确答案和替换练习

1) 昨天我吃了一碗山西有名的小吃刀削面,嘿,那个味道,别提多香了。

几个　糖耳朵　甜/碗　四川凉面　辣

2) 那时我已经饿坏了。包子来了,我一口就是一个包子。

A. 一口就吃了一个包子

B. 只吃了一个包子

C. 一个包子只要一口那么大

一个饺子/一个汤圆

3) 谁知道包子里除了肉以外还有不少汤,那汤好烫啊!

汤圆　馅　油　烫

宫保鸡丁　肉　辣椒　辣

4) 你觉得山西的刀削面好吃,我倒觉得天津的狗不理包子最好吃。

兰州　拉面;北京　烧麦

5) 他可不吃狗肉。

蛇肉/羊肉

(二) 听时

1. 概括性的活动,获取主要信息

提出几个问题,听前与听后对照。

录音(一)

听第一遍前,问题:本段的主要内容是什么?本段录音的谈话顺序是什么?

选择正确答案:

(1) 本段的主要内容是什么?

　　A. 中国风味小吃有哪几种

　　B. 中国风味小吃名字的由来

　　C. 刀削面的做法

　　D. 山本很了解中国风味小吃

(2) 本段录音的谈话顺序是:

　　A. 看照片——削苹果——介绍刀削面——介绍风味小吃

　　B. 削苹果——看照片——介绍刀削面——介绍风味小吃

C. 看照片——削苹果——介绍风味小吃——介绍刀削面

D. 削苹果——介绍刀削面——看照片——介绍风味小吃

2. 专项性活动,获取细节信息

关键词语和重点短句理解。

听第二遍,边听边做练习。

(1)填空:

1)这位师傅的技术,真是太棒了。你们看,他左手拿_____,右手拿_____,一下接着一下,刀不离面,面不离刀,削出面条_____。面条熟了以后,放点儿_____,再加点儿山西的_____。嘿,那个味道,_____。

2)根据我的研究,中国风味小吃的名字常常是跟小吃的_____、_____、_____或者_____有关。

3)这是山西的另一种有名的小吃,叫_____。

4)北京小吃里有_____,还有一种小吃叫_____。

(2)问题:

1)艾米为什么不让山本削苹果?_____是因为_____。

2)"一下接着一下",这句话是什么意思?

3)"那味道,别提多香了",为什么?_____是因为_____。

4)大内想起来什么事?_____去过?吃过?

3. 语言类的活动,获取语言运用和归纳表述的能力

有关课文内容的准确回答和完整叙述。

听第三遍,概括说明。

问题:

(1)什么叫刀削面、猫耳朵、糖耳朵、驴打滚儿?

(2)这四种小吃的名字分别跟什么有关?

(3)请具体介绍一下刀削面的做法。

(4)有没有跟师傅的名字有关的小吃?

转入录音(二)

1. 概括性的活动,获取主要信息

提出几个问题,听前与听后对照。

听第一遍前,提出问题:

(1)这段对话谈到几个话题?都是什么话题?

(2)为什么要介绍吃南翔小笼包的正确方法?
(3)为什么要介绍狗不理包子名字的由来?
原因?例句:是不是……?哪儿啊,为什么叫这个奇怪的名字?

2. 专项性活动,获取细节信息
关键词语和重点短句理解。关于细节听辨记忆及概念性理解。
(1)判断正误:
1)南翔小笼包不好吃,所以照片上山本吃包子的样子很痛苦。（ ）
2)吃包子的人很多,山本他们排了一个多小时的队才吃上。（ ）
3)吃小笼包的正确方法是先咬一小口,然后把里面的汤喝了。（ ）
4)狗不理包子跟狗肉没有关系,跟做包子的人有关系。（ ）
5)狗不理这个名字是别人给起的。（ ）
6)那个少年做的包子不好吃,所以别人把他做的包子也叫做狗不理包子。
（ ）

(2)快速回答问题:
1)南翔小笼包是不是上海最有名的小吃?
2)想要品尝小笼包的人多不多?为什么?
3)山本饿坏了,他吃小笼包的时候发生了什么事?
4)山本和三木对南翔小笼包的喜爱程度一样吗?为什么?
5)狗不理包子就是用狗肉做的吗?
6)狗不理包子最早出现于哪个朝代?

3. 语言类的活动,获取语言运用和归纳表述的能力
有关课文内容的准确回答和完整叙述。
(1)你怎么知道吃小笼包的人很多?
(2)那个上海人为什么要给他们介绍吃小笼包的正确方法?
(3)吃小笼包的正确方法是什么?
(4)那个少年是怎么做出狗不理包子的?

(三)听后
延续性活动,对提出的问题进行讨论或对本话题进行进一步的补充探讨。
在北京你们都吃过什么小吃?在哪儿吃的?你觉得味道怎么样?价钱呢?听完今天的课文,你们最想做什么?
布置作业:泛听练习《广东早茶》

第六节　汉语听力技能教学的方法与技巧例释

汉语听力教学的方法与技巧反映了听力教学原则指导下的课堂操练,表现为各种形式的练习。由于侧重于不同的训练目的,练习的形式各不相同。当然,各练习形式之间也不是截然相反的,有时同一种练习方式可以检测听力理解的不同方面,如重复句子,锻炼了学生感知能力、记忆能力、模仿能力、快速理解能力,我们只关注它最突出的那个方面并加以区分,因此将它放在语音感知练习里。另外,听力练习的方法与技巧也多种多样,以下仅作简要举例。

一、感知性练习

1. 听写

听写词或句子可以锻炼学生捕捉语音、快速书写的能力。听写时速度得当,遍数因情况而定。听写的结果要求准确无误。如:

(1) 听写拼音、声、韵母、声调
(2) 听写词语
(3) 听写句子

2. 填空

填空也需要书写,由于是在语段中相隔一定的词句空出填写的内容,聆听过程不间断,因此难度要大于听写。填出的内容可以是词语,也可以是句子,甚至是小的段落。如:

现在播送北京地区天气预报。今天白天,<u>晴间多云</u>,风向北转南,风力<u>三四级</u>,最高气温<u>20</u>摄氏度;今天夜间,多云转阴,风向<u>南转北</u>,风力<u>三四级转一二级</u>,最低气温<u>12</u>摄氏度。

3. 重复

当听到一个语音、词语、或句子时,尽快地重复出来。重复时要求准确,包括重音、语调等,学生应能自觉识辨并反应。重复时也可进行扩展,逐次增加句子成分。如:

举
举例子

举一个例子

举一个学汉语的例子

给我们举一个学汉语的例子

请你给我们举一个学汉语的例子

4. 替换

在听之后,快速重复出来,并根据老师提示的词语,做替换练习。这样形式上的机械练习可以帮助学生加深对句式的理解,并有一定的自由度。如:

这些都是新来的杂志,你们看看。

这些都是新来的画报,你们看看。

这些都是新来的报纸,你们看看。

这些都是新来的邮票,你们看看。

(杨惠元《速成汉语初级听力教程》,北京语言文化大学出版社 2000 年。下同)

5. 归类

先听,然后将具有相同语言特征的成分挑出来,归为一类。这个练习可以帮助学生快速判断各成分的异同。如:

(1) 听音节,然后将具有相同声调组合的词语归为一类

fēijī　　　huānyíng　　　hēibǎn　　　xīwàng

fāngfǎ　　jīdàn　　　　　jiāotōng　　jīngcháng

-+ -　　　　-+ ´　　　　-+ ˇ　　　　-+ `

fēijī　　　huānyíng　　　hēibǎn　　　xīwàng

jiāotōng　jīngcháng　　　fāngfǎ　　　jīdàn

(2) 听后挑出表示颜色的词语

黑 大 好 红 贵 慢 少 蓝 紫 早

(黑、红、蓝、紫)

(3) 听后挑出顾客说的句子,并在其后打"√"

苹果怎么卖?　　　　　　(√)

十二块一双。　　　　　　(　)

这袜子多少钱一双?　　　(√)

还要别的吗?		( )	
四个苹果一斤半。		( )	
不要了。		(√)	

6. 听后填表

当听到一段包含众多细节信息的材料时,需要学生跟随着录音的速度,将所需要辨识出来的信息快速记录下来,或者直接填在表中。如:

昨天,玛丽、安娜、约翰和小林区中国银行换钱。玛丽有美元,安娜有法郎,约翰有英镑,小林有日元。昨天美元和人民币的比价是812.25,法郎和人民币的比价是133,英镑和人民币的比价是1650,日元和人民币的比价是7.154。玛丽换了500美元,安娜换了2000法郎,约翰换了200英镑,小林换了10万日元。

听后填表:他们各换了多少人民币?

	比价	外币数	人民币数
玛丽	美元:人民币		
安娜	法郎:人民币		
约翰	英镑:人民币		
小林	日元:人民币		

(杨惠元《速成汉语初级听力教程》)

7. 听后连线

听后连线也是一种辨识细节信息的练习题,与填表所不同的是,它是将意义上有关联的信息左右排列,学生边听边将它们连接起来。如:

小杨、小王和小黄是好朋友。4月10日是小杨的生日,小王送小杨一本书;10月4日是小王的生日,小黄送小王一枝花儿;10月14日是小黄的生日,小杨送小黄一支毛笔。

小杨   4月4日

         4月10日

小王   4月14日

         10月4日

小黄　　　10月10日
　　　　　10月14日

（杨惠元《速成汉语初级听力教程》）

二、理解性练习

1. 听句子，做动作

根据所听句子的内容，做出相应的身体动作。这些句子一般动作性较强，有时也可以有一些言语表示。如：

　　打开门。
　　走到窗户旁边去。
　　请念一下75页上边第一个句子。
　　请把你的书放在书包里。
　　告诉你右边的同学你的名字。

2. 听词或句子，快速找到相应的图片

老师说出一些词或句子，学生快速地从一堆图片中找出相对应的图片。如：

　　苹果
　　词典
　　小王看书。
　　李老师正在上课。
　　玛丽昨天去爬山了。

3. 猜词

猜词类似于猜谜，只不过谜面不需那么工整，老师可以用解释性的语言来描述。如：

　　晚上出现在天空、很亮的东西。（月亮、星星）
　　红色的，样子像苹果。有人说是蔬菜，有人说是水果。（西红柿）
　　有人上车，有人下车的地方。（车站）

4. 听后判断正误

听一句话或一段话，根据内容判断以下解释是否正确。如：

1) 这次周末旅行我去不了。意思是我不能去旅行。   （√）
2) 你不是喜欢喝酸奶吗？意思是你不喜欢喝酸奶。   （×）
3) 大内上次来的时候，悬空寺正在修理呢。从这句话我们可以知道，大内没来过悬空寺。   （×）
4) 你想让我更胖，对不对？说话人认为自己很胖。   （√）

（杨惠元《速成汉语初级听力教程》，有改动）

5. 听后选择正确答案

听后选择正确答案，这是听力和阅读考试中最常见的一种题型，主要是它能较准确地判断出学生的理解程度。概括性问题、细节性问题都适宜考察。如：

我觉得住四合院十分方便，不用上楼下楼，也不用往楼上搬东西。而且四合院都有一个大院子，可以种花、种草，也可以散步、休息、打太极拳。如果几家合住一个四合院，大家互相帮助，任何人的关系特别密切。平时院子里总是有人，你家没人，他家有人，每天去上班觉得非常安全。

（杨惠元《速成汉语初级听力教程》）

(1) 这段话主要告诉我们什么？
  A. 什么叫四合院
  B. 四合院的好处
  C. 四合院房子的特点
  D. 什么人喜欢住四合院

(2) 四合院里邻居之间的关系怎么样？
  A. 互相不认识
  B. 有的帮助别人
  C. 关系很好
  D. 都是一家人

(3) 在四合院里，哪种活动没有提到？
  A. 种花、种草
  B. 散步、休息
  C. 运动、打拳
  D. 娱乐、下棋

6. 听后回答问题

听一句话或一段话,听后回答老师的问题。这种练习比较直接,学生可以简单的回答"是"或"不是",也可以回答具体的内容,难度大一些的,可以做概括总结或简要概述等。这时听与说结合在一起。考察时只注重内容。如:

(1) 我特别喜欢旅行,我来中国的一个目的就是游遍中国的山山水水。

问:说话人来中国的一个目的是什么?

(2) 听说西安有很多名胜古迹,很值得去。

问:为什么说西安值得去?

(3) 你知道吗?广东人有吃早茶的习惯。广东人吃早茶不是在家里喝茶,而是去小吃店一边喝茶一边品尝各种制作精美的小吃。

有的广东人吃早茶从早上吃到中午,一些生意人在这里一边吃早茶一边谈生意。肚子吃饱了,生意也谈好了。人们在这里既享受美好的生活,又进行着紧张的工作,什么都不耽误。

问:广东人喝早茶的习惯是什么样的?人们对喝早茶有什么样的看法?

(杨惠元《速成汉语初级听力教程》,有改动)

结 语

本章介绍了听力技能训练方面相关的知识与方法。

在第一节中,我们阐述了听力技能的属性,首先说明了"听"这个心理活动在语言交流和语言学习中的重要性。然后介绍了听力理解的发生过程,说明语言教学中的听力理解应该包含两方面的内容:一是辨别语音,二是理解意义。进行听力技能训练,应该细化听力微技能。

在第二节里,我们强调听力技能训练的任务就是训练和培养学生听力理解的能力。听力课堂教学要克服"听力难教"的心理,在教学技巧和教学方法上有所改进。听力技能训练要遵循以下原则:大量输入的原则,以听为主、以练为辅的原则,可懂输入的原则。

在第三、第四节里,我们从语言要素和文化背景知识两方面探讨了影响听力理解的因素,介绍了听力理解的一般策略,如自上而下加工模式和自下而上加工模式。

在第五节里,我们阐述了汉语听力技能教学的要点,依据《汉语水平等级标准》

对各等级学生应达到的听力水平的说明,从语速、篇幅、听力场所和跳跃障碍能力四方面解读了教学目标,讨论了精听和泛听这两种教学方式不同的训练目的和教学方法,区分了三种不同形式的听力练习。

在第六节里,主要介绍了汉语听力技能的教学过程,并以实例详细说明了课堂教学的操作方法,以期让读者有一些实际感受。在第七节里列出了一些典型的汉语听力技能教学的方法与技巧。

思考题

1. 什么是听力理解?听力理解的心理过程是怎样的?
2. 怎样认识听力微技能?听力微技能包括哪些方面?
3. 听力教学的任务是什么?
4. 在听力课上,只要让学生大量地听就行了,这种说法对不对?
5. 听力课是否难上?困难之处在哪儿?有什么克服的方法?
6. 听力教学的原则有哪些?
7. 如何在听力课上贯彻"可懂输入"?
8. 影响听力理解的因素有哪些?
9. 如何运用图式理论来进行听力教学?
10. 理解的综合加工模式指什么?
11. 怎样理解精听和泛听的教学方式?这两种教学方法各有什么教学侧重?
12. 如何布置泛听作业?
13. 试说明听力课的教学过程。
14. 听前准备的内容有哪些?为什么说听前准备很重要?
15. 在听的过程中,给学生听几遍比较合适?

参考文献

常敬宇(2009)《汉语词汇与文化》增订本,北京大学出版社。

高 霞(2003)《图示理论与第二语言听力教学》,《楚雄师范学院学报》第3期。

高彦德、李国强、郭 旭(1993)《外国人学习与使用汉语情况调查研究报告》,北京语言学院出版社。

桂诗春(1991)《实验心理语言学纲要》,湖南教育出版社。

胡春洞(1990)《英语教学法》,高等教育出版社。

李红印、陈 莉(1998)《论汉语听力课的设置和教学——北大汉语中心听力课调查报告》,《北大海外教育第二辑》，北京大学出版社。

李红印（2000）《汉语听力教学新论》，《南京大学学报》第5期。

李清华（1987）《谈科技汉语的听力理解》，《语言教学与研究》第2期。

刘超英（1993）《从留学生入系听课的困难看中高级听力教学》，北京大学汉语教学中心90级硕士研究生论文。

吕必松（2007）《汉语和汉语作为第二语言教学》，北京大学出版社。

马燕华（1999a）《初、中级汉语水平日本留学生汉语语音听辨范围的异同》，第二届汉日对比语言学研讨会论文。

马燕华（1999b）《中级水平日韩留学生汉语语音听辨范畴的异同》，第六届国际汉语教学讨论会论文。

毛 悦（1996）《从听力测试谈留学生听力理解方面的障碍》，《中国对外汉语教学学会第五次学术讨论会论文选》，北京语言学院出版社。

王又民（1998）《匈牙利学生汉语双音节词声调标注量化分析》，《世界汉语教学》第2期。

徐子亮（2000）《汉语作为外语的认知理论研究》，华语教学出版社。

杨惠元（1996）《听力说话教学法》，北京语言学院出版社。

杨惠元（2000a）《辨音辨调跟理解词义句义的关系——一次听力理解的试验》，《世界汉语教学》第1期。

杨惠元（2000b）《速成汉语初级听力教程》，北京语言文化大学出版社。

余文青（1999）《关于留学生听读关系的调查报告》，《汉语速成教学研究第二辑》，华语教学出版社。

周小兵（1989）《口语教学中的听话教学》，《世界汉语教学》第3期。

第五章 汉语阅读技能训练

第一节 关于阅读行为的研究介绍

一、什么是阅读?

有关阅读行为的一系列实验和研究表明,阅读是大脑多种部位的综合活动。阅读的过程是从获得视觉信号开始,然后利用大脑中储存的语言与社会文化知识进行符号识别和信息加工,在视觉信息与非视觉信息相互作用的活动中理解读物所传递的信息。获得视觉信号称为阅读的外部过程,对视觉信号进行加工称为阅读的内部过程。

彭聃龄(1991)把阅读过程分为五个层次:
1. 物理学层次:阅读活动开始于含有信息的文字符号。
2. 生理学层次:文字符号变为读者视觉的神经冲动。
3. 心理学初级层次:文字符号产生的神经冲动可能以语音形式存在。
4. 语言学层次:对语音形式进行文字、句法和语义方面的分析,进行言语译码加工。
5. 心理学高级层次:理解课文的意义。

二、阅读的目的

人们阅读的目的主要有两种,一是为了消遣,如阅读文学作品;二是为了获取知识或信息,如阅读专业书籍、浏览新闻或查阅信息等。

三、阅读的方式

Francoise Grellet 在其《发展阅读技巧》一书中,提出四种主要的阅读方式(转引自盛炎,1990):

1. 略读(skimming):快速阅读,了解文章的宗旨,或掌握文章的大意。

2. 跳读(scanning):或称掠读,就是快速查找所需要的信息,如时间、地点、数字等。

3. 泛读(extensive reading):或称粗读。这是一种消遣性阅读,阅读过程轻松、流畅,其理解是综合性的。

4. 精读(intensive reading):或称细读。这是一种精确理解细节的阅读方法,以求获取特定的信息。

四、阅读的模式

(一) 自下而上模式(Bottom-up Model)

"自下而上"的阅读模式理论是美国心理学家高夫(P. B. Gough)提出的。该理论认为,阅读是从读物中提取意义的单一过程,读者的眼睛从左往右连续运动,对读物中的文字逐一辨认识别。"阅读开始于眼睛的注视,这时读物中的印刷符号会在视网膜上形成肖像特征,读者首先对字母加以辨认,然后由字母组成的词到达心理词典,读者获得意义,最后词在句子中加工。词在句子中是从左到右地、系列地被认知的。"(陈贤纯,1998)所谓"自下而上"指的是信息的加工是由字到词再到句子,自下而上逐级加工。

"自下而上"模式受到的批评主要是忽视了读者本身已有的知识在对阅读材料进行加工的过程中所起的作用。阅读中任何一个层次的加工实际上都可能会受到读者已有知识的影响,比如语境效应使词在有意义的上下文中比单独出现时更容易识别,而读者对读物背景知识的了解程度会直接影响到对读物内容的理解是否顺畅。

(二) "自上而下"的模式(Top-down Model)

1967年,著名心理语言学家哥德曼(Goodman, K. S.)发表了他的著名文章:《阅读是心理语言学的猜测游戏》。他认为把阅读过程看作对词的连续知觉是不对的,是把阅读过程过于简单化了。(陈贤纯,1998)他把阅读看作心理语言学的猜谜游戏,认为阅读是一种选择的过程,即以读者头脑中已有的知识为基础积极主动地去寻找理解的线索。在这个过程中,读者从读物中得到一定的提示,凭借已有的经验对下文的内容作出推断和预测,然后在文章中寻求证据对该推断和预测进行证实,得到证实就接着产生新的推断和预测,否则要从读物中取得更多的信息进行修改,阅读过程就是一边推断、预测,一边验证、修改的过程。

"自上而下"的模式出现在上世纪60年代,与强调读物本身作用的"自下而上"的模式相反,该模式强调读者的知识和经验在阅读过程中的作用,反对把阅读过程看做逐字逐句的辨认过程。认为有效的阅读并非是精确地知觉和辨认读物中字、词、句的结果,读者能预测那些眼睛看不到的内容。这一模式的出现在当时影响很大,被认为是阅读理论的革命性突破,推动了阅读心理学研究的深入发展。但过于强调阅读的自上而下的过程使该模式走向了另一个极端。阅读虽然不必逐字逐句地进行,但自下而上的加工是必需的,没有通过视觉从读物中获取的信息,推断和预测则无法展开。

(三)相互作用模式(Interactive Model)

随着对阅读心理研究的不断深入,越来越多的人认识到阅读理解并不是"自下而上"或"自上而下"的单一过程,而是视觉信息与读者已有的知识相互作用的过程。上世纪70年代后期,美国人工智能专家鲁梅哈特(D. E. Rumelhart)提出了两种加工相互作用的模式。该模式影响很大,后来的图式理论就是在这种模式的基础上发展起来的。

五、图式理论

图式(Schema)是认知心理学的术语,指人脑中已经存在的知识系统,其中包括人们的日常生活知识和经验、科学知识和语言文化知识等。当人们接触新的事物时,其认知会受到已经储存在大脑中的知识的影响。"图式的提法最早见于哲学家康德(Kant,1781)的著作。现代心理学研究中英国心理学家巴特利特(F. Burtlett,1932)最早应用图式的概念"。(陈贤纯,1998)经过实验,他认为图式是对先前反应或经验的一种积极组织,也就是说图式是由过去的经验组成的。70年代后期,美国人工智能专家鲁梅哈特(D. E. Rumelhart)等做了大量研究,把图式的概念发展成一种完整的理论。

心理学家研究图式是为了寻找一种能够解释人类记忆现象的理论,并不是专门针对阅读的,但它能很好地解释阅读和理解的心理过程。根据这一理论,阅读过程就是读者头脑中的图式与语言材料所提供的信息之间相互作用的过程。读者首先从读物中获得一定量的信息,头脑中的相关图式随之不断被激活、充实并形成新图式,在这一过程中实现理解。反之,如果读者头脑中不具备相应的图式,就会产生理解障碍。例如:"服务员抱怨旗袍的开衩太高了,让她们觉得很不自在。"这句话并没有提到旗袍开衩高为什么会让服务员不自在。但是中国人一般都能理解,这是因为我们头脑中存在对旗袍及中国人对女性服装暴露尺度的接受度的认识,它帮我们填补了材料中缺失的信息。如果是个从来没见过旗袍的人,可能会因为无法在"穿开衩高的旗袍"与"不自在"之间建立联系而感到莫明其妙。背景知识对阅读理解的作用,有时要大于语言难度。

鲁梅哈特曾经指出,一个读者不能正确理解一篇文章的原因可能有三种情况:

(1) 读者没有具备与文章相适应的图式,在这种情况下就根本不能理解文章的内容。

(2) 读者虽然具有与文章有关的图式,但文章的作者未能提供足够的线索使读者的图式活动起来。在这种情况下,读者也不可能理解文章的意义。假如向读者提供更多的线索,他们对文章的理解就有保证。

(3) 读者自以为读懂了文章,能够对文章作始终如一的解释,但这种解释并非作者的表达意图,这就是说读者误解了作者的意思。

第二节 关于外语阅读教学

一、外语阅读的目的

外语阅读的目的主要有两种:一种是为了消遣或获取信息,比如阅读外文专业著作、小说、报刊等。这种阅读与母语阅读性质相同。另一种是为了训练外语阅读能力,比如外语阅读教学中的阅读。前者是一种自主行为,阅读的时间、地点、材料、方式等都是自由选择的。后者是非自主的,表现在阅读材料和阅读方式是被指定的;阅读时间是受限的;阅读过程一般是有指导的;阅读的最终目的不是获取信息,而是在阅读理解的过程中积累知识,提高阅读能力。

二、外语阅读中存在的问题

外语阅读中存在的主要问题有两个,一是阅读速度慢,二是理解不顺畅。

很多人都有这样的体验,阅读母语读物时可以一目十行,但阅读外语读物时却经常逐字逐句地读,遇到理解障碍时还会倒回来读,甚至翻来覆去读好几遍,这必然会影响到阅读速度。一般来说,读物难度越大,阅读速度越慢,而正确理解更非易事。理解障碍有时发生在词语上,有时发生在句子和语段上,有时读完整篇文章没有遇到什么生词,但对整篇文章的内容却感到不知所云。

三、外语阅读障碍

(一) 词汇量不足

有关研究表明,词汇量不足是阅读外语读物时的最大障碍。"Barnett(1989)指出,第二语言学习者总是认为词汇量不足是他们阅读的主要问题"(刘颂浩,2005)。王小曼(2005)做的关于汉语阅读、听说及写作水平的影响因素的调查显示,"认为汉语词汇量影响较大者所占比例最大,达到了65.4%"。

(二) 语法知识不足

在阅读过程中,正确辨析字词、理解词句的意义以及句子之间、段落之间的语义联系需要相关的词汇和句法知识的支持。比如当遇到不认识的词时,运用词汇知识并结合语境进行推测,可以使阅读过程不至于因为频繁地查词典而中断,从而提高阅读速度。分析长句、难句需要句法结构知识的支持,而有关关联词语语法作用的知识在把握文章各部分之间的关系方面起着重要作用。阅读外语读物时,词汇与语法知识的不足通常会成为快速阅读与正确理解读物内容的绊脚石。

(三) 对外语表达方式不熟悉

陈贤纯(1998)在《外语阅读教学与心理学》一书中,讨论了不同语言表达方式差异的分布情况,包括词汇系统的差异、惯用语构成差异、组合关系的约定俗成、表达的字面意义与交际意义的不一致现象、句法的差异、篇章结构的差异。这些差异点同时也是影响外语阅读理解的重要因素。

(四) 缺乏相关的背景知识

"图式论对外语学习的最大贡献在于他明确指出背景知识在语言处理过程中

的作用"（王初明，1990）。在外语阅读教学中，背景知识对阅读理解的作用已经越来越受到重视。对母语阅读者来说，背景知识障碍通常表现在专业知识方面。比如阅读科技读物时，如果缺乏相关的知识，即使一个不认识的词也没有，整句话的意思却可能完全不理解。而在外语阅读中，影响阅读理解的背景知识除了专业知识以外，还有文化知识。有时候，导致外语阅读者出现理解困难的是隐含在读物中的文化信息。例：

  老李一大早出门看见两只喜鹊在树上，心想今天看来是个好日子。

"看见喜鹊"与"今天是个好日子"这样的联想对中国人来说是很自然的。但外国人却常常会感到疑惑："喜鹊"跟"好日子"有什么关系？是天气好的意思吗？产生这种困惑的原因在于在他们的认识中不存在"喜鹊"意味着"喜事"这样的概念。

再看一个例子：

  小王最近正忙着准备考研呢，他新交的女朋友是个硕士，他说他至少也得是个硕士吧。

有学生表示不理解这句话的意思，为什么小王至少得是个硕士？这一疑问源于不了解中国人传统的男大女小、男高女低的婚恋观。

以上是外语阅读中存在的普遍性障碍。在阅读中文读物时，除了上述障碍之外，还有两大障碍，一是汉字问题，二是词语切分问题。

对外国学生，尤其是母语为拼音文字的学生来说，汉字无疑是阅读中的特大拦路虎。特别是初中级阶段，不少学生的汉字认读能力滞后于口头表达能力。更有学生戏言，一看汉字就头晕。归纳起来，学生们在认读汉字方面存在两大问题。一是数量不足，如果读物中有太多不认识的字，自然会妨碍阅读速度和阅读理解。二是容易混淆。其中以字形相近造成的混淆最普遍，比如，把"数"当成了"教"，"数学"就成了"教学"；把"熟"看成"热"，"眼熟"成了"眼热"；把"处"看成"外"，"处长"成了"外长"。这种张冠李戴的情况有时会使读者看不懂文意，有时会造成误解。

汉语书写时字字相连，词与词之间无间隔，阅读时需要读者自行切分词语。分词断句能力是汉语阅读的一项重要技能。外国人阅读中文读物时常见的现象是逐字点读，也就是把一句话拆成一个个的单字，在点读的过程中运用自己所掌握的词汇和句法知识将单字组合成词。能否进行正确的组合与读者的词汇量和句法语义知识有直接联系。有时，一个汉字本身是一个词，但同时也可以与前边或后边相连的字构成一个词，有时一个汉字与前后相连的字都能构成词，如果分词出现偏差，就会影响到句义的理解。例如：

结婚还是独身，这/是/个人/的/选择。
*结婚还是独身，这/是/个/人/的/选择。

这/套/房子/里间是卧室，外间是工作室。
*这/套/房子里/间/是卧室，外间是工作室。

与/其他人/比起来，我还算幸运的。
*与其/他人/比起来，我还算幸运的。

发展/中国/家用电器/换取外汇
发展中国家/用电器/换取外汇

上述句子中的前三组如果做第二种切分，会导致意义不明。第四组为歧义句。不同的切分会导致对句义的不同理解。

四、外语阅读教学的任务

第二语言教学的基本任务是提高学生听、说、读、写的技能，其中"读"的技能指的是阅读技能，主要由阅读课承担。换句话说，阅读课的教学任务是提高学生的阅读技能。

提高外语阅读技能主要从两方面入手，一是帮助读者积累阅读目的语读物所需的知识，包括词汇积累和充实学生头脑中与目的语阅读有关的认知图式，发展和完善与汉语阅读有关的理解策略和认知能力。与汉语阅读能力有关的知识图式大致包括三个方面的内容：首先是以汉语言社会和汉民族文化为背景的社会百科知识，这是汉语篇章的宏观语境。其次是汉语本身的内部语言知识，包括汉字知识、汉语构词知识、汉语句法结构知识、汉语的语法特点等内容。第三是汉语篇章生成和构造规律的知识，包括篇章的构造方式及语段连贯手段等。二是训练学生运用目的语知识快速阅读并正确理解读物内容的技能。知识积累与技能训练应该是相辅相成的，技能训练是相关知识的具体运用，而各种认知图式的建立有赖于在相关训练中形成的感知。

五、外语阅读教学的原则

(一) 突出技能训练的原则

前文提到,外语阅读课的教学任务是提高学生的阅读技能。阅读课的目的不是为了帮助学生读懂一篇文章,而是通过有针对性的训练帮助学生形成外语阅读能力。明确这一点是非常重要的。在目前的汉语阅读课教学中,还存在重理解轻技能的现象。比如,当学生遇到理解障碍时,有些教师采用逐字逐句讲解的方式帮助学生理解,以理解文意为最终目标,而不是引导学生通过对字、词、句或篇章结构的分析学会如何在阅读理解的过程中扫除障碍。一些阅读教材在词语选择、课文编写及练习形式和训练项目设计上较为随意,有时甚至只是从某些地方选取一些文章,删改一下,列出一些生词再加上若干练习就万事大吉了。这样的教材因为没有从技能训练的目标出发进行科学的编写,使阅读课上的技能训练缺乏足够的练习素材。严格地说,这样的课本只能算是读物,而非合格的阅读教材。

(二) 保证阅读量的原则

精讲多练是第二语言技能训练的基本原则。外语阅读技能的提高,有赖于大量的阅读实践。只有在大量阅读的基础上,目的语的字词、句法结构、表达方式等才能在多次重现中被读者熟悉并巩固定型后进入读者的心理词典。没有足够的阅读量,就无法突破阅读认知的瓶颈。由于课上教学时间有限,要确保阅读量,教师应该为学生编写或选择合适的文章作为课后阅读材料并检查学生的完成情况。在阅读材料的选择上,要综合考虑材料的难度、数量、文体和趣味性。一般来说,阅读材料的生词量要控制在2%左右,初、中、高级阶段的课外阅读量应当分别达到课内阅读量的二、三、四倍。在文体上,初级阶段以记叙文和说明文为主,中高级阶段可以增加一些议论文和新闻报道。在读物内容上,要注意内容覆盖面广,趣味性强。

第三节 汉语阅读技能训练

一、什么是阅读技能

阅读技能简言之就是从读物中获取信息的能力。包括字词辨识能力、理解文章内各部分之间关系的能力、把握语段及文章主题的能力、推测不熟悉词语意义的能力、跳跃障碍的能力等微技能。

二、汉语阅读技能等级目标

国家汉语国际推广领导小组办公室制定的《国际汉语教学通用课程大纲》中将语言技能划分为五个等级并描述了各项技能的分级目标,其中阅读技能的分级目标如下:

一级:能识别拼音和课堂所教授的最基本的汉字、词语、数字、个人信息等。其中包括:(1)能识别拼音,并借助词典使用拼音查找汉字;(2)能大体识别与个人及日常生活密切相关的简短信息类材料中的特定信息;(3)能基本看懂一般社交场合中最常用的问候语和感谢语;(4)能大体理解日常生活中最常见的字词和数字。(5)能借助图片等大体理解最常见的、明显的指示语或标志。

二级:能认读规定的基本汉字、词句及简短的文字材料,看懂学习要求。并能从简短的文字材料中获取相关信息。其中包括:(1)能识别个人和日常生活中常见的简短信息类材料中的主要信息;(2)能基本认读和理解常见社交场合表示问候、感谢或邀请类的简短材料;(3)能猜测含有熟悉字词的日常生活中的一些标识及简单说明性材料的内容;(4)能大体看懂简单的便条、通知或表格;(5)能在格式固定、清楚熟悉的简短材料中查找到特定信息。

三级:能阅读日常生活或学习中常见的简短书面材料,了解大意,识别基本信息;能在题材熟悉的段落中找到所需的特定信息。其中包括:(1)能阅读日常生活或学习中常见的简短书面材料,了解大意,识别基本信息;(2)能读懂简单社交场合中的留言、记录、电子邮件或简短信函;(3)能看懂日常生活中简短的介绍性或说明性材料;(4)能读懂与日常生活密切相关的、内容可预测的简单叙述性或描写性材料、能抓住主要信息;(5)能在内容熟悉的题材中快速找到所需的特定信息。

四级:能看懂日常生活、学习、工作中较为浅显的介绍性、说明性、叙述性文字,理解其主要意思和关键信息。其中包括:(1)能看懂一般场合中浅显的材料,抓住主要内容和关键信息;(2)能读懂工作及社交中的普通信函、电子邮件、通知等文字材料;(3)能看懂日常生活中普通的介绍性或说明性材料;(4)能读懂一般场合中语言浅显、话题熟悉的描述性或叙述性短文,能抓住中心议题,抓住某些重要细节,领悟作者的真实意图;(5)能阅读大部分内容为事实性信息的篇章,从中找到所需的特定信息。

五级：能看懂有一定长度的较为复杂的语言材料，抓住大意，掌握重要事实和细节，把握篇章的结构。其中包括：(1) 读懂有一定长度的论述性材料，抓住大意，掌握重要事实和细节，把握文章的结构；(2) 读懂有一定长度的、带有一些成语、俗语、比喻的叙述性文章，准确理解其含义；(3) 大致看懂带有一些生词和术语的介绍性或说明性材料，掌握梗概并从中找到所需要的特定信息；(4) 能阅读一些与工作、学习、生活有关的浅显的科普文章。

三、汉语阅读技能训练的层次

阅读能力的培养是一个渐进的过程。技能训练要分层次、分阶段进行。

初级阶段，学生的汉语知识有限，对由汉字写成的汉语书面语材料比较陌生。因此，辨识字词是这一阶段首先要解决的问题。在知识积累方面，初级阶段的主要任务是利用构词知识扩大词汇量、熟悉汉语的基本句法结构及表达方式。在阅读理解方面，以字、词、句理解为主。训练运用汉字和词汇及句法知识推测不熟悉的字词及短语的意思的技巧和通过语法手段理解句子的内部关系的技巧等。

中级阶段，学生已经基本掌握了初级汉语词汇和汉语的基本句型，对汉语书面语有了一定的感性认识，具备了初步的汉语阅读能力。在知识积累方面，中级阶段的主要任务包括利用构词知识及语义联想等手段扩大词汇量、熟悉汉语的特殊句式和常用虚词、关联词语的意义和用法，了解汉语篇章的构造方式和连接手段等。在阅读理解方面，侧重于语段和篇章的理解，训练利用上下文信息推测词义的技巧、通过词汇连接手段理解语段中各部分之间的关系的技巧、通过指示语理解语篇中各部分之间的关系的技巧、通过标题与关键句判断语段或语篇核心内容的技巧、通过标点符号所传递的信息理解文意的技巧等。

高级阶段的阅读课以报刊阅读和文学作品阅读为主。报刊阅读训练的重点是帮助学生积累中文报刊常用词语，熟悉常用句式和篇章结构，建立中文报刊阅读的知识图式。文学作品阅读重在作品赏析，体会作品的修辞艺术，提高学生对汉语文学性语言的理解和鉴赏力。高级阶段的阅读教学与一般的阅读技能训练的侧重点有所不同。本书主要讨论的是初中级阶段的阅读技能训练。

四、汉语阅读技能训练的内容和方法

(一) 词汇训练

上文提到,词汇量不足是外语阅读的最大障碍。因此扩大词汇量是阅读技能训练的重中之重。刘颂浩(1999)指出,"词汇训练是阅读教学的核心"。

外语学习中的词汇一般分为两种:接受性词汇(又称被动词汇)和使用性词汇(又称主动词汇)。对于接受性词汇,学习者知道意思,但不会使用;使用性词汇不仅要知道意思,还能自由使用。一般来说,学习者的接受性词汇在数量上要大于使用性词汇。

综合课和口语课上学习的词汇基本上属于使用性词汇,在教学中需要通过大量的听说练习帮助学生掌握词语的用法。考虑到课堂教学时间和学习者的接受能力,使用性词汇的教学在数量上比较受限。阅读课上学习的词汇,属于接受性的,在课上一般不需要进行过多的使用性操练,因此在数量上,接受性词汇的输入可以多于使用性词汇。从初级阶段开始,阅读教学就应该将词汇积累作为教学重点,在学生可接受的范围内有意识地增加词汇输入,帮助学生扩大大脑中的词汇储备量。到了中级阶段,训练重点由词汇输入过渡到词汇知识的学习以及利用构词知识和语义联想等手段大量扩展新词。

1. 语素组词练习

汉语中有一些构词能力比较强的词缀、类词缀和语素,有的阅读教材,如《汉语阅读技能训练教程》(吴晓露,1992)中有专门进行构词法分析的部分,其中有对词缀意义的介绍及专项练习。对没有把构词知识作为专项训练内容的教材,教师可以自行设计相关练习,每次课上介绍两三个构词能力比较强的词缀、类词缀和语素,也可以将相关知识的介绍与生词教学结合起来,从当课的生词中选出常见的词缀、类词缀或语素,介绍它们的意义并补充含该词缀或语素的词。通过语素组词练习,既可以扩大词汇量,又可以帮助学生了解汉语的构词知识,为阅读过程中的猜测词义打下基础。以马箭飞主编的《汉语阅读速成·基础篇》(北京语言文化大学出版社,2002)第5课课文(一)中的生词为例:

1 通常	2 常规	3 电脑	4 异性	5 就餐	6 保健
7 传真	8 吵架	9 稀少	10 聚会	11 人员	12 确切
13 观念	14 行为	15 看不惯	16 讲究	17 效率	18 敢于

19 尝试　　20 时装　　21 群体　　22 潮流　　23 形成

上面的生词中包含两个常用的类词缀：——员(人员)、——装(时装),可以借此补充包含这两个词缀的词：

——员：人～、演～、职～、售货～、售票～、教～、学～、船～、海～、队～

——装：时～、服～、军～、正～、休闲～、女～、男～、童～、唐～

本课生词中构词能力特别强的语素有：

电：～脑、～灯、～话、～冰箱、～器、通～、触～

异：～性、～国、～乡、～地、～样、～同、大同小～、～口同声

进行这项练习时需要注意的有以下几个问题：

(1) 尽量选择常用的,构词能力强的词缀或语素。

(2) 对多义的词缀或语素,介绍其在不同义项上的构成的词时应按义项分类。例：

　　常　① 常常：经～、时～、～客、～言、～备、～来～往

　　　　② 一般的：平～、～人、～识、～年、～态

(3) 数量上要有所控制,每课选取几个词缀和语素要视学生的接受程度而定。过多的话会给学生造成记忆负担,而且会挤占其他练习的时间。

(4) 列出包含某个词缀或语素的词时,教师可以先请学生说出自己知道的,然后写出一些学生没学过的,如上面的"常客"、"常言"、"常识"、"常态"等。不过作为构词成分的语素的意义应该是学生知道的,这样便于学生猜测和理解词义,也便于记忆。

2. 语义联想练习

(1) 语言中的词汇,根据词义之间的类聚关系,可以组成不同类别的语义场。采用以语义场为基础的词汇呈现方式,有助于学生储存和记忆生词,也是扩大词汇量的手段之一。

例：

联想并列出某一语义场中的其他常用词

生词：灰

联想：红——黄——绿——蓝——黑——白……

生词:傍晚
    联想:上午——中午——下午——(傍晚)——晚上——夜里

生词:师傅
联想:徒弟

生词:乱七八糟
联想:整齐

生词:依然
联想:还是 仍然

上面的语义联想涉及五种语义场:类属义场、顺序义场、关系义场、反义义场、同义义场。我们还可以做更广泛的联想,如关系义场中除了"师傅——徒弟"外,还可以联想"老师——学生"、"老板——职员"、"教练——队员"等。再如,"乱七八糟"和"整齐"都可以形容房间,那么我们还可以联想用于修饰房间的其他形容词,如"脏、干净、乱"等。做上面的练习时,一般以当课的生词为基础,所联想的语义场中的其他词多数应为学生学过的,可以根据学生的水平适当补充一些词,但数量和难度要控制好。

(2)在当课阅读材料中找出在意思上有联系的词

阅读课文基本上有一个中心话题,课文中出现的词往往在意义上有一定的关联,这非常有利于进行词义聚合关系的训练,有助于学生者按意义板块储存和记忆生词。如《汉语阅读速成·基础篇》(北京语言文化大学出版社,2002)第九课细读课文《夫妻旗袍店》的生词表上列出了 21 个生词,其中与"服装"有关的生词有 9 个,我们可以在此基础上引导学生联想和适当补充与服装有关的常用词,帮助学生组块记忆。

服装种类:旗袍、便装、休闲装、正装、西装、中山装……
制作服装的场所、工具:作坊、缝纫机、电熨斗、服装厂、针、线……
技艺:手艺、得体、做工、精细、合适、肥、瘦、(做工)粗……

(注:画线的为当课生词)

(二) 阅读微技能训练

1. 字词辨识能力训练

不管是自上而下还是自下而上的阅读模式都离不开字词辨识,精确高效地辨识字词,是提高阅读速度和正确理解文意的基础。字词辨识包括两个方面,一是辨形,二是辨意。

(1) 字形辨认

练习示例:

① 快速找出与画线的字相同的汉字

第一组:他给我们介绍了那里的情况。(邵　　招　　绍)

第二组:又到了春暖花开的季节。(李　　季　　香)

② 快速找出有相同汉字的词

第一组:速度　　主席　　庶民　　温度　　席位

第二组:场地　　飞扬　　泡汤　　杨树　　场所

③ 快速找出两个句子中相同的词

第一组:a. 我比较熟悉周边的情况。

b. 王小姐热心地带着我们熟悉周围的环境。

第二组:a. 那个浪漫的爱情故事让我们感动地流下了眼泪。

b. 他是一个很感性很浪漫的人。

④ 快速找出本课的生词

a. 我喜欢到海边享受阳光和海风。

b. 经常旅游可以开阔视野。

(注:"享受""视野"为当课生词表中的生词)

例①②属于形近字辨认。选择词汇时不受学生是否学过的限制,重在字形。例③④中包含当课的生词,通过在句子中辨认生词,可以进一步熟悉所学生词,加深印象,同时为下一步的阅读练习做好铺垫。

(2) 意义辨认

① 连接词语和释义

刻苦　　　　　　　让别人做不愿意做的事

强迫　　　　　　　用钱帮助别人

资助　　　　　　非常努力
异口同声　　　　大家说一样的话

词汇意义辨认的目的在于帮助学生熟悉词义,所选词语应该是学生学过的。释义应该使用学生能理解的语言,不求精准,只要能表明基本意思即可。

② 连接意义相近或相反的词

成家　　　　　　穷
考虑　　　　　　告诉
嘱咐　　　　　　结婚
贫困　　　　　　想

落后　　　　　　先进
冷淡　　　　　　安静
热闹　　　　　　贫穷
富裕　　　　　　热情

③ 找出与画线词词义相同或相近的词

第一组:<u>开朗</u>　　善良　　外向　　内向　　聪明
第二组:<u>解释</u>　　了解　　说明　　解决

④ 找出与画线词词义相反或相对的词

第一组:<u>年迈</u>　　年龄　　年轻　　年月
第二组:<u>温暖</u>　　寒冷　　成熟　　热情

⑤ 找出意义上有联系的词

第一组:气候　　预报　　气温　　凉爽　　期待
第二组:网络　　注册　　包装　　电子邮件　　账号

⑥ 找出与其他词不同类的词

第一组:亲眼　　亲耳　　亲手　　亲人
第二组:高兴　　愉快　　开心　　痛苦

⑦ 用所给的词语替换句中画线的词语

听到消息　　马上　　买

眼看就要考试了,你怎么也不复习复习?

小李的妈妈住院了,小李闻讯马上赶到了医院。

这些家具都是这两年购置的。

⑧ 指出哪两个句子中画线部分的词语意思相同第一组:

  A. 每次他在路上看见我都热情地打招呼。

  B. 你什么时候回国一定要跟我打声招呼啊。

  C. 你没跟人家打招呼就把人家的东西拿走,这样不好吧?

第二组:

  A. 我们已经把菜吃光啦。

  B. 我一个月的工资半个月就花光了。

  C. 快来帮帮忙,别光看着。

上面的练习为多义词意义辨认练习。目标词一般选择当课课文中出现的多义词。

2. 推测词义能力训练

阅读外语读物时,不少人总是词典不离手,有些人甚至逢词便查,使阅读行为经常中断,这是导致外语阅读速度慢的重要原因。实际上,即使是阅读母语读物时,人们也会遇到一些不认识的词,但除非特别必要,很少有人会中断阅读去翻阅词典。这是因为,很多词的意思我们可以借助丰富的词汇、语法及篇章结构知识等进行推测,还有一些词即使跳过也不妨碍理解,事实上要理解一篇文章的意思,并不一定需要读懂每个词的意思。外语阅读者要想突破阅读中的词汇障碍,除了扩大词汇量以外,还应该掌握推测目的语词语意义和忽略非关键词语的技巧。

(1)运用汉字知识推断字词的意思

有关实验表明,汉字的义符在语义提取中有重要的影响,这也是汉字的一大优势。常用的汉字有3000多,其中有90%左右是形声字。形声字的特点是它的一个部分——形旁表示意义,即事物的大致类别。例如"江、河、湖"这几个字都是形声字,左边的"三点水"表示水,右边的"工、可、胡"表示声音(由于古今语音的不同,声旁表音已经有许多不准确了,如"没")。尽管也存在义符与字意所代表的概念不一致的现象,比如带"女"字旁的"姑、娘、姐、妹"都是女性,"婿"则不同。另外,汉字在两千多年的历史中几经演变,许多表意的形旁已经脱离了语素与词汇的基本义,如"精"的基本义已经不再与米有关,但了解有关义符的知识对理解字词意思仍然有一定帮助。

练习示例：

① 将汉字与释义对应起来

惧　　　　一种病

疯　　　　害怕

持　　　　用手拿着

睹　　　　一种动物

獾　　　　用米粉、面粉做的食品

糕　　　　看

② 判断词义

听到这个消息，他忐忑不安。

A. 生病住院了　　　　B. 马上通知别人

C. 哭了起来　　　　　D. 心里感到紧张

他是个瘫子，走不了路。

A. 得了某种病的人　　B. 几个月大的孩子

C. 不爱运动的人　　　D. 地位高的人

我家养了一只会说话的鹦鹉。

A. 一种鱼　　　　　　B. 一种鸟

C. 一种花

注1：可以给出备选答案，也可以让学生自己估计大概的意思。

注2：画线的词可以从当课生词中选，也可以根据教学需要自行选择。

(2) 运用构词法知识辨识词义

① 通过词缀推测词义

汉语中真正意义上的词缀并不多，如"子——桌子、儿——花儿、鸟儿、们——你们"等。不过有一部分类似词缀的成分，它们的特点是：位置固定，构词能力强，了解这些类词缀的意义对辨识词义也很有帮助。如：员（运动员、售货员、演员），家（画家、作家、艺术家），手（歌手、新手、老手、多面手），感（美感、好感、动感、新鲜感、亲切感），化（绿化、美化、现代化、老化），热（电脑热、出国热、旅游热、上网热），迷

(歌迷、书迷、影迷)，虫(书虫、网虫、睡虫、懒虫)。

练习示例：判断画线词语的意思

  他在自己的车上贴了一张纸，上面写着"新手上路，请多关照"。
  上世界80年代中期，在中国兴起了一股"留学热"。
  这哥俩，一个是书虫，一个是网虫。

② 通过语素义推测词义

在拼音文字中，组成词的字母本身并不表意，组合后生成的词才有意义，所以使用拼音文字的人习惯把词作为一个整体来理解和记忆。这与汉语词的结构大不相同。汉语中的词有单纯词与合成词之分。合成词是由两个或两个以上的语素构成的，在现代汉语词汇中占很大比例。汉字既可以独立成词，也可以作为构词的语素。作为构词成分的语素的意义与词义之间往往有一定的关联，语素组合原则与汉语词组的组合原则基本一致。合成词的意义常常可以通过语素义推测出来。比如，读者如果知道"居"是"住"的意思，"民"是"人"的意思，那么大致可以推测出"居民"是"住的人"的意思。如果知道"恋"是"恋爱"的意思，又知道"人"的意思，那么比较容易推测出"恋人"是"男朋友"或"女朋友"的意思。了解汉语词汇的这一特点对词义理解非常有利，我们应该通过汉语构词知识的教学，帮助学生加强对语素构词的认识，并通过相关的练习帮助学生掌握运用构词法知识通过语素义推测词义的能力。

练习示例：解释画线词语的意思

  这里素有"世界花园"之美称。
  这是一场高水平的球赛，吸引了五万名球迷到现场观战。
  我们的商品物美价廉。
  这种样式的建筑在全国是独一无二的。

利用语素组合关系推测词义的训练重点之一是缩略语。缩略语是由原来音节较多的词组简缩而成的音节较少的词语，如"彩色电视机"简缩为"彩电"，"展览销售"简缩为"展销"，"空中小姐"简缩为"空姐"等。缩略语用的时间长了就固定成新的词，不但能单独使用，有的还能作为复合词根再造新词。如"展销会"、"宇航员"。缩略语在现代汉语中数量较大，在阅读过程中经常会接触到。为了帮助学生了解这一语言现象并能利用相关知识理解词义，我们在教学中应该结合练习帮助学生熟悉这类词的构成方式。

缩略语的构成方式主要有以下几种：

A. 截取：只用原词中的部分语素，如"清华大学"→"清华"。

B. 抽取：从原词组中抽取有代表性的语素简缩而成，抽取的方式有：

    1＋1　抽取原式中各词的第一个语素

        高级干部→高干

        计划生育办公室→计生办

    1＋2　抽取原式中第一词的第一个语素和第二词的第二个语素

        环绕地球→环球

        外交部长→外长

    2＋1　抽取原式中第一词的第二个语素和第二词的第一个语素

        身体检查→体检

        对外贸易→外贸

    2＋2　抽取原式中各词的第二个语素

        电影电视→影视

        教师学生→师生

C. 混合：截取＋抽取

    新华通讯社→新华社

    社会保险基金→社保基金

D. 利用数字帮助概括

    包修、包换、包退→三包

    工业现代化、农业现代化、国防现代化、科学技术现代化→四化

练习示例：

a. 选择缩略语的正确解释

    达标：A. 达到标准　　B. 超过标准　　C. 到达目的地

    学龄：A. 学习时间　　B. 入学年龄　　C. 学生的年龄

    注：也可由学生自己推测。

b. 用缩略语更换画线词语

    海归　　　经销　　　三包　　　彩电

    那里的农民家庭不但看上了<u>彩色电视</u>，还能在家里上网呢。

    张先生是位<u>海外归国</u>的博士。

这家商店经营销售的产品大部分是从国外进口的。

我们对售出的商品实行"包修、包换、包退"。

c. 连接非缩略语与同义缩略语

对外贸易	足协
足球协会	产供销
生产、供给、销售	四季
春季、夏季、秋季、冬季	外贸

注:学生们了解了缩略方式后也可让其试着做一下缩词练习,但不必作为训练重点。

③ 通过上下文线索推测词义

A. 利用互释的词语理解词义

互释的词语指在上下文中存在的对目标词有提示作用的词语,比如,"他这人就是个书呆子,除了看书什么也不懂。"在这句话中,"除了看书什么也不懂"实际上是对"书呆子"的具体说明,读者看了这句话也就明白了"书呆子"的意思。再如,"老张是个闷葫芦,他爱人跟他不一样,爱说爱笑的"。这句话中,"跟他不一样"提示了"爱说爱笑"与"闷葫芦"相反,"爱说爱笑"的意思很容易理解,因此"闷葫芦"的意思能猜个八九不离十。

练习示例:

a. 解释画线词语的意思

他花钱大手大脚,每个月不到月底就没钱了。

你看人家小王,穿得总是干干净净、整整齐齐的。不像你,整天邋里邋遢的。

他是个电脑专家,我跟他正好相反,是个"电脑盲"。

招女服务员两名,月薪1500元。

房间里摆着各种修理自行车的工具,扳子、钳子、改锥什么的。

注:不一定解释得很确切,只需说出大概意思即可。

b. 在横线上填上可能出现的词语

他很遵守时间,说好两点见面,他两点一定到,从来不_____。

这件衣服好看是好看,不过价钱太_____了,买一件得花我半个月的工资。

这孩子很诚实,从来不说_____。

注:横线上出现的词可能不止一个,只要与句意相符、合乎语法即可。

B. 在对比性的句子中找出与目标词相对应的同义或反义词语

汉语在表达上讲究对称,在一些对比性的语句中,处在相同语法位置上的词语在意义上一般具有近义或者反义的关系,这一点对推测词义很有帮助。比如,"(这条路)东到德胜门,西至学院路"句中,"东"、"西"均为方向,"到"、"至"均为动词、"德胜门"与"学院路"均为场所。如果学生初读时不懂"至"的意思,那么通过分析上下句的语义,比较容易根据与其相对的"到"的意思推测出"至"的意思。此外,汉语熟语中这类对比式表达更为常见,比如"上有老,下有小"、"人往高处走,水往低处流"、"人挪活,树挪死"等等。在根据上下文线索推测词义的训练中,这类语句也是训练重点之一。

练习示例:

a. 解释画线词语的意思

在广州100元的生活消费,在上海<u>仅</u>需84元,在哈尔滨只需64元。
观众中既有<u>古稀</u>老人,也有二十来岁的年轻人。
人的性格很难改变,俗话说"江山易改,本性<u>难移</u>啊"。

b. 选择横线上可能出现的词

世事难料,俗话说"三十年河东,三十年河____"。(西 上 里)
你别太骄傲,别忘了"山外有____,天外有天"。(人 山 树)
苏州和杭州不但经济发达,而且风景优美,自古就有"上有天堂,____有苏杭"之说。(外 下 里)

④ 根据词语搭配的语义选择限制猜测词义

语言中的词不是孤零零地存在的,任何语言都有自己的词语搭配系统。学习外语时,了解目的语词语的搭配选择限制,对正确表达和理解都很有帮助。在阅读过程中,了解词语之间的搭配关系不但有助于猜测词义,也有助于预测,人们可以根据已经出现的词预见到可能会出现的词。有些句子当我们看到前面的一两个关键词语时,可能不需要看完,已经知道后面将出现哪个或哪类词语。

比如:

王子和公主过上了幸福的……。

这个句子省略的部分可以很容易被预测出来,即"生活"或"日子"。因为在语法和语义上能同时满足"过上"和"幸福"搭配要求的基本上只有这两个词。

　　除了一些修辞性搭配和特殊搭配以外,一般词语之间的搭配总要受到语法因素和语义因素的制约。如,动词"受到"、"进行"、"加以"的宾语只能是动词或动词性词组,看到连词"和、以及、及",就会想到后边应该是与前边的成分功能相同的并列成分。"遭到"的宾语一般是使人不快或会造成不良后果的行为,了解了这一点,在阅读中即使不知道"遭到"的宾语的具体意思,但至少可以推断大致是不好的事情。

练习示例:

a. 选择与画线词语意思相同或相近的解释

　　他抽的<u>雪茄</u>是从国外进口的。
　　A. 一种食品　　　B. 一种饮料　　　C. 一种烟

　　妈妈生日那天,他送给妈妈一大束<u>康乃馨</u>。
　　A. 一种衣服　　　B. 一种花　　　　C. 一种蛋糕

　　他的言论遭到了网民的<u>攻击</u>。
　　A. 称赞　　　　　B. 批评

　　我们找了他好久,他终于<u>露面</u>了。
　　A. 出现　　　　　B. 不见

b. 选择横线上可能出现的词

　　你到底想读博士____出国深造?
　　A. 还是　　　　　B. 还　　　　　　C. 也

　　那个迷路的孩子叫____送回了家。
　　A. 一天　　　　　B. 找到　　　　　C. 一位警察

　　经过多年的努力,我终于实现了我的____。
　　A. 安排　　　　　B. 成绩　　　　　C. 梦想

两国领导人进行了亲切友好的____。
A. 会谈　　　　　B. 见面　　　　　C. 谈判

他在比赛中发挥得非常出色,以全胜的战绩登上了冠军的____。
A. 金牌　　　　　B. 领奖台　　　　C. 名称

3. 句义理解的训练

(1) 压缩句子,化繁为简

① 略去举例性的词语

不遵守交通规则,<u>如闯红灯、逆行、行人不走人行横道等</u>,很容易导致交通事故。

→不遵守交通规则,很容易导致交通事故。

晚会上的节目丰富多彩,<u>歌舞呀、小品呀、还有魔术、杂技什么的</u>,令观众大饱眼福。

→晚会上的节目丰富多彩,令观众大饱眼福。

② 略去一些重复性的引言。

这位老人最近上了老年大学,真是"活到老,学到老"。

→这位老人最近上了老年大学。

保安队里出了个小偷,"<u>一粒老鼠屎坏了一锅汤</u>",整个保安队的信誉受到了影响。

→保安队里出了个小偷,整个保安队的信誉受到了影响。

在做上述练习时需要提醒学生注意一些标志词和标点符号。比如定语的标志词"的"、状语的标志词"地";"如、比如、例如、诸如"之后的内容为举例性的;"……(呀)、……(呀)、……等等/什么的"为列举性的内容;"俗话说"、"正如……所说的"、照……的话说、真是"……"、真可谓"……"是引用俗话、名言、他人言论时的常用表达方式。在阅读中可以根据这些信息判断哪些是可以跳过不看,但不影响理解文章主旨的内容。

(2) 抽取句子的主干

汉语句子有六大成分,主语、谓语、宾语、定语、状语、补语,其中主语、谓语、宾语为句子的主要成分,又叫句子的主干。定语、状语、补语为附加成分。句子的主要成分承载着全句的基本信息。对一些附加成分多的句子,只要抽出句子主干,整个句子的意思就基本明了了。

正确抽取句子的主干,有赖于对汉语语序和基本句型的熟悉。

汉语由于缺乏印欧语那样的形态变化,语序相对比较固定。词语组合时的排列顺序有一定的规律,表现为:主语在谓语之前,宾语在述语之后,定语、状语在中心语之前,补语在中心语之后。当然,为了表达的需要,也有一些变式句。不过大部分的汉语句子语序是相对固定的。

汉语单句的基本句型主要有:

谁	做	什么	
谁/什么	是	什么	
谁/什么	怎么样		
谁/哪里	有	什么	
谁/什么	在	哪里	
哪里	是	什么	
哪里	V着	什么	
谁	把	什么	怎么样
谁/什么	被	(谁/什么)	怎么样
谁/什么	比	谁/什么	怎么样

抽取句子主干时需要确认主语部分和谓语部分的中心词。除了句型策略外,还可以利用标志词帮助确认。比如,助词"的"是定心结构的标志词,在一个长句中,如果主语或宾语前的中心词前有多重修饰语,并不需要在每个修饰语后都加上"的"。但是一般来说,最后一个修饰语与中心词之间的"的"不能省略。也就是说,找到最后一个"的"字,其后的名词或代词最有可能是句子的主语或宾语。在句子中确认状语、谓语动词和补语时,可以利用状心结构的标志词"地"、补心结构的标志词"得",还可以结合动态助词"了、着、过"帮助确认句子的成分。

练习示例:

① 抽取句子的主干

他在老师和同学们的帮助下,顺利地完成了学业。

→他完成了学业。

他最近交的女朋友是上次跟我们一起去旅行的那个上海女孩。
→他的女朋友是上海女孩。

我不小心把妈妈大老远从德国买来的茶壶打碎了。
→我把茶壶打碎了。

那个多次在超市里行窃的小偷今天再一次行窃时被保安当场抓住了。
→小偷被(保安)抓住了。

② 扩展句子

＿＿＿＿＿＿＿＿＿＿哥哥＿＿＿＿＿＿＿＿＿＿踢足球。
我买了＿＿＿＿＿＿＿＿＿＿衣服。
＿＿＿＿＿＿＿＿＿＿桌子上放着＿＿＿＿＿＿＿＿＿＿照片。
注：做这项练习时对修饰语的数量不加限制，扩得越长越好。

(3) 借助虚词理解句子成分之间的关系

汉语由于缺乏严格意义的形态变化，语法意义常用虚词来表示。二语学习者阅读汉语读物时可以借助一些有特殊作用的虚词理解句子成分之间的结构或语义关系。比如，上面提到的助词"的、地、得"可以帮助读者了解附加成分和中心语之间的结构关系；连词"和、跟、同、与、以及"所连接的成分在意义上具有并列关系；介词大都用来引出与动作有关的语义成分，如"被、让、叫"等常用来引出施事，"把、对"等常用来引出受事，"给、向、替"等常用来引出与事，"凭、按照、根据、靠"等常用来引出做事的依据或方式，"从、自、于"常用来引出处所或时间，"至于"用来引出与前一个话题有关的话题等。还有语气词"吗、吧、呢、嘛、呗、喽"等可以帮助读者把握句子的语气，复句中的关联词可以帮助读者把握分句之间的关系等。

练习示例：

① 填出句中横线上可能出现的词

跑步、游泳以及＿＿＿＿＿＿＿＿＿＿是我的爱好。
我已经把＿＿＿＿＿＿＿＿＿＿吃完了。
他没做作业，被＿＿＿＿＿＿＿＿＿＿批评了一顿。

② 选择正确答案

考察团不是明天到就是后天到，反正周末之前一定会来。

问:考察团什么时候到?

A. 不是明天,是后天　　B. 明天或者后天　　C. 周末

那里挺偏僻的,况且现在时候也不早了,再加上大家都累了,咱们还是明天再去吧。

问:明天再去的理由有几个?

A. 一个　　　　　　　B. 两个　　　　　　C. 三个

(4) 利用标点符号帮助理解句义

标点符号可以传递一定的语义信息,比如,冒号(:)主要用在提示性话语之后,表示提示下文;顿号(、)主要用在并列的词或词组中间,表示句子内部并列词语之间的停顿,顿号前后成分在语义上为并列关系;问号(?)用在疑问句尾,叹号(!)用在感叹句尾。如果问号与感叹号连用(?!),表示句子所表达的内容为强烈的质疑,有时为反问句。破折号(——)之后的语句通常是对之前的语句的注释或说明性内容,一般来说,略去破折号部分的内容不会影响对句子整体语义的理解。引号(" ")的作用也很值得关注,它或者用来引述别人的话,或者表示其中的词语具有某种特殊含义。当我们在读到带引号的词语时,如果发现并非引述的内容,就需要确认一下其所表示的真正含义是什么。

练习示例:选择正确答案

　　我结婚时,朋友送我们一盆巴西木,说它的两根树干紧紧地靠在一起,就好像一对恩爱夫妻。为了照顾好这对"夫妻",我们定期浇水、施肥、修剪黄叶。在我们的精心照顾下,这对"夫妻"看起来总是精神饱满的,当我们忙了一天疲惫地回到家时,看到这甜蜜的"两口子"就觉得心情舒畅。

从上面这段话中我们可以知道什么?

A. 巴西木是一种树。

B. 我和爱人总是精神饱满的。

C. 照顾巴西木很辛苦。

D. 巴西木是一对夫妻。

　　林小雷——这个十岁就失去父母的孩子,经过多年的艰苦努力,今天终于成为一位著名的歌手。

下面哪句话不正确?

A. 林小雷十岁的时候就没有父母了。

B. 林小雷今年十岁。

C. 林小雷现在是一位歌手。

D. 为了成为歌手,林小雷很努力。

4. 语段、语篇理解训练

(1) 根据标题、主题词、主题句把握语段、语篇主旨

文章的标题是标明文章主题的简短语句,可以说是全文内容的浓缩。一般来说,读者看到标题,就会了解到文章主要说的是什么。

除了标题以外,主题词也有体现段落或篇章话题中心内容的作用。主题词多为名词或动词,可能是一个或几个词,有时会在文章标题中出现,在语段、语篇中也往往会多次出现。比如,《汉语阅读速成·基础篇》(北京语言大学出版社,2002)第九课课文的标题是:变色汽车向我们驶来。其中的"变色汽车"即本文主题词,该词和近似表达在610字的文章中出现了十余次。当我们在语段或语篇中不断看到某个词出现时,基本可以断定该词或是主题词,或是与主题密切相关的词。主题词还可以是某一类词,比如,在这本教材第五课课文中,出现了大量与气候有关的词语,读者可以据此抓住本文的主题——气候。

主题句是体现文章主要观点的句子。在阅读中,准确地识别主题句,也就等于把握住了文章的主旨。一般来说,不同文体有各自的写作手法和结构特点,与散文、记叙文比起来,议论文和说明文的主题句比较突出,容易辨认。议论文主题句一般出现在段首/篇首或段尾/篇尾部分,有时还会首尾呼应。说明文的主题句多出现在段首/篇首或在开篇的一些铺垫性文字之后、举例性说明或分项说明的内容之前。有些文章没有一个现成的主题句,但这不等于没有主题,需要作者通过对文章内容的整合做出归纳。

在教学中,教师可以通过给学生介绍汉语读物不同文体的结构特点帮助学生掌握抓主题句的技巧,另外,还可以介绍一些经常出现在主题句前后的标志词。由"例如、比如、如、以……为例"这类词引出的举例性句子之前表示总括的句子常常是主题句;位于"综上所述、总之、一言以蔽之、由此可见、因此、这说明、这表明、可以说"之后表示结论的句子通常是主题句。

练习示例:

① 找出下面这段话中的主题词

电视和广播里每天都有天气预报。除了说明是天晴还是天阴,下雨还是下雪以外,还要告诉我们刮不刮风,风力有多少级。风的大小用级来表示。最

小的风是一级风,最大的风是十二级。二三级风就是小风,能吹动树上的枝叶;四五级风能吹得河水起波;六七级风就很大了,能吹折树枝;八九级风就特别大了,吹得人都走不动;十级到十二级的风能把大树刮倒(选自郑蕊,2002)。

主题词:(风)

② 在短文中找出一个表示短文主题的句子

为什么猫能抓老鼠?首先,因为它有一双明亮的眼睛,无论在多么黑暗的夜里,也能看清楚东西。其次,它的耳朵也很灵,能够随意转向声音的来处,只要一有声音,哪怕是非常小的声音,它也能及时听出来。最后,猫的脚底还有一块软而厚的肉,因而走起路来没有声音,可以在老鼠还没发现的时候接近它们。(选自周小兵、张世涛、干红梅,2008,有删减)

主题句:为什么猫能抓老鼠?

③ 选择能代表下面这段短文主要观点的一句话

在现代社会,身材矮小者成了被社会侮辱和歧视的对象,这是不公正的,因为身高不能决定一个人的命运。人的高矮虽然不同,但都能做出自己的一番事业。对此,现代史上的一些显耀人物就很能说明问题:俄罗斯总统叶力钦身高1.93米,德国总理科尔1.92米,美国总统克林顿1.86米,西班牙首相冈萨雷斯1.70米,巴勒斯坦领袖阿拉法特1.69米,约旦国王侯赛因1.65米。尽管他们的身高差异很大,但都是重要人物。

(选自周小兵、张世涛、干红梅,2008)

A. 身材矮小者在现代社会成了被侮辱和歧视的对象。
B. 身高不能决定一个人的命运。
C. 俄罗斯总统叶力钦比德国总理个子高。
D. 现代史上的重要人物

④ 给下面的文章选择一个标题

人的一生一般要经历童年、少年、青年、中年和老年五个阶段。

天真、可爱的孩子享受着美好的童年。少年是指十岁左右到十五六岁的阶段,这大概是从小学四五年级到刚上高中的年龄。这个阶段的孩子对世界充满了好奇,而且因为进入"青春期",心理也有了很大的变化,是个让父母头疼的时期。我们一般称十五六岁到三十岁左右的人为青年。人在这个阶段要解决的最大的问题是就业和婚姻。

人到了中年,也就是到了四五十岁的年纪。中年人一般上有老,下有小,这个阶段人最忙碌,也最辛苦。中年以后,人就进入了老年。有这样一句古诗:"人生七十古来稀。"因此,七十岁又称"古稀之年"。不过,如今人活到八十岁也不是什么新鲜事了。老年人一生中最后一个时期称为"晚年"。(选自朱子仪,2008)

  A. 美好的童年

  B. 上有老,下有小

  C. 青春期

  D. 人生五个阶段

(2)根据指示语把握句子之间、段落之间的逻辑关系

一篇文章中包含很多在意义上有联系的句子和由句子组成的段落。句子之间、段落之间常使用一些表示层次和逻辑关系的指示语。这些词语对于跟随作者的思路很有帮助。抓住这些指示语,有助于把握全文的层次和脉络,理解文意或进行推测。

汉语篇章中的指示语很丰富,主要类型有:

表示顺序的:首先、其次、第一、第二、最初、后来、先、然后、接着、最后、……

表示补充的:此外、除此之外、再有、还有、另外、再加上……

表示重述的:这就是说、那就是说、换句话说、换言之、也就是说、即……

表示举例的:如、例如、比如、诸如、正如、拿……来说……、以……为例……

表示承接的:这下儿、这样一来……

表示范围的:关于……,就……而言、从……方面/角度来说、一方面……,另一方面……

表示比喻的:像……一样、好像、好比、打个比方说……

表示对比的:与此相反、反之……

表示引用的:正如……所说的、照……的话说

表示总结的:总之、总而言之、综上所述、一言以蔽之……

复句中的关联词也可以看做一种指示语。有些关联词还可以连接段落。读者可以根据这些关联词语把握分句之间、段落之间的逻辑关系。

练习示例:

① 在文章中找出问题的答案

现在社会上流行"干得好不如嫁得好"的说法,也就是说,对女性来说,与其在社会上努力拼搏,不如嫁一个事业有成的好丈夫。在不少女大学生看来,自己大学毕业后即使找到理想的工作,要想过上有房有车的日子,至少得奋斗一二十年。而如果嫁得好,就可以少奋斗这么多年,照她们的话说"干吗要跟自己过不去呢?"

问题:"干得好,不如嫁得好"是什么意思?

上面这段话中的"也就是说"表示其后的句子是对前句的说明,所以正确答案应该是文中画线部分。

② 读后回答问题并预测画线部分的内容

王先生是个令人羡慕的人。在事业上他算得上是一位成功人士,有一家自己的大公司,员工有几千人。除此之外,他还有一个幸福的家庭,妻子美丽温柔,儿子今年刚刚考上了名牌大学。

然而,"天有不测风云",_____。

问题:作者从几个方面来说明"王先生是个令人羡慕的人"?

上面这段话中的"除此之外,还……"是表示补充的,问题的答案应该包括该句式前后的内容,即"事业"和"家庭"两个方面。

③ 预测练习:选择可能出现在横线上的内容

A. 今年,他公司的生意越来越好。

B. 受金融危机的影响,今年,他的公司遇到了很大的困难。

C. 他今年计划再开一家公司。

D. 他对现在的生活感到满足。

上文中第一段讲的是"王先生"的幸福生活。"然而"表示转折,据此可以预测其后的内容应该是不幸的事情,因此答案应该选 B。预测的练习可以给学生提供备选答案,还可以让学生根据上文提供的信息自己进行预测。

(3) 利用篇章结构模式把握篇章的脉络

篇章是按照一定的结构模式生成的,结构模式规定了篇章中各种信息的组织方式。受人们思维方式和表达习惯的影响,不同语言的篇章模式不尽相同。在汉语阅读技能训练中,我们需要通过相关的练习帮助读者熟悉汉语篇章常见的结构模式,从而把握篇章的脉络,预测内容的发展。比如,"总分式"的构造是汉语篇章和段落中常见的结构模式,熟悉这一结构模式的读者读到了总说的语句,一般就能

预测下文内容是对总说的分述(储诚志,1994)。例:

> 溺爱对孩子各方面的成长都非常不利。从个性上看,被父母溺爱的孩子往往比较自私,不易与他人相处。从生活能力上看,许多"小皇帝"被照顾惯了,依赖性强,缺乏独立生活的能力。

上面这段话的第一句"溺爱对孩子各方面的成长都非常不利"是一个总说句,读者可以据此预测下文是从各方面对这一说法进行阐述。这一预测一旦从下文"从个性上看,……"句得到证实,读者可以更有把握地预测之后应该说的是从个性之外的其他方面看。

此外,不同文体有各自的文体结构,比如说明文、记叙文、议论文、新闻报道都有各自相对恒定的结构模式。

说明文是以说明为主要表达方式的文体,通过对事物的性质、特点、内容、道理等的说明使人增长知识。一般来说,说明文首先说明"是什么",然后说明"为什么"或"怎么样"。说明的方式主要有三种:一是按照空间顺序,即按从上到下、从外到内、从左到右、从南到北、从远到近、从中间到四周、从整体到部分的说明顺序安排材料。描述建筑物的结构布局、某地所处的位置、产品的构造与特点等时多采用这种方式。常用的标志词有:东、南、西、北、中、前、后、左、右、内、外等。二是按照时间顺序,即以时间为序安排材料内容。介绍自然知识的说明文一般都是先发生的先写,后发生的后写。介绍生产技术和工作方法的说明文,一般按照生产和工作的程序,逐一说明。以事物的发展为说明对象的文章一般按照事物的发生、发展、消亡的过程展开。这类文章常用的标志词有"首先、然后、最后、第一、第二、第三、第一步、第二步、第三步"或者使用连续的时间词组成一个时间链。三是按照逻辑顺序。有些说明文主要是剖析事理的,在说明时按照事理的逻辑关系进行安排,或从主到次,或从浅到深,或从原因到结果。有些按事物的性质分几个方面来安排材料,这几个方面的材料就形成了一种并列关系。总之是按照事物的内部关系组织文章,使之具有严密的条理性。阅读这类文章时要注意抓住那些表示因果、分类等表示逻辑关系的标志词。

以记叙作为主要表达方式的文章叫记叙文,主要运用叙述、描写的表达方式,记叙的六个要素是:时间、地点、人物、原因、经过、结果。作品中所反映的生活和作者对生活的看法就是记叙文的主题,也叫中心思想。主题是依靠对人、事、景、物这些材料的记叙来表现的,因而记叙文的材料安排必须服从主题的需要,使主题突出。记叙文的人称有第一人称、第二人称、第三人称三种。记叙的人称反映了作者叙述的观察点和立足点,记叙文的顺序主要有顺叙、倒叙、插叙。顺叙是按事件的发生发展的过程记叙。一般包括开端、发展、高潮和结局。倒叙是把事件的结局或某个最突出的片断提到文章的开头写,然后再按时间顺序写事件的经过。倒叙一般仅仅是作为文章的开头,文章的主体部分仍然按时间发展的顺序写。倒叙内容的起止点在文章中一般有明确的交代,如在倒叙与顺叙的转接处会有一些时间词或表示回忆的语句,如"那是在……时候""事情还得回到……前""看到/提起……,……就想起/回忆起……"等。例:

一件珍贵的衬衫

在我的家里,珍藏着一件白色的确良衬衫。这不是一件普通的衬衫。这衬衫,凝聚着敬爱的周总理对工人群众的阶级深情。每当我看到它,周总理那高大光辉的形象就浮现在我的眼前;每当我捧起它,就不由得回想起那激动人心的往事。

那是1972年8月3日的夜晚。我在马路上骑自行车,不留神插进了快行线。突然一声紧急刹车,一辆大型"红旗"轿车紧贴着我身体的左侧,嘎地停住了。我刚扭过头,这辆车后座旁的窗帘唰地拉开了。周总理那慈祥的面容立即跃入了我的眼帘。啊!我仔细再看看,真是我们敬爱的周总理。周总理正亲切地注视着我,目光中充满了关切,充满了爱护,像在询问:同志,碰着了吗?受伤没有?

这时,总理的司机走下车来,站在我身旁问我:"同志,碰着没有?"我赶忙回答:"没事儿!没事儿!"有关人员迅速察看了现场,决定留下另一辆"红旗"轿车送我去医院检查,总理的车才开走了。

其实,我只是让汽车剐划了一下,衬衫剐破了,后背蹭摩,擦破了一点皮,有啥要紧?自己回家上点药就行了。可是,遵照总理交代留下处理这件事的工作人员,却坚持让我坐进"红旗"轿车,并且脱下衬衫叫我穿上,他自己只穿个背心。汽车很快开到了医院。检查将近结束时,屋内的电话铃响了。电话是打给这位工作人员的。我听到,他在电话中说的是我的伤情和检查情况。原来电话是总理打来的。我出神地盯着那话机,心里十分激动,泪水禁不住涌了出来。周总理的工作是多么繁忙,时间是多么宝贵,可是,他老人家在日理万机的情况下,却挂念着我这样一个普通的工人,亲自打电话来询问我的情况。

检查和治疗结束后,国务院的一名工作人员匆匆赶来了,他拿来一件崭新的白色的确良衬衫,要我穿上。我心里激动极了,说什么也不肯收。我猜到,这肯定是周总理出钱买的。我的衬衫刚破了,可这是由于我自己的过失造成的,怎么能叫总理给我买一件新衬衫呢。但这位工作人员坚持叫我收下,说这是领导的指示。我只好收下这件珍贵的衬衫。

这件事已经过去四年多了。但是,这激动人心的一幕,却一直深深地印在我的脑海里。四年来,这件珍贵的衬衫,我精心地收藏着,没有舍得穿它一次。我深深知道,我经历的这件事,在敬爱的周总理一生的伟大革命实践中,不过是微乎其微的一件小事,然而,从这件小事上,我们看到的是周总理那平易近人的高贵品质,对劳动人民的深切关怀,一个伟大的无产阶级革命家的本色。①

这篇记叙文从第二段开始进入倒叙,最后一段转为正叙。第一段最后一句"每当看到它,就不由得回想起……"句标志着由顺叙进入倒叙。第二段的第一句"那是在……年前"是倒叙时常用的起始句。最后一段的起始句"这件事已经过去……年了"是倒叙转入顺叙时常用的标志句。

插叙是在叙述主要情节时,暂时中断叙述的线索,插入一些与主要情节相关的内容来丰富文章的内容,借以突出主题。

① 议论文体

议论文是以议论作为主要表达方式的析事说理的文章。在议论文中,作者要提出自己的观点或主张,这就是论点;要拿出相应的事实或理论作为依据,这就是论据;还要对论据加以分析推导,以证明论点的正确,这一个过程就是论证。论点、论据、论证就是论文的三个要素。

从议论文的结构看,一般由绪论、本论(或称正论)、结论三部分组成,体现为提出问题、分析问题、解决问题三个论述的环节,即人们通常所说的"三段论式"。例:

坚持就是胜利

人们都想在事业或学业上有所成就,但是,只有一部分人取得了胜利,而相当一部分人却陷入失败的苦痛之中。这是为什么呢?

俗语说"功到自然成"。按理说那些失败者完全可以尝到胜利的喜悦,但他们往往缺少一种胜利的必要条件,那就是坚持。这就是他们失败的原因。上边的俗语中所提到的"功到"其中已经隐含了"坚持"的意思。可见,一个人

---

① 选自1977年1月22日《北京日报》,原题是《珍贵的衬衫难忘的深情》。北京低压电器厂工人刘秀新口述,刘宗明记录整理,经改动后选入全国统编教材,改题为《一件珍贵的衬衫》。

要想取得学业上或事业上的成功,除了个人的努力之外,坚持也是实现这一目标的重要条件。

英国著名作家狄更斯平时很注意观察生活、体验生活,不管刮风下雨,每天都坚持到街头去观察、谛听,记下行人的零言碎语,积累了丰富的生活资料。这样,他才在《大卫·科波菲尔》中写下精彩的人物对话描写,在《双城记》中留下逼真的社会背景描写,从而成为英国一代文豪,取得了他文学事业上的巨大成功。爱迪生曾花了整整十年去研制蓄电池,其间不断遭受失败的他一直咬牙坚持,经过了五万次左右的试验,终于取得成功,发明了蓄电池,被人们授予"发明大王"的美称。

狄更斯和爱迪生就是靠坚持而取得最后的胜利的。坚持,使狄更斯为人们留下许多优秀著作,也为世界文学宝库增添了许多精品;坚持,使爱迪生攻克了许许多多的难关,为人类的进步作出不可磨灭的贡献。可见,坚持能够使人取得事业和学业上的成功。

那些失败者往往是在最后时刻未能坚持住而放弃努力,与成功失之交臂。曾记得瑞典一位化学家在海水中提取碘时,似乎发现一种新元素,但是面对这繁琐的提炼与实验,他退却了。当另一化学家用了一年时间,经过无数次实验,终于为元素家族再添新成员——溴而名垂千古时,那位瑞典化学家只能默默地看着对方沉浸在胜利的喜悦之中。这两位化学家,一位坚持住了,取得了胜利;另一位却没有坚持住,未能取得成功。可见,能否坚持是取得胜利的最后一道障碍。在最黑暗的时刻,也就是光明就要到来的时刻。越在这样的时刻,越需要坚持,因为坚持就是胜利。①

本文是一篇短小而典型的议论文,议论"坚持"是取得成功的必要条件。文章的论点是"坚持就是胜利"。第一个自然段提出问题,后面的几个段落,都是分析问题,引用俗语"功到自然成"作为理论的论据,以英国著名作家狄更斯、"发明大王"爱迪生以及瑞典一位化学家的故事作为支撑论点的事实论据,整个的分析过程也就是对论点"坚持就是胜利"的论证过程。狄更斯和爱迪生的故事是从正面来证明论点,瑞典那位化学家的故事是从反面来证明论点。"坚持"这个词在文章中出现了 16 次,是文章的主题词。最后一段的最后三句话是本文的结论,以"可见"引出。

新闻报道也叫消息,是一种客观报告最新事件的记叙文体。从结构上看,一般

---

① 选自范文网,作者李胜。

包含导语、主体、背景、结语几个部分。导语使用最简洁的语言概括叙述新闻,让读者大致了解发生了什么事情。主体是进一步详细地介绍新闻发生的经过和细节,让读者清楚地了解事件本身。背景一般交代新闻发生的社会环境等周边情况。结语是对新闻的影响和作用进行反映。在一般的新闻中,上述几个部分不一定都出现,比较常见的是导语加主体的结构形式。

新闻报道的正文部分有两种基本结构,一种是正金字塔结构,即按照事情发展的时间顺序或逻辑顺序报道事件。另一种是倒金字塔结构,即把最重要、最新鲜的事情或结论放在最前面,然后按照重要——次重要——次要的顺序安排其他材料。也有把两种结构结合起来的。如把最重要的信息放在开头的部分,后面按照时间顺序或逻辑顺序进行叙述。在阅读汉语新闻报道时,读者可以根据其所采用的结构模式判断最重要的信息出现的位置。

语篇训练示例:

A. 将句子排序后组成段落

(3) 一出生就感受到母爱的温暖,受母爱的保护

(2) 婴儿如果幸运地拥有一位好母亲

(10) 会在青少年时期表现出对她的母亲以及所有女人不友善,她们通常在恋爱中也会遇到一些困难

(6) 都不会失去信心,对人生总是充满着热爱和希望

(4) 那么在母爱影响下,他从幼年起就学会了爱别人,关心别人,帮助别人

(5) 不管遇到什么困难和不幸

(7) 相反,一个自私、不关心别人、没有爱心的母亲

(9) 孩子在缺少爱的环境中成长,特别是女孩子

(1) 母爱是人类最崇高最无私的感情

(8) 会使自己的孩子成为孤独、自卑的悲观主义者(选自朱子仪,2008)

排序后组成的段落:

母爱是人类最崇高最无私的感情,婴儿如果幸运地拥有一位好母亲,一出生就感受到母爱的温暖,受母爱的保护,那么在母爱影响下,他从幼年起就学会了爱别人,关心别人,帮助别人。不管遇到什么困难和不幸,都不会失去信心,对人生总是充满着热爱和希望。相反,一个自私、不关心别人、没有爱心的母亲,会使自己的孩子成为孤独、自卑的悲观主义者。孩子在缺少爱的环境中

成长,特别是女孩子,会在青少年时期表现出对她的母亲以及所有女人不友善,她们通常在恋爱中也会遇到一些困难。

(着重号为笔者加)

作排序练习时,可以遵循下面的步骤:

a. 找出主题词和主题句:上面10句话中出现了四次"母爱",三次"母亲",据此确定主题是"母爱",并进而确定主题句——母爱是人类最崇高最无私的情感。

b. 判断其他句子与主题句在意义上的联系,进而确定主题的结构模式。上面10句话从意思上可以分为两类,一是拥有母爱的情况,一是缺少母爱的情况。可见整个语段采取的是从正反两方面进行论证的结构。我们可以将句子按其所表达的意思进行归类,按照一般的表述习惯,先说积极的情况,后说消极的情况。其中连接这两部分内容的关键词是"相反"。

c. 根据句子之间在意思上的联系以及关联词语(带着重号的)所显示的逻辑关系进行顺序排列。

B. 预测文章的内容

"君子之交淡如水"是说,古人所推崇的是一种高尚诚挚的友情。这种友情,是从情感上把自己同朋友的生活、前途和命运联系起来,把朋友的欢乐当成自己的欢乐,把朋友的痛苦当成自己的痛苦,在朋友危难的时刻,伸出援助的手,甚至牺牲自己,拯救朋友。所以"患难之中见朋友",说的就是这个意思。中国古代有许多动人的故事体现了这种优良品德。

练习:作者接下来最可能写到什么内容?

    A. 现在的人们怎么看待友情   B. 如何帮助在危难中的朋友

    C. 危难时刻不应该抛弃朋友   D. 体现高尚友情的动人故事(选自刘颂浩、黄立、张明莹,2002)

在篇章衔接的手段中,除了篇章连接词语以外,还包括语句的排列和话题推进顺序。汉语篇章中话题推进的最基本模式是平行推进和链式推进两种。话题的平行推进指后句话共用前句话的话题,链式推进指后句话以前句话的说明部分作为话题。篇章的生成遵从一些基本话题推进模式,保证了前后语句之间的语义联系,从而也实现了篇章的连贯。(储诚志,1994)

上面语段中的最后一句话是"中国古代有许多动人的故事体现了这种优良品

德"。根据话题推进的基本模式,我们可以预测后面最有可能写到的内容是体现高尚友情的动人故事。

5. 快速阅读训练

所谓快速阅读,就是从读物中迅速提取有用信息的阅读方法。快速阅读"不是只求时间上的快速浏览,而是重视质量的一种积极的创造性的理解过程。"(彭聃龄,1991)。

心理学实验证明,在阅读过程中,眼睛以一系列快速跳动的方式进行。心理学家把视线的每一次跳动称为眼动,一次眼动仅用10到12毫秒就可以完成。眼动之后视线固定在一个地方,这种注视称为眼停。每次眼停至少要200—250毫秒(1/4秒)。眼动时看到的东西很少,视觉信息主要在眼停时获得。阅读行为就是眼动、眼停的连续过程。(陈贤纯,1998)

人们在阅读外语读物与阅读母语读物在速度上往往有较大差异。阅读母语读物时,人们可以一目十行,但阅读外语读物时常见的情况是逐字逐词地注视、辨认,还有不少人词典不离手,逢词便查,使阅读行为经常中断。导致这种现象的根本原因归根结底还是语言水平问题。刘颂浩(2005)指出,"没有人愿意采取低效率的方法,比如一个字一个字地读,对学生来说,这样做纯属不得已。"能否快速准确地辨识字词,与对字词的熟悉程度密切相关。人们在阅读时,对熟悉的字词,从辨形到识义,即从获得视觉符号到符号的识别与信息加工的过程是在瞬间完成的。反之,面对不熟悉的字词,对视觉信号的反应和加工速度就会减慢。中国人看汉字时,只扫一下字的轮廓就能认个八九不离十了,而外国人看汉字相半天面还不一定能认对,类似把"牛"认成"午"、把"大树"看成"大楼"的情况并不鲜见。人们阅读外语读物时,逐字逐词地注视是因为对外语的文字书写系统不熟悉,加上由于对准确辨识外语文字的不自信导致其不敢大意,非要逐字确认才放心。再如,人们之所以能够以很快的速度阅读母语读物,是因为阅读时一次眼停看到的不是一个字一个词,而是一个词组甚至更大的单位。能做到这一点,除了对文字的熟悉度之外,还源于对母语表达方式的熟悉。前文提到,汉语句子中的词是一个挨着一个写的,对中国人来说,分词断句是一个自动化的过程。比如下面的句子:

中国乒乓球队在第29届奥运会上获得4枚金牌。

熟练的读者会把这个句子划分为三个意群,读完这句话,眼球最多动三次就可以了:

中国乒乓球队　在第29届奥运会上　获得4枚金牌。

但是对外国人,特别是初学汉语的人来说,还不具备对汉语句子结构的分析能力,对词语的搭配组合也不够熟悉,难以做到按意群来阅读,对上面的句子,如果一个字一个字地读,眼球要动20次才能完成。即使是按词来读,在分词正确的前提下,眼球的移动次数也得12次。

中国/乒乓球队/在/第/29/届/奥运会/上/获得/4/枚/金牌。

逐字点读的阅读方式带来的不仅是速度慢的问题,还会使对阅读内容的理解变得支离破碎,由于专注于一个个的字,忽视词语之间的语义联系,不利于对句子整体意义的理解,字词以个体而不是一个个意义组块进入大脑,需要花时间重新进行信息组合。如果句子较长,读到最后一个字或词,前边的内容可能已经忘记了,只好回过头来重看,即回视。相对于阅读速度,这种阅读方式对阅读理解的影响应该说是更严重的问题。因此在阅读教学中,应该通过有针对性的训练帮助学生掌握以意群为单位进行阅读的习惯和能力,进而提高阅读速度。

除了字词辨识与分词断句以外,跳跃障碍的能力、把握句子之间、语段之间逻辑关系的能力等也会影响到阅读速度。这些能力的提高有赖于读者头脑中有关认知图式的发展和完善。

前文介绍的快速辨识字词和阅读理解技巧等都有助于提高阅读速度。下面再介绍一下组读训练和限时阅读训练的方法。

(1) 组读训练

从句法结构的角度看,组读是按词组、短语或小句为单位来阅读;从语义的角度看,组读是按意群为单位来阅读(周小兵、张世涛、干红梅,2008)。组读训练的重点是帮助学生熟悉汉语词汇的组合方式、搭配关系与句法结构。

① 短语认读

做短语认读练习时,要根据学生水平选择学生学过的、在汉语中使用频率高的短语。在结构上,每次可集中展示一种或两种结构类型的短语,最终让学生熟悉各种结构的短语。如:

主谓短语:我学习　　明天星期三　　天气好　　水平高……
动宾短语:学习汉语　　做作业　　　写生词　　听录音……
定中短语:他的书　　　北京人　　　昨天的事　新衣服
　　　　　买的书……

状中短语：非常好　　　　慢走　　　　　　努力学习　　马上出发　　这么写
　　　　　高兴地说……
中补短语：吃完　　　　　写得很好　　　　听得懂　　　去过一次
　　　　　玩到半夜　　　走进来……
联合短语：我和你　　　　明天或者后天　　聪明而努力
　　　　　讨论并且通过……
连谓短语：去看电影　　　进来说　　　　　找人玩　　　看着高兴……
兼语短语：请朋友吃饭　　叫他进来　　　　让学生做作业　派他去上海
　　　　　称他为老师……
同位短语：首都北京　　　我们大家　　　　班长小王……
方位短语：房间里　　　　教室外　　　　　桌子上……
量词短语：一本书　　　　两个人　　　　　那件衣服　　一桌子菜……
介词短语：给他打电话　　对我说　　　　　朝前走　　　向他学习
"的"字短语：吃的　　　玩的　　　大的　　　小的　　　红的　　　绿的……
比况短语：春天般的温暖　兄弟般的情谊　　火一样的热情
　　　　　雪一样的白　　小孩似的表情　　木头似的站着
"所"字短语：所介绍的情况　所用的课本　　所说的话……[1]

② 意群切分训练

意群切分训练可从汉语基本句型入手，先由教师根据句子的组成成分划分出若干个意群，让学生按照划分出的意群进行阅读练习，组读的单位可根据学生水平而逐渐增大。然后训练学生根据范例或提示划分意群，最后过渡到自行切分意群。

练习示例：

以画线部分为单位阅读：

　　北京　是中国的首都。

　　那个小伙子　是李娜的男朋友。

　　我　昨天　在西单　遇见了一个老朋友。
　　我和同屋　每天中午　在学校的餐厅　吃午饭。
　　小张的女朋友　长得很漂亮。

---

[1] 短语的分类依据黄伯荣、廖序东《现代汉语》（增订三版），高等教育出版社，2002年。

我姐姐　唱歌唱得特别好。

从现在开始,我每天记五十个生词。
从明天起,我们下午1点开始上课。

根据提示切分意群:

A. 模仿例句切分意群

例:越来越多的女孩　想要减肥。
练习:越来越多的大学毕业生希望当公务员。

例:我　跟父母一起住。
练习:三班的同学跟一班的同学一起旅行。

B. 根据提示切分句子

我曾经在有十三个民族居住的乌鲁木齐呆过半年。
提示:根据"谁""什么时候""在什么地方""做过什么事"四个方面的内容把句子切分成四个组成部分
答案:我/曾经/在有十三个民族居住的乌鲁木齐/呆过半年。

选择长假期间出国旅游的人发现不少游客是跟自己一样出国度假的同胞。
提示:根据"谁""发现""什么事"把句子切分成三个组成部分
答案:选择长假期间出国旅游的人/发现/不少游客是跟自己一样出国度假的同胞。

C. 自行切分意群:

我用三天的时间完成了那份报告。
大学毕业以后,同学们之间的联系越来越少了。
那个个子高高大大,长得很帅的男孩被电影学院录取了。
一个初春的下午,我和朋友坐在公园的长椅上聊天,一阵微风吹过来,树叶轻轻地摇动。

(2) 限时阅读

除了逐字点读外,阅读速度慢的原因还有回视,即在阅读过程中经常回头重读前面读过的部分。另外经常查词典会使阅读行为频繁中断而影响阅读速度。前文已经提到,人们在阅读母语读物时遇到不熟悉的字词时,除非特别必要一般不会立刻查词典,因为这些词的意思往往可以通过字词知识或上下文推测出来,或是因其不影响对读物内容的理解而可以忽略不计。人们在阅读外语读物时遇词必查的原因,一方面是因为外语读物的生词量通常大大多于母语读物,另一方面与读者阅读外语读物时心理上的不自信有关。当遇到某个词或某句话看不懂时,就会觉得读不下去了。实际上,如果继续往下读,有些词的意义或许会得到显现。为此,我们在教学中可以采取限时阅读的做法,鼓励学生遇到不熟悉的词语时只是做个记号,不要停下来,接着往下读。当学生们在规定的时间内读完整篇文章后往往会发现,有些词语的意思在读的过程中已经慢慢理解了,还有些词即使不懂也不影响理解,也就是说,真正影响理解的词语实际上并没有标记出来的那么多。我们还可以设计一些练习帮助学生运用字词知识进行词义推测。这样一来,剩下来的完全不理解的词就更少了。当学生们逐渐认识到,虽然读物中的生词乍看起来很多,但有不少词的意义是可以借助语境和字词知识来理解的,会对忽视不熟悉的词语进行不间断地阅读慢慢树立起信心,阅读速度也会随之提高。

《汉语水平等级标准与语法等级大纲》(1996,高等教育出版社)对不同阶段的阅读速度提出了以下要求:

一级:阅读长度为 400—500 字、内容同课文类似的记叙文,无关键性生词和新语法点,阅读速度不低于 100 字/分,理解准确率为 90% 以上(即理解主要内容和细节);阅读含 1% 生词、无关键性新语法点的同类短文时,速度不低于 80 字/分,理解准确率为 80% 以上。

二级:阅读经过简写、不含生词和新语法点、题材熟悉的短文。速度不低于 120 字/分,理解准确率为 80% 以上。

三级:阅读略加改动、无关键性生词和新语法点、内容及篇幅同课文类似的一般性文章,速度不低于 150 字/分,理解准确率为 90% 以上(即理解主要内容和基本细节)。

四级:阅读生词不超过 4%、无关键性新语法点、内容较为复杂的文章,速度不低于 135 字/分,理解准确率为 80% 以上。即能读懂其主要内容。

五级:阅读一般生词不超过 3%、文言词语不超过 2% 的、内容较为复杂、语言表达形式较难的原文,速度不低于150字/分,理解准确率为80%以上,即能读懂其主要内容、基本细节和隐含的深层语义。

阅读速度训练要注意循序渐进,不能急于求成。有些阅读教材中对每篇课文标出了速度要求,对此,在实际教学中,教师要视本班学生的水平、课文的难度及教学阶段灵活掌握。如果大部分学生达不到该要求,就要适当降低标准,不能一刀切。

第四节　汉语阅读教学

一、教学内容

阅读课的教学一般由三部分组成:专项阅读技能训练、词汇学习和阅读实践。

二、教学环节

(一)专项阅读技能训练

关于专项阅读技能训练的内容和方法在第三节中已经做了详细的介绍。在具体的教学中,教师可以根据教材的编写体例和训练思路,或在每次课上先进行一两项专项技能训练,或将专项技能训练与课文阅读理解练习结合起来。训练内容包括两个方面,一是技能讲解,二是技能练习。

(二)词汇学习

阅读课上的词汇学习以当课生词学习为主,并适当补充相关词汇,目的是扩大词汇量,为阅读理解减少语言障碍。前文已经提到,阅读课上学习的词汇属于接受性词汇,即能够在词形和词义之间建立联系,辨形知义,不要求会用,要避免在阅读课上做大量的词语使用练习。

一般的阅读教材都有生词表,大部分教材生词表中有生词的翻译或中文注释,有的教材对生词采取只注音不翻译的方法,如《中级汉语阅读》(刘颂浩、黄立、张明莹,北京语言文化大学出版社,2002),要求学生课前先查字典解决生词问题。在教学中,生词教学环节可以放在课文阅读前,也可以在读完课文做完阅读理解练习后进行。前者先通过生词教学帮助学生熟悉词形词义、了解词语的常见搭配、利用语素构词或语义场扩展词汇等,还可以利用意义上有联系的一些生词预测课文内容。

后者要求学生在阅读之前不看生词,在阅读过程中遇到不懂的词先进行推测,并通过相关练习理解生词意思,最后再学习生词。还有一种方法是在阅读之前处理部分对理解文意起关键作用但词义较难推测出来的生词,其他生词在读后学习。

(三)阅读实践

阅读实践指的是学生运用语言知识和阅读技巧所进行的阅读活动,包括课上阅读和课后阅读。

课上阅读是在教师的指导下进行的。要求学生在规定的时间内读完课文并按照教师的引导进行阅读理解练习。一般来说,阅读理解采用的是由大到小的练习步骤,即先理解课文大意,然后理解长句和难句,最后进行词语理解练习。课后阅读由教师指定阅读材料,学生课后进行阅读并完成相关练习。

三、不同方式阅读训练的教学步骤

(一)细读

细读不但要求理解文章的大意,还要求理解细节;不但要求理解字面意义,还要弄清言外之意。基本的教学步骤如下:

1. 课文导入(话题导入、文化背景知识介绍);
2. 限时阅读全文,做概括文章及段落大意练习;

在开始阅读之前,教师先提出问题,要求学生在规定的时间内阅读全文并找出问题的答案。

3. 公布答案并进行相关说明;
4. 分段阅读,做句子、生词理解练习及文章细节理解练习;

阅读前,教师提出问题或板书一些句子,要求学生读后判断正误、选择正确答案或回答问题。

5. 生词学习;

生词学习的环节也可放到课文阅读之前。

6. 朗读课文。

阅读技能训练中首先要求默读,朗读的环节建议放在整个阅读活动完成之后。通过朗读可以检查学生对字词的辨识是否正确,如果把"大楼"读成了"大树",基本上不属于发音问题,而是由词形混淆而导致了辨识错误。另外,在朗读过程中,断句是否正确也可以反映出学生对句意的理解情况。

(二) 通读

通读就是把文章从头到尾粗略地读一遍,要求能了解文章的主要内容和重要细节。基本的教学步骤是:

1. 限时阅读课文。教师先提出问题,要求学生在规定的时间内阅读全文并找出问题的答案。
2. 公布答案。
3. 再一次读课文,检查错的地方为什么错了。
4. 教师答疑或请学生说明所选答案的根据。
5. 认读生词表中的生词,进行猜测词义练习。

通读课文的量一般比细读课文多2到3倍。

(三) 略读

略读只要求看个大概的意思,掌握文章的中心思想就够了。一般来说,如果是一篇短文,主要看一下每一段的开头几句以及全文的最后几句,如果是较长的文章则先看第一段,然后简单浏览一下中间的段落,之后看最后一段,只要看懂了这篇文章说的是什么,就达到了目的,阅读行为也就结束了。否则,可以用同样的速度再读一遍。略读课文不设生词表,课文中不懂的地方,如语法、词语等都不做讲解。略读课文要适当短一点。基本的教学步骤是:

1. 限时阅读课文。
2. 读完做理解练习,练习只检查学生是否了解了这篇文章说的是什么。
3. 老师公布练习的正确答案,如果学生有疑问,老师指点应该看哪几个地方。

(四) 查读

查读指在读物中迅速查找需要的信息,如时间、地点、数据等。一旦查到,阅读过程即告完成。基本的教学步骤是:

1. 教师介绍一下某一类资料(如列车时刻表、电视节目报)等在内容编排上的一些特点,帮助学生了解查阅一些中文资料的常识,以便迅速查到所需信息。
2. 说明要查找的内容。
3. 限时查找。

   每人记下自己开始查找的时间,逐项查找,并将查到的答案记下来,查完最后一项后记下结束的时间,算算共用了多长时间。
4. 教师公布正确答案。

5. 做错的学生可以重查一次,弄明白查错的原因。

在阅读课教学中,一些学生,包括一些教师,总是觉得如果一篇课文中还有许多不懂的句子和生词,就不能算是读完了。持这种想法是因为对阅读课的教学目的的认识不清。前文已经提到,阅读课的教学并不是以完全读懂一篇课文为目的,而是通过各种形式的阅读训练帮助学生提高阅读汉语读物的技能。对此,教师首先应该心中有数,其次在教学之初就要让学生明白阅读课究竟是要学习什么。

四、阅读课教学示例

教学对象:汉语学习时间在 800 个学时以上、汉语水平考试达到三级的外国学生
教材:《中级汉语阅读教程Ⅰ》(周小兵 张世涛 主编,北京大学出版社)
教学内容:第 13 课
   1. 专项技能训练——猜词之四:词语互释(一)
   2. 课文 5 篇
教学目标:1. 通过专项技能训练,帮助学生掌握通过词语互释推测词义的能力
    2. 通过阅读实践巩固所学知识和技能,提高阅读综合能力
    3. 通过词语学习进一步扩大词汇量
教学时间:2 课时(100 分钟)
教学步骤:

1. 专项技能训练

(1)复习上一课学习的"简称"(约 2 分钟)
将下面的简称还原成原来的词语

  中日友协 环保 师大 亚运会

将下面的词语变成简称

  北京到上海的高速铁路 南京大学 记者协会

(2)专项技能训练——猜词之四:词语互释(一)(约 20 分钟)
第一步:引入
先展示几个句子,让学生猜画线词语的意思:

  他是个<u>乐于助人</u>的人。

她做事一丝不苟。
他在家是个甩手掌柜。

第一个句子有些学生会根据"乐"和"助"的意思猜出来"乐于助人"大概是"帮助别人很高兴"、"喜欢帮助人"的意思。第二、三句中的"一丝不苟"和"甩手掌柜"很难猜。

再给学生展示另外三个句子,让学生猜画线词语的意思:

他是个乐于助人的人,经常帮别人的忙。
他做事特别认真,一丝不苟。
他在家什么也不管,是个甩手掌柜。

第二步:说明

在汉语中,人们用一个词说明人或事的特点后,有时会再用一句话补充描述一下。或者先描述一种情况,然后用能够概括该情形的一个词、一个成语、一句俗话补充一下。我们可以利用这种互释性词语推测词义。

第三步:练习

推测画线词语的意思:

她很害羞,一见到陌生人就不好意思说话。
这部电影一点儿意思也没有,看起来味同嚼蜡。
他一次能喝一斤茅台酒,真是海量。
他很慷慨,常常送给别人很贵的礼物。
我这部照相机是无价之宝,给我多少钱我都不会卖的。
他讲的事太玄了,大家都不相信。
他的生活很颓废,整天除了喝酒就是睡觉,什么也不干。
你对长辈说话怎么这么随便啊,没大没小的。
这是个穷凶极恶的罪犯,杀人放火,什么坏事都干。
她马上就要回国了,同学们在饭馆请她吃饭,为她饯行。
你太迁就他了,他做错了你也不批评他。
我和他素昧平生,从没有见过面。

2. 阅读实践

阅读(一)(细读,约30分钟)

中国服装与世界先进水平的差距

中国服装的年产量达80亿件,连续五年居世界第一。出口额达40亿美元,连续两年成为世界冠军。

令人遗憾的是:中国到现在还没有一个在国际上真正知名的品牌。许多企业辛辛苦苦地帮外国公司加工名牌服装,贴上外国的牌子,一件可以卖几百美元。可我们自己出口服装的价钱平均每件还不到4美元,有些服装甚至是以重量为单位来销售。中国服装在国际上成了"大路货"的代名词。有些中国服装在款式、花色品种方面与外国名牌相似,但是仔细看就能发现,它的质地、做工的确不如外国货,中国服装与世界先进水平相比,还存在相当差距。

造成这种情况的原因是多方面的,有服装原料方面的,有服装设计方面的,有中国人消费水平与消费习惯方面的。令人振奋的是,中国纺织服装业已经认识到这一点,他们正在通过大规模技术改造提高自己在各方面的水平,相信中国服装能在不远的将来接近世界先进水平。

(根据《经济日报》1996年4月22日文章改写)

(1) 引入:

谁买过中国服装?你买中国服装的原因是什么?(好看?便宜?质量好?)

说说你知道的世界上有名的服装品牌。谁知道中国有名的服装品牌?

(2) 读后作判断正误练习(学生先看问题再读课文,根据自己的常识先对问题的答案作一个主观判断,然后在阅读过程中进行验证。看一个问题读一部分,找到答案后再看下一个问题,读下一部分,以此类推)

(3) 句子理解练习

句1:我们自己出口服装的价钱平均每件还不到4美元,有些服装甚至是以重量为单位来销售。

根据上面的句子选择正确答案

以重量为单位来销售的意思是:

A. 按一件多少钱来卖　　B. 按一公斤多少钱来卖

平均每件不到4美元是很便宜的价格,以重量为单位卖的话,价格高一些还是更便宜?

A. 价格高一些　　B. 更便宜

说明:"甚至"连接的两个部分,后者所表述的情况在程度上要比前者深,因此应该选B。

句子2:中国服装在国际上成了"大路货"的代名词。

这句话的意思是:

A. 在国际上中国服装的名称是"大路货"。

B. 在国际上人们觉得中国服装就等于"大路货"。

(4) 词语练习

说明画线词语的意思或所指的对象:

中国服装在国际上成了"<u>大路货</u>"的代名词。

中国服装与世界先进水平相比,还存在<u>相当差距</u>。

造成<u>这种情况</u>的原因是多方面的,……

中国纺织服装业已经认识到<u>这一点</u>,……

中国服装能在<u>不远的将来</u>接近世界先进水平。

从课文中找出与下列词语相近的说法:

居世界第一	成为世界冠军
知名的品牌	名牌
卖	销售

朗读下面的短语:

令人遗憾的是　　令人振奋的是　　令人高兴的是　　令人难过的是

令人生气的是　　令人不解的是　　令人吃惊的是　　令人震惊的是

找出课文中与服装有关的词并复习和补充相关词语:

(课文中)服装　件　名牌　款式　花色　品种　质地　做工
　　　　　服装原料　服装设计　纺织

(复习和补充)尺寸　大小　肥瘦　合适　颜色
　　　　　　面料　棉　丝　麻　毛　化纤
　　　　　　毛衣　大衣　裤子　夹克　牛仔裤　裙子

(5) 朗读课文

阅读(2)(略读)(约10分钟)

北京的饮食

北京菜又叫京帮菜,它是以北方菜为基础,并且吸收了其他风味后形成的。北京菜由于北京的特殊地位,所以能够集全国烹调技术之大成,形成自己的特色。

明清两代,在北京经营饭店的主要是山东人,所以山东菜在市面上占主导地位。吸收了汉满等民族饮食精华的宫廷风味并在广东菜基础上发展起来的谭家菜,也为京帮菜带来了光彩。

北京菜中,最具特色的要算烤鸭和涮羊肉。烤鸭是北京名菜,最早的烤鸭店老便宜坊是明代从南京迁来的,说明它来源于江南。但北京鸭是人工饲养的优良品种,烤制上又有明炉、焖炉之分,所以北京烤鸭比南京烤鸭好得多。

涮羊肉、烤牛肉、烤羊肉原来是北方少数民族的吃法,辽代墓壁中就有众人围着火锅吃涮羊肉的图画。现在,涮羊肉的制作方法几乎家喻户晓。

北京有许多有名的小吃,如:原为清宫小吃的千层糕,满族小吃萨其马,"致美斋"的萝卜丝糕,谭家菜的名店心麻茸包,"通三益"的秋梨膏,"信远斋"的酸梅汤等等。

过去,北京的饭馆多种多样,有大有小,有南有北,有中有西。中餐馆有五种:一是专卖面食的切面铺等;二是主要卖肉食的所谓"二荤铺子";三是规模较小的馆子,店名往往叫某某春、某某轩,如"四海春"、"三义轩";四是中等馆子,也叫饭庄子,一般叫某某楼、某某店、某某居;五是大戏,酒席一摆就是几十桌、上百桌,名字一律叫某某堂,如:"福寿堂"、"同兴堂"等。

过去北京的西餐饭馆叫做"番菜馆",其中日本人开的饭馆,卖西餐的叫做"西洋料理",卖中餐的叫做"支那料理"。

(根据《中华民族饮食风俗大观》改写)

① 略读并完成填空练习

　　1. 想了解北京饭馆的情况,你会注意第____段。

　　2. 想了解北京的小吃,你会读第____段。

　　3. 想了解有关烤鸭的情况,你会看第____段。

　　4. 想简要了解北京菜的情况,你会注意第____段。

② 指出这篇文章中每一段的主题句

③ 猜词练习

　　烹调技术　　主导地位　　来源于　　家喻户晓
　　清宫　　　　切面　　　　红白喜事　　戏台

④ 从第六段中找出饭馆的不同说法

阅读(3)(查读)(约10分钟)

中国的贫困人口

从1985年到1995年,中国解决了6000万贫困人口的温饱问题,其中80%是东部地区的人口。现在全国大约还有6500万贫困人口,这些贫困人口大部分在中西部的山区、荒漠区、高寒区。而且多数是革命老区、少数民族地区和边境地区。这些地区自然条件恶劣,科技落后,教育落后,经济水平低,生产生活极其困难。其中有500多万人口居住在缺乏生存条件的地区。

另外,城市贫困人口的问题也日益突出,而且解决城市贫困人口比解决农村贫困人口难。据国家统计部门的统计,城镇居民有370万户处于贫困线以下,还有4000万相对贫困人口。

中国政府宣布:"到本世纪末,中国消灭绝对贫困。"这么多贫困人口,要在这么短时间内解决,任务是很艰巨的。但是,只要全国人民共同努力,实现这个目标是完全可能的。

(根据《华北信息报》1996年4月15日文章改写)

① 用查读的方法完成练习(在文章中查找答案)

1. 中国10年内解决了＿＿＿人的温饱问题。
2. 中国现在还有＿＿＿贫困人口。
3. 贫困人口大部分在＿＿＿的山区、荒漠区、高寒区。
4. 城镇中有＿＿＿相对贫困人口。
5. 中国政府宣布消灭绝对贫困的时间是＿＿＿。

② 生词练习

贫困
贫困人口　贫困地区　贫困线　相对贫困　绝对贫困

相对
根据下面的句子理解"相对贫困"与"绝对贫困"的意思:
城镇居民中,处于贫困线以下的绝对贫困人口有370万,还有4000万相对贫困人口。

温饱

温饱问题　解决温饱问题　解决贫困人口的温饱问题

问:"温饱问题"指的是什么问题?

恶劣

根据课文中的线索说明"恶劣"的意思。

阅读(4)(通读)(约15—20分钟)

昆明的雨

我想念昆明的雨。

我以前不知道有所谓雨季。"雨季",是到昆明以后才有了具体感受的。我不记得昆明的雨季有多长,从几月到几月,好像是相当长的。但是并不使人厌烦。因为是下下停停、停停下下,不是连绵不断,下起来没完。所以并不使人气闷。我觉得昆明雨季气压不低,人很舒服。

昆明的雨季是明亮的、丰满的,使人动情的。昆明的雨季,是浓绿的。草木的枝叶里的水分都到了饱和状态,显示出过分的、近于夸张的旺盛。

雨季的果子,是杨梅。卖杨梅的都是苗族女孩子,戴一顶小花帽子,穿了镶了满帮花的鞋,坐在人家石阶的一角,不时吆唤一声:"卖杨梅——",声音娇娇的。她们的声音使得昆明雨季的空气更加柔和了。昆明的杨梅很大,有一个乒乓球那样大,颜色黑红黑红的,叫做"火炭梅"。这个名字起得真好,真是像烧得通红的火炭!一点也不酸!我吃过苏州洞庭山的杨梅、井冈山的杨梅,好像都比不上昆明的火炭梅。

雨,有时是会引起人的一点淡淡的乡愁的。李商隐的《夜雨寄北》是为许多久客他乡的游子而写的。我在一个雨天的早晨和德熙从联大新校舍到莲花池去。看了池里的清水,看了穿着比丘尼装的陈圆圆石像(传说陈圆圆随吴三桂到云南后出家,暮年投莲花池而死),雨又下起来了。我们走进池边一家小酒店,要了一碟猪头肉,半斤酒,坐了下来。雨下大了。酒店院子里有一架大木香花。把院子遮得严严的。密匝匝的细碎绿叶,数不清的半开的白花和饱涨的花骨朵,都被雨水淋得湿透了。我们走不了,就这样一直坐到午后。四十年后,我还忘不了那天的情味,写了一首诗:

莲花池外少行人,野店苔痕一寸深。

浊酒一杯天过午,木香花湿雨沉沉。

我想念昆明的雨。

1984年5月19日
（选自漓江出版社《汪曾祺作品自选集》）

① 课文导入

"雨"会让你联想起什么？如果让你写一篇关于"雨"的文章,你会从哪几个方面写？

② 通读课文,完成阅读理解练习

主题理解及篇章结构分析：指出全文的主题及表现手法,每一段的主题句在什么位置,与主题相关的词语有哪些？

主要细节理解练习：通读课文,选择正确答案

1. 作者是昆明本地人吗？（是　不是　不知道）
2. 作者觉得哪儿的杨梅好？（昆明　苏州　井冈山）
3. 作者在昆明可能是：_____（做买卖　旅行　学习）
4. 作者去莲花池是为了：_____（钓鱼　喝酒　游览）
5. 作者在昆明的时间应该是：_____（40年代　50年代　80年代）
6. 这篇文章的风格是：_____（哀伤的　抒情的　兴奋的）

教师公布答案后,学生再一次读课文,检查错的地方为什么错了。

③ 教师答疑或请学生说明所选答案的根据

④ 认读生词表中的生词

⑤ 猜测词义练习：

不是<u>连绵不断</u>,下起来没完,所以并不使人气闷。

穿了镶了满帮____花的鞋。

李商隐的《夜雨寄北》是为许多久客____他乡的游子而写的。

看了穿着<u>比丘尼</u>____装的陈圆圆石像（传说陈圆圆随吴三桂到云南出家,暮年投莲花池而死）

数不清的半开的白花和饱涨的<u>花骨朵</u>____,都被雨水淋得湿透了。

阅读5（查读）（约8分钟）

火车时刻表（略）

① 简要说明火车时刻表的格式及城市简称。

② 查阅,并根据火车时刻表回答下列问题:

1. 北京到九龙的火车到达长沙的时间是:_____。
2. 九龙到北京的火车在武昌停_____分钟。
3. 上海到广州的火车到达杭州的时间是:_____。
4. 广州到上海的火车19:06到达的城市是:_____。
5. 重庆到广州的火车在贵阳停_____分钟。
6. 广州到成都的火车开车的时间是:_____。
7. 重庆到广州的火车是特快列车吗?_____。
8. 97次列车是从哪儿到哪儿的?_____。

结　语

本章介绍了与阅读技能训练有关的知识与方法。

在第一节中,我们介绍了前人关于阅读行为的研究成果,包括什么是阅读,简单地说,阅读行为就是获得视觉信号和对视觉信号进行加工的过程。一般来说,阅读的目的一是消遣,二是获取知识。阅读的主要方式有略读、跳读、泛读和精读。阅读的模式有自下而上模式、自上而下模式和相互作用模式。在这一章的第五部分我们介绍了图式理论。根据这一理论,阅读过程就是读者头脑中的图式与语言材料所提供的信息之间相互作用的过程。

在第二节中,我们介绍了与外语阅读教学有关的问题。包括:1. 外语阅读的目的:与母语阅读相比,外语阅读除了消遣或获取知识以外,还有一个目的是为了训练外语阅读能力。2. 外语阅读中存在的问题:一是阅读速度慢,二是理解不通畅。3. 外语阅读障碍:一是词汇知识不足,二是语法知识不足,三是对外语表达方式不熟悉,四是缺乏相关的背景知识。除了上述障碍以外,汉语阅读中还有两大障碍是汉字问题和词语切分问题。4. 外语阅读教学的目的:提高学生的阅读技能。5. 外语阅读教学的原则:一是突出阅读技能训练的原则,二是保证阅读量的原则。

第三节讨论的是汉语阅读技能训练的问题。包括什么是阅读技能、《国际汉语教学通用课程大纲》中关于阅读技能的等级划分及等级目标、汉语阅读技能训练的初、中、高三个层次与各阶段训练重点、阅读技能训练的内容和方法。

第四节结合教学实例介绍了汉语阅读教学的内容、环节以及不同方式阅读训练的教学步骤,以期为从事汉语阅读教学工作的教师提供一些参考。

思考题

1. 阅读技能训练的原则是什么?
2. 影响外语阅读的主要因素有哪些?
3. 阅读技能训练主要包括哪些方面的内容?

参考文献

陈田顺(主编)(1999)《对外汉语教学中高级阶段课程规范》,北京:北京语言文化大学出版社。

陈贤纯(1998)《外语阅读教学与心理学》,北京:北京语言文化大学出版社。

储诚志(1994)知识图式、篇章构造与汉语阅读教学,《世界汉语教学》第2期。

国家对外汉语教学领导小组办公室汉语水平考试部(1996)《汉语水平等级标准与语法等级大纲》,北京:高等教育出版社。

国家汉语国际推广领导小组办公室(2008)《国际汉语教学通用课程大纲》,北京:外语教学与研究出版社。

金立鑫(2005)《阅读教学的层次、目标和方法》,《对外汉语阅读研究》,北京:北京大学出版社,112—128页。

李世之(1997)《关于阅读教学的几点思考》,《世界汉语教学》第1期。

李晓琪(主编)(2006)《对外汉语阅读与写作教学研究》,北京:商务印书馆。

刘颂浩(1999)《阅读课上的词汇训练》,《世界汉语教学》第4期。

刘颂浩(2005)《对外汉语教学研究》,北京:教育科学出版社。

刘颂浩、黄立、张明莹(2002)《中级汉语阅读》,北京:北京语言大学出版社。

刘正文(2005)《试论阅读教学的适度原则》,《对外汉语阅读研究》,北京:北京大学出版社,184—192页。

彭聃龄(1991)《语言心理学》,北京:北京师范大学出版社。

彭志平(2007)《汉语阅读课教学法》,北京:北京语言大学出版社。

盛炎(1990)《语言教学原理》,重庆:重庆出版社。

王初明(1990)《应用心理语言学》,长沙:湖南教育出版社。

王功平(2005)《留学生汉语词汇学习策略指导》,148—160页。

王小曼(2005)《对外汉语阅读研究》,北京:北京大学出版社,139—147页。

王钟华(主编)(1999)《对外汉语教学初级阶段课程规范》,北京:北京语言文化大学出版社。

吴晓露(1992)《汉语阅读技能训练教程》,北京:北京语言学院出版社。

薛侃、张庆旭(2005)《阅读技能辩》,《对外汉语阅读研究》,北京:北京大学出版社,295—301页。

肖路(2005)《汉语阅读教学的难点及解决方法》,《对外汉语阅读研究》,北京:北京大学出版社,202—218页。

肖奚强、叶皖林(2005)《高级汉语教材中阅读部分的编写设想》,《对外汉语阅读研究》,北京:北京大学出版社,257—264页。

张丽娜(主编)(1998)《汉语系列阅读》,北京:北京语言大学出版社。

赵金铭(主编)(2008)《汉语可以这样教》,北京:商务印书馆。

周　健、彭小川、张　军(2004)《汉语教学法研修课程》,北京:人民教育出版社。

周小兵、宋永波(主编)(2005)《对外汉语阅读研究》,北京:北京大学出版社。

周小兵、张世涛(主编)(1999)《中级汉语阅读教程》,北京:北京大学出版社。

郑　蕊(2002)《汉语阅读速成》,北京:北京语言文化大学出版社。

周小兵、张世涛、干红梅(2008)《汉语阅读理论与方法》,北京:北京大学出版社。

朱子仪(主编)(2008)《捷径中级速成汉语课本》,北京:北京语言大学出版社。

第六章 汉语写作技能训练

第一节 汉语写作技能训练的目的

写作是人类所特有的认识世界、反映世界的自主性活动,其成果具有认识的、审美的、伦理道德的精神力量,是人类社会的宝贵财富。在第二语言学习中,随着学生语言能力的提高,写作的重要性越来越突出。写作具有综合、全面运用语言的特点,它不仅要求语言形式更为严谨、规范,而且内容丰富、生动,因而最能反映出一个人的语言运用水平。写作教学作为语言技能教学的一个重要组成部分,起到了协调语言能力、促进语言发展的作用,也理所当然地成为汉语作为第二语言教学的一项重要内容。

一、汉语写作训练的特点

一般认为,在"听、说、读、写"语言技能中,"写"的难度最大。原因是多方面的,首先,用书面形式来表达,就有一个文字书写问题。多年的汉语教学,汉字被公认为一大难题,汉字的认读、记忆、书写不过关,直接影响汉语能力的进一步发展,也影响写作的进行;其次,具有写作意义的"写",考察的不仅是学生遣词造句的语言组织能力,更有思维能力、认识能力、文化素养等影响文章立意、格调的语言表达能力。从写作的"成品"——文章看,一篇合格的文章,应是文从字顺、结构完整、逻辑清晰的,而一篇好的文章,还需要立意高远、感情真挚、语言富有感染力。因此,完成一个写作任务,要求的方面很多,有些学生不可避免产生畏难情绪。

在承认文章难写的同时,我们也要看到写作有其独到的便利之处。与口头表达相比,两者同属输出型语言,写作的一个优势是非即时性的,这就给了写作者更多的机会去思考和推敲。教师们经常可以观察到,在学生语言系统发展到一定程度时,当学生意识到口语表达的语句有误,会采取自我纠正的策略;在写作时,学生则会利用时间上的便利条件,去关注用词是否表情达意,语法是否正确得体等。从表达心理来看,一部分不善言辞的学生也会更乐于接受书面表达的形式,感觉更自由,对表达的语言也更自信。

在说到写作"易"或"难"的问题时,我们可以零星地感觉到"说"与"写"的不同,而其中的差异也正是观察写作特点的依据。以下是 Donn Byme 对"说"与"写"特点的概括(摘自罗青松,2002)。

说	写
在一定的语境中进行,语境能够使得提及的事情更加清楚。	作者创造语境,因此必须明确交代清楚。
说话人和听话人交流,互相作用并交换角色。	读者不参与,也不可能相互作用。
通常情况下,讲话人是特定的。	读者不一定要认识作者。
要求立即给予反馈。或是提问、评论,或用动作、表情等表态。	不可能立刻得到反馈。作者在文章中隐含着自己所期望的读者反应。
说是短暂的,倾向于立即被理解;否则,听话人会采取相互交流的方式。	写的东西是可以保留的,读者可以根据需要反复读。
说话时句子经常是不完整的,有时也不合语法,有停顿、迟疑并通常有一些重复的话。	句子应仔细安排,并在语篇中合理地连接和组织。
有重音、语调、音高、语速等因素帮助传达意思,面部表情和身体语言也用于表达之中。	有标点符号,大写和表强调的横线来帮助表达,清晰地显示出句子的界限。

从上表可以看出,写作是不受时间、地域、空间限制的语言表达形式,我们可以把它的特点概括为以下几点:

1. 写作需要文字媒介,内容需要借助文字形式来表达和固定,因此写作的成果可以在时间和空间上予以保留,能够流传,供人反复阅读;
2. 没有直接的对话和交流者,写作者需要在心里预设阅读对象,并极力地为读者创造理解的最佳表达途径,因此写作者更关注语言的形式,注意语言的提炼和修改;
3. 具有超越句子的段落、篇章格式,因此需要经过各种规范的文体训练,在写法上常常有据可依,注重文章结构。

二、汉语写作的性质与任务

写作的特点无外乎体现在形式与内容的统一上。汉语写作作为第二语言技能训练的一部分,严格地说,仍属于语言教学的范畴,学生的写作也不等同于创作,因此对内容与形式的关注同样重要。学生所参与的写作训练过程是:通过阅读分析范文,掌握不同文体的写作技巧,提高鉴赏、批评能力;通过大量的写作实践,提高熟练使用汉语进行书面表达的能力。在教授之前,教师应对课程的性质和任务有明确的认识:

1. 应该明确,汉语写作训练的实施对象是正在学习中的留学生,其写作兼有表达心声与语言训练的双重目的。

语言是思维的表达工具。"言为心声"是写作最基本的目的,也是写作者共同的精神追求。不论是有感而发、触景生情,还是命题作文、格式仿写,学生都会在文章中表达自己的观点和倾向,叙述说明事情的由来,表达请求、解释、申述、抱怨等各种各样的情感,求得感情的传递和回馈。一篇好的文章,必定是感情真挚的,通过语言的组织、来感染人、打动人;即便是格式性较强的公文写作,也不能板起面孔、照猫画虎。写作反映了人的精神生活的更高境界,是倾诉情感最自由也最自然的方式。

第二语言学习者的汉语写作,也是抒发情感、表达需求的很好渠道。尽管写作者的语言水平有限,组织句子、构思段落受到一定的限制,但仍然是可以做到完美表达的。而这得力于学习者业已具备的文化素养。因为我们所说的第二语言的学习者,多指已经心智成熟的成人,他们在本国已完成了应有的教育,具有良好的文化素养、母语组织能力、表达能力和思维能力,而这些,都会在汉语文章的布局谋篇和逻辑构思中发挥积极的促进作用。对他们而言,写作的难点更多在于正确书写汉字、正确使用标点符号、选择适当的语句,运用汉语思维来表达上,一句话,此时的写作突出表现为较高的心智水平与力不从心的语言能力之间的矛盾。我们批改学生作文,常会发现学生在竭力地说明一件事,抒发一种感受,却词不达意,表达混乱,甚至意思颠倒;还有的学生,先用母语思维、写作,然后翻译成汉语,造成语句生硬、逻辑不清,写作教学的目的就是要帮助学生不断克服汉语水平的障碍,努力做到抒发真实情感、表达自我需求,从而达到完成一篇结构完整、内容丰富、语言流畅的文章的目的。

写作训练不能违背语言教学的宗旨,写作训练的过程也是不断培养和提高学生语言技能的过程。写作技能训练应该包括以下重要内容:

(1) 语言系统知识的掌握和训练

写作是组词成句、组句成篇的程序结果,组词造句能力是最基本的需要。写作课上的词语和句式教学,不是偏重于教授新词,而是侧重于教授用法。用法就是讲解选择的条件,比如词语,由于义项的不同决定了可搭配的词语不同,词语的感情色彩、文化色彩不同,也会影响语言表达的准确,那么根据文体、语体来选择合适的词语就成为教授的重点。再比如句式,文体不同、叙述环境不同,对句式的取舍也有影响。如在以事物为叙述主体的表达中,句式的选择多为主谓谓语句、主题句、被动句等,体现出中国人的汉语思维方式。写作教学,不可能不涉及这方面的内容。在对外汉语教学中,写作训练可理解为汉语的书面表达运用训练,它强调语境、场合、对象、文体等多种环境下的语言使用限制。相对于其他技能训练来说,写作训练是语言要素的综合运用,语言表达更具有真实性的特点。

(2) 语篇构造知识的掌握和训练

一个个单句是靠一定的逻辑关系组织起来的,有内在联系的一个个单句又组成了一个语义连贯的语篇。在学生作文中常出现这样的问题:一个句子单看不存在问题,但是连起来看,就感觉别扭,原因就在于从语篇的角度,句与句的连接出现问题。写作训练中,教师应加强语篇构造知识的讲授与训练,首先要注意文章段与段、句与句之间的内在逻辑关系,看其语义上的衔接是否自然、恰当,顺理成章。采用阅读范文的方式,可以有效帮助学生分析和掌握各种文章结构,熟悉其写法。教学中还要注意归纳、总结语篇构造的各种形式,如"首先……、其次……、再次……"等。其次,还要教授一定的语篇衔接知识,如省略、照应、替代的方法、关联词语的运用、词汇的同现等。语篇构造知识的讲解与实践,是写作教学的一项重要任务,目的在于融会贯通、灵活运用、得体表达。

(3) 写作基础知识的掌握和训练

正确使用标点符号,是写作的基本功之一,它能够准确表达文章的意思,还能增加文章的感染力。如省略号"……",破折号"——"这类学生最不会使用的标点符号,在文章中往往具有意犹未尽、含意丰富、感情延伸、简洁、直观等作用,是增加文章表达力的好方法。还没学会使用标点符号的学生,往往采用一逗到底或逐句画句号的方法,从形式上来看,就缺乏了这种表现力和感染力。另外,各种文体的格式、起首和结束的方法、语言修辞的方法等,也是学生写作中需要了解和掌握的方面。

2. 还应该明确,汉语作为第二语言教学的写作技能训练,既有一般文章写作的特点,又有汉语表达的写作特点。

按照文章学的概念,使用母语写作还是外语写作,写作中的一些技能是相通的。吕必松(2007)认为,"书面表达至少需要两个条件,一是想写,二是会写。想写就是有内容可写,这需要一定的思想水平和生活经验;会写就是知道怎么写,这需要一定的文字能力。"从写作愿望的萌发到文章的成形,都要有一个审题、立意、构思的思维过程,也就是深层次的语义构造过程,陈贤纯把它称为"命题树"(陈贤纯,2003)。当有感而发、有话要说时,不论是母语写作,还是第二语言写作,命题树都存在于人的大脑深处,它的表现形式不是语句,而是语义。只有需要把深层结构中的命题树转换为语言表达的表层形式时,才涉及语言种类的选择,以至语句的选择和组织。从这个方面说,写作的第一阶段是构思,它是母语写作和第二语言写作都不能回避的东西,那么构思的能力,即是两种写作共同需要的。有所不同的是,在第一语言写作中表现出来的构思方式、组织技巧、选题风格以及写作习惯,多是业已存在的,是在长期的母语写作中逐渐培养和形成的,它们会连同学习者的知识结构、文化水平,一同迁移到第二语言写作中,从而显示出两者一致的特点。

写作中的共性是不需要重复教授的,差异性的东西才是教学中的重点。诸如提炼主题、构思提纲、整理思路,其重要性无须赘言,关键是教授学生如何按照汉语的习惯来组织,而组织的过程,则是从语篇的角度,对文章结构的理解和把握。如汉语典型的议论文多采用总—分—总的逻辑方式,先概括说明文章的主旨,点明题目,然后列举事实、数据、例证加以阐述,最后总结提升、首尾呼应,这就与英文写作中的议论文格式有所不同。在写作教学中,适当进行一些汉外对比说明,有助于学生的理解和实践。

差异性的东西更多地表现在形式上。而上文所谈到的语言系统知识、语篇构造知识和写作基础知识,很多就包含了汉语写作的典型特征,是进行汉语写作所必须掌握的、必不可少的方面。汉语的语言极有独特性,最典型的如"把"字句,它不仅是语法教学中的难点,也是学生使用时的难点,表现为学生使用的错误率高以及回避使用。原因简单说来,"把"字句的语义内容比较复杂,学生不易理解;即使理解了,也把握不住使用的环境与条件。从写作教学经验来看,"把"字句的单句使用难度较大,在语篇使用难度更大。如"……我一直把这件事记住,现在,这件事被我写出来,告诉大家"(何立荣,1999)。文章记述了作者路遇一个中国男孩儿,在他简陋的房间里做客时的感受。文章中的"把"字句与"被"字句使用不当,反映出在语篇中选择和使用句式的问题。再如汉语语篇中频繁使用省略这一修辞方法,句子之间只要逻辑关系明确,主、宾语都可以承前省略,而不致引起理解上的偏差。在叙述文体中还存在大量的流水句,如用一连串的动作描写来叙述说明一件事等,这些都是中国人的思维方式在语言上的表现。学生使用汉语写作,即使很难做到用汉语思维,在形式上也要尽量符合汉语表达的习惯,不能不伦不类。

三、汉语写作训练的目的

遵循语言教学的方法和原则,教授写作训练所必备的知识,勤于实践,这是指导学生进行汉语写作的基本思想,而写作训练的目的则是帮助学生按照汉语篇章表达的方式来组织句子,完成一个较为完整、独立的语段。将写作的目的定位为"语段",得到了诸多研究者的认可,不仅具有现实意义,而且符合写作训练的客观实际。

1. 语段是构成语篇最合适的语言单位。"语段"是指依照意义上的逻辑关系组合起来共同表述一个话题的语句群(祝炳耀,1999)。语段中的句子是"在意义上有一定的逻辑关系,在结构上有较为密切的语法联系,在形式上常以一定的语言手段作为组合的标志的,与上下文既相互关联又相对独立的句子"(郝长留,1983)。语段的单位大于句子,它是一系列句子的组合,因此在意义表达上比单句更丰富、充分。语段中的句子,并不是杂乱无章堆砌起来的,而是相互制约、相互联系的,它们彼此作用,构成一个意义完整、逻辑清晰、表达正确的整体——语段。语段又小于篇章,它不需要像篇章那样讲究结构的完整,构思起来难度要小。从意义上看,语段也有自己的主题,意义完整;也有逻辑的顺序,语句连贯,是一个相对完整独立的部分,因此可看成语篇的主体。语段具有组合性,语段和语段间可依照一定的关系组成篇章,每一个相对独立的语段在内容上有关联,它们在主题的统帅下,沿着思路的轨迹,按一定的顺序布局谋篇,构成一篇层次清楚、详略分明、首尾连贯、重心突出的文章。语段是篇章最合适的构成单位,它居于句子和篇章的中位,具有承上启下的作用。

2. 语段教学是最符合学习心理的写作训练方式。按照语言训练的原则,语言任务要体现出先易后难的操作程序。学生写作方面的畏难情绪主要来自于两方面:不知道写什么、不知道如何写。面对一个给定的题目,学生往往不知从哪儿下笔。写作训练的任务就是指导学生从不会写作到会写作,那么就要分化难点,逐步克服内容与形式上的各种困难。从内容上讲,分化难点就是要分解主题,将要表达的主题分解为一个一个的层次,围绕同一个主题进行多层次的叙述或阐述,而一个层次一般就是一个相对完整的段落。分解主题的过程一般就是构思提纲的过程。从形式上讲,构成篇章的单位有词汇、句子、语段,分化难点就是从容易的小单位着手,逐步过渡到复杂的大结构。词汇或句子是构成篇章的最小单位,但不是写作训练的最佳着手点,因为最容易的,不一定是最合适的,语言训练的方式要与训练的目的相结合,并协调起来。如前所说,写作是综合运用语言的书面表达训练,其特点是运用语言,而不是学习语言(如新词汇、新语法),写作的关键是学生整合已往的知识,包括语言的、文化的、认知的,并将其按照一定的思路组织起来。写作中确实也需要对一些词句进行适当的改错和讲解,但这都是为语篇服务的。

3. 语段教学是最讲究效率的写作训练方式。写作训练的主要方面包括:(1) 不同文体的形式;(2) 不同风格的语言;(3) 不同的媒介或引入方式。一般的汉语写作教学都把不同文体的训练作为主线,如《外国留学生汉语写作指导》[①]按照应用文、记叙文、说明文、议论文四种文体来排列训练内容;罗青松的《汉语写作教程》也"基本以文体划分的单元训练项目"为线索,然后辅佐于语言项目训练。按照文体来训练,需要学生掌握该文体的基本框架结构,如叙述性文体一般是讲述一个过程,常见的结构方法如下:

(1) 纵式:按照时间的先后顺序安排层次;
(2) 横式:按照空间的变换安排层次;
(3) 纵横结合式:以时间为"经",空间为"纬",时空交错。

议论文常见的结构有:

(1) "三段"式:总—分—总的逻辑关系;
(2) "花瓣"式:主题为中心,分头论述的部分如花瓣围绕中心;
(3) "连环"式:逐层深入,一环扣一环;
(4) "蛛网"式:"花瓣"式和"连环"的总和,较复杂。

每一种格式都包含开头、主体、结尾几部分,每部分都有一定的写作章法。将这些基本的章法提供给学生,帮助他们掌握各部分写作的要领,例如如何开头、如

---

① 乔惠芳、赵建华编写,北京大学出版社,1995年。

何结尾、如何展开论述、列举例证等,可以促使他们快速进入写作的实践,而这可看做语段训练最具效率的方式。

不同文体也有相对固定的语言风格,这是特定体裁与话语情境的结合,也带有写作者个人的主观色彩。一般来说,记叙文讲究描写和抒情,也可夹叙夹议,语言或朴实或优美,稍显自由活泼;议论文讲究思辩论证,摆事实,讲道理,语言严谨、规范,书面语体色彩强。按照语段来训练,可以因小见大,增强语体意识;而且语段的篇幅小,可以在有限的时间内,提供给学生更多体会和实践的机会。

在语段训练上,便于采用多形式的媒介或引入方式。如初级水平的写作,常采用限制性模仿的方式,通过给定的范文分析、朗读和背诵,学生对文本有了较深入的认识,这时开始写作,多有据可依。限制性模仿的文本,比如关于景物的描写,外貌的描写等,适应以语段的形式给出,比较集中、典型、有针对性,写作时也利于操作。

4. 语段教学也是文章评改、语病讲解的依据。语段中的句子,应该是与上下文有语义联系的句子,而不是孤立的、静态的句子,那么在进行文章评改和语病讲解时,也不能采用孤立的、静态的分析方法。常有这样的情况,一个句子孤立地看没有问题,然而把它放入语篇中,从上下文的角度来分析,就出现各种各样的问题。这些超越句子层面的语言偏误,体现在篇章的语句衔接和语义连贯等方面,如前后不能照应、省略不当、不会使用同义替代等,造成句子间的衔接不畅、重复、啰嗦等。如下例(何立荣,2003)画线部分:

我去年11月刚来苏州的时候,我只知道"你好"、"再见"、"谢谢"这三个词。我觉得我在中国生活,如果我不会说汉语的话,我会遇到很多困难,于是,我开始学汉语。

还有一些句子表达不清,必须要从上下文的语境中才能判断出作者的意思,修改时才能改得到位。仍取何立荣的例子:

他很喜欢帮助别人。在墨西哥他也喜欢在农村工作,因为有的地方没有医院。有的人没有钱,不能去看大夫。如果这个农村有医院他不去。所以他两次去农村工作和去别的地方也没有医院去看病人。

根据上文对"他"的描述,我们可以知道画线部分可改为"去别的没有医院的地方去看病人"。

写作是以篇章的形式来表达思想感情、意识观念的语言输出方式,从输出的结果看,是段落、是篇章;以语段为单位进行写作训练,既经济、又有效,还能保持篇章的特征,因而是写作教学最适当的切入点和核心任务。

第二节　汉语写作技能训练的语言层次

分析篇章的构成成分,我们可以简单看成词汇——句子——语段——篇章的阶梯,这是根据语言单位的大小来区分的,但不一定是难度的阶梯。它们的关系可看成:写作的起点是语段,落脚点是篇章,词汇、句子是最基本的表现形式。各语言单位各有其独特的内容和训练侧重,但都围绕着写作训练而展开,下面逐一说明。

一、词汇训练

词汇是构成语言大厦的基石,任何文章都是词汇的组合。写作训练中的词汇训练应属于基础性的活动,使用难度大,偏误的数量也大。根据罗青松(1997)的统计,4万字的留学生写作语料中,语言运用错误742个,其中词语运用错误479个,约占65%。学生词语使用的困难主要在于,词汇是音义结合的最小单位,词汇既包含词汇意义,又包含语法意义,一词多义现象普遍,使用环境复杂,选择时限制条件多。综合课或其他课型中的词语教学,难以将一个词的所有语义条件、句法条件都解释清楚,在写作运用时,环境、条件变了,所学的知识应付不了新的语言形势,就会出现词汇使用错误。当然,还有其他方面的困难,不一一而论。写作教学中的词汇问题,归根到底是使用,而不是教授,因此不能按照词汇教学的模式来讲解用法、扩展练习或选择、造句等,而应该根据写作中出现的问题来概括总结、分析偏误、解释原因,并进行一些词汇方面的知识讲解,以加强对词语选择运用的说明。

1. 写作中的词语偏误

目前,写作中的词语偏误一般有这几种情况:

(1) 生造词语:学生从母语中照搬或按照学过的汉语词语格式自己创造词语。

　　＊从明年三月起,我是社会人了。

　　＊贵游客,欢迎你们参加我们旅游团。(据罗青松)

(2) 词典用词:从汉语词典中找到意义相近的词,进行不恰当的使用。

　　＊我们教室的窗口有窗帘。

(3) 近义词混用:无法区分近义词之间细微的差异,特别是在词义范围、词义大小、语气轻重、感情色彩等方面的差异。

　　*他是一个优良的学生。
　　*我渴望过游手好闲的生活和丈夫的工资高。

(4) 搭配问题:词与词之间意义衔接表达正确,但搭配不当。

　　*他们得到的成绩很小。(据罗青松)

(5) 词性误用:因词性不同,造成使用的句式错误。

　　*这不是一个使世界和平的解决。
　　*她参谋我们的各种各样的困难。
　　*我要享乐剩余的短期大学生活。

(6) 词语运用问题:因为词语构词结构的限制,导致句子结构上的错误。

　　*托马斯去年结婚了一个中国姑娘。
　　*我打工咖啡馆。

(7) 句式语法问题:有的句式对进入该句式的词语有限定作用,词语一旦进入该句式,就要遵循该句式的一般成句规则,如双宾句的远宾语前必须有数量词语的修饰。

　　*他贿赂公司领导钱,才得到了提升职位的机会。

2. 写作中的词语训练

写作训练中的词语教学,很大程度上是依据偏误来进行的。在评改作文时,教师根据收集到的偏误,集中讲解。不过这种方法容易流于头疼医头、脚疼医脚的形式,加强词语的使用训练,提高表达的准确度和精确性,还应该进行以下方面工作:

(1) 对词语偏误规律性的说明

一般认为,词语使用偏误类型繁多,情况复杂,具体到某一个词,某一个学生,产生偏误的原因也各不相同。对偏误进行规律性说明,应将目光专注于汉语,从汉语词语的特点出发,来总结偏误的一般类型,这样更具有针对性,比就事论事性的讲解更有利于提高写作水平。

根据词语偏误的各种形式,翟艳(2007)提出了以下几个观察角度:

①在语素—语素层面,注重对词义的把握和理解,不但要善于辨别语素构词的

"同中之异"，还要善于提取词语的附加含义，包括各种表达色彩和文化内涵；②在词—词层面，要沟通词法与句法、结构和语义的关系，主要着眼于词的外部，即透视词语的结构与语义、观察该词在与他词组合的过程中如何规定和制约了句子的模式，也就是看词语的结构和语义在句中的作用。如词法、句法具有一致性的词语"结婚"、"打工"等。

(2) 进行一定的词语运用训练

根据偏误分析的结果，设计专项练习，进行有针对性的词语搭配练习，这样可以把讲练结合起来，提高教学的效率。专项练习的内容可以这样设计：

侧重词义：近义词的辨析和运用。因词义的细微差别，造成表达不正确或不准确，但句式结构基本正确，因此可以只进行词内的分析。针对每一组近义词中构词语素的不同，进行词义大小、搭配的范围、词性和色彩等方面的辨析，然后指导学生完成相应的练习，如选词填空、画线连接、解释异语素、找出句中用错的词语、填上合适的词语等。

侧重运用：词语结构分析运用。词义表达正确，但是由于进入句子，造成句子结构发生问题，这类的词语不能孤立地分析语素，而要与句式结合起来进行综合分析。离合词是最易出错的一类词，用错的现象比较普遍。离合词本身也比较复杂，结合紧密的，更具有词的特点；结合松散的，则成为短语。那它们进入句子后，多数不能再带宾语。针对这类的问题，适宜按照词类的划分来进行集中讲解，除了需要讲解词语结构外，还要分析句式的要求。练习形式可以设计为判断对错、改错等。

需要说明的一点是，写作训练中的词语训练不等同于专门的词汇训练，首先它们是从偏误的角度筛选出来的、具有代表性的词语，其次，训练的目的是为运用，因此在量上、训练方式上都有不同。

(3) 加强阅读训练

以读带写是写作训练的一个重要方法，词语训练也能从中受益。大量阅读相关语料或提供的范文，可以让学生建立语感，体会词语的使用，掌握使用的条件。对于已经熟悉了的词语，可以拓展使用的空间，获得新的写作感受，如巧妙的搭配，"美丽的地方"、"美丽的女人"，这是比较简单的使用，而"美丽的心"则是带有修辞色彩的使用方式，学生可以从阅读中见到并学会使用；对于一词多义现象，大量的阅读也能提供破解词义的语言环境。如"打"，使用频率相当高，词典中光是动词的义项就列出25种之多（《现代汉语词典》，商务印书馆），每一个词的意思都需要在具体的语境中来判断。如：

① 我刚从水房打了两壶开水回来,你拿走一壶吧。
② 王师傅打的家具在那一带小有名气。
③ 结婚以前,新娘子给新郎打了一件漂亮的毛衣。

"打水"—舀取;"打家具"—制造(器物、食品),"打毛衣"—编织,从"打"词的本义出发,结合上下文语境,学生不仅容易猜出"打"的不同意思,而且在今后的写作中会尝试使用,减少生造词和词典用词现象。

(4) 以类聚的方式学习词汇

写作训练多采用文体、体裁的形式来进行,不同的文体和体裁常有最适宜展示的内容,也有可以类聚的词汇,适宜集中展示和学习。如描写人物的语段(摘自乔惠芳、赵建华,1995):

教室门打开了,走进一位四十岁左右、中等身材的老师。他穿着一件蓝色上衣,戴着一顶浅棕色帽子,鼻梁上架着一副眼镜,眼镜后面是一双带着亲切目光的不大的眼睛,眼角有几道浅浅的鱼尾纹。

其中有大量关于外貌描写的词汇/短语,我们可以将它们列举为:

年纪:四十岁左右
身材:中等,
容貌:,不大的眼睛,浅浅的鱼尾纹
表情:亲切
衣着:蓝色上衣,浅棕色帽子,一副眼镜

而每一项,教师都可以给出一定数量的类聚词汇/短语,如表示年纪的:二十岁出头,三十岁上下,接近四十,十七、八岁,牙牙学语之时,不惑之年,年方二八,耄耋之际;表示人物外貌的:弯弯的眉毛,浓眉大眼,高高的鼻梁,圆圆的脸,英俊,清秀,苗条,丰满等。学生学习了这样的词语,不仅可以扩大词汇量,方便写作,而且写出来的文章更加生动、自然,增加了文章的感染力。

二、句子训练

"集句成章",句子是表达一个完整意义的语言单位,是构成语篇的基本要素。句子是词汇依靠一定的语法规则组织起来的,而组织得是否正确、是否得体,首先要看句子是否符合语法规律和语用习惯。

运用汉语语法来组织语言材料,需要学生对汉语句子的构造和语用规则有一定的了解。同词汇训练原则相同,句子训练也不是写作教学的根本任务,而是为写作训练作准备的。写作训练中的语法教学,重要的依据还是句子偏误。

1. 写作中的句子偏误

写作时,学生虽然已经有了一定的汉语基础,受了一定的语法训练,但并不意味着所有的语法知识都已转化为了语言能力,成为明晰了的、可以自觉运用的知识。相对于单句写作,篇章中的句子写作是综合性的,要求更高,因此,出现的问题也更复杂。教师在批改学生作文时,一个很重要的工作就是修改文章的病句。根据对篇章中的语法偏误研究,句子偏误主要有以下方面:

(1) 虚词使用问题

虚语使用问题,不同于前文所说的词语偏误,前文中所介绍的词语偏误,一般不引起句子结构的变化,只影响意义的搭配。而不少虚词的误用往往造成了汉语句式的混乱,不符合汉语句子的组成规则。主要表现为虚词位置不当,如介词、副词前置、后置等:

*我感谢我的父母,我的<u>都</u>亲人。
*我想去<u>再次</u>澳洲。
*<u>特别</u>我喜欢炒饭。
*我游泳<u>从</u>7岁。
*现在我积蓄<u>为</u>卒业旅行。
*两年以前,我的父母住<u>了</u>在别的城市。

(2) 句子结构问题

句子结构应该能够完整和准确表达说话者的思想,如果必要的句子成分出现多了或少了的现象,势必会影响意思的表达。写作中的句子是不允许出现不规范的写法的,即使某些在口语中能接受和理解的说法,在书面表达时往往不被接受,写作中的句子要求更严谨、规范。句子结构方面出现的问题主要有这几类:

① 遗漏:因遗漏了某个成分而导致的偏误。如:

母亲也[做]服装工作。
有时我跟他一道去[打]台球。
我在千里阪急饭店的宾馆[当]侍应生。
他和我[有]相反的性格。

一楼是书店,正好[符合]我的爱好。

② 添加:因添加了某个成分而导致的偏误。添加的成分以"是"字为最多。如:

* 她是二十一岁了。
* 三田牛是很好吃。
* 我们不是说复杂的话。
* 每天做打工的时间很长。
* 我想读在中国最有名的畅销书。
* 开始学习汉语时,我感觉了汉字太难。

③ 杂糅:句法成分重叠,造成语义叠加,有的实际上为两个句子,有的只需删除其中一个成分。如:

* 我会说汉语得很好。
* 我建议穿西服比较好。
* 什么时候有时间吗?
* 王欢写了一个保证书,挂着在墙上。

(3) 句子语序问题

一般认为,汉语属于 SVO 型语言,除了修辞等特殊表达以外,句子成分(包括修饰性成分、补语)都有相对固定的位置,如果违背了语序原则,就会造成语序混乱。如:

* 这个大学我有朋友很多。
* 吃饭的时候,我们说话三时半。
* 最近我喜欢的歌手的音乐会没有。
* 香川县有很多的寺,寺来看很多人。
* 张老师画了两年一幅画。
* 我打电话不告诉老师。

(4) 句子结构难以分析

学生的思维跳跃,语言组织能力跟不上,这时句子基本是混乱的、成分不清、语序不明,也许还有汉字书写问题,只有借助上下文,才可猜出大概的意思。如:

最近我想增多"一百店"了。往昔那有每月一次在百货公司的一个专柜,可是,现在那有百货商店的地面的宽度,于是有"一百店"大大的牌子。

日本的俗语有"一富士二鹰三茄子"。如果在初梦见这些东西被说好。这个俗语的由来多,就中这些东西是骏河的名物好像有力的学说。

2. 写作中的句子训练

通过以上列举的句子偏误,句子训练的立足点仍然要放在偏误上。因为这类偏误类型,大致涵盖了不同国家学生的写作共性。从偏误出发,有助于抓住问题的重心,进行集中概括说明。在进行训练时,应该注意以下几点:

(1) 偏误对比说明

无论语法多么复杂,句子类型的数目总是有限的。写作教学中的句子训练,可以以句型为依托,进行大的框架说明,同时结合偏误的各种表现,互为对照,有正有反,强化认识。

汉语是语法形态不丰富的语言,句子成立主要靠语序,不需要添加其他的形态手段,形容词谓语句就是很典型的一例。从汉语的特点入手,进行汉语特点的说明,往往只能点到为止,综合课的语法练习就局限于此;而写作课的语法教学,可以借助活生生的例证来加以说明,使学生明白,自己辛辛苦苦写出来的东西为什么是有缺陷的,从而使不扎实的学习变为扎实的学习,真正提高语言运用的能力。

还有一些句式,只进行简单的句式操练,比如替换、转换、跟读、问答是不够的,因为这样很难看出使用上的问题,如"被"字句。劲松(2004)分析指出:"从类型学的角度来说,汉语是一种以主动态表达法为主的语言。使用被动态的句子很少;从结构上说,被动态的句子既可以有标记,也可以没有标记;从表达方法来说,既可以使用'受、挨、遭'之类的动词来表达,也可以使用'被、给、叫、让'这些虚词来表达,而且标记指向复杂……在语义上也受到一定的制约,常常表示一些不如意和不企望的意义。"留学生使用"被"字句,常有泛化现象,按照汉语的规则,可以使用无标记的被动句、或不需要使用被动句的,学生常使用"被"字句来表达。在单句操练时,学生更注意"被"字句结构上的完整与成立,较少有在自然语境中使用被字句的机会,所以才有"这件事被我写出来,告诉大家。""这时门突然被打开了"这样的句子。

进行偏误对照说明,还有一个重要的内容是,要把汉语句子的语法规则、特别是语用规则点清楚。讲解的方法要从偏误入手,有的放矢,指导学生分析问题,搞清楚错误的原因,如为什么此处不使用"被"字句,然后归纳出正确的使用规则。有的句式,学生可能早有所接触,偏误对照分析可以起到匡误扶乱,巩固加深的作用。

(2) 增加写作实践机会

写作训练,靠的是一个一个单句的有机衔接,所以语法上正确的句子,放到语段里就可能出现问题,这也就是我们把语段训练作为写作训练目的的一个重要原因。加强句子运用训练,就必须给学生提供更多的实践机会,去练习各种语境中句子的用法。以写作为目的的句子训练,可以侧重这几个方面:

① 找规律。根据写作文体或题材的特点,概括出使用的高频句式,然后观察以往学生的使用情况,将大量出现的典型偏误句子集中起来,让学生进行改错练习,在完成改错句的同时,加深学生对句式使用规则的理解,促进感性认识向理性认识的转化。

② 练语感。可以设计各种练习方式,帮助学生培养语感。如"完成句子":在一个语段中,将所需要填出的句子空出来,如这里需要一个"把"字句、"被"字句还是表示存在的句子等,练习中不必说明句式的要求,学生需要在上下文语境的提示下,来自主选择使用的句式。句式的语用背景具体化、情境化,可以为学生提供更多的建立语感的信息。

③ 进行小语段的练习。小语段是指几个语义上有联系的句子组成的段落。进行小语段的练习,可以减小写作的难度,更重要的是可以规定相应的句式,强制学生使用某种句式。如用三两个句子描述一下房间的一角,描述几个连贯性的动作,解释一件事情的原因,表达一下个人的意见等。看以下例子:

模仿造句

  A. 除此以外,我还有许多爱好,比如喜欢说笑话,喜欢多交朋友等。
  除此以外,____还_____,比如_____,_____。

  B. 左边粥店的成功之处在于,他们利用了"加一个还是加两个"这一信息,不仅给别人留有余地,而且为自己争取了更大的空间,才会一声不响地获胜。

  _____成功之处在于,_____,不仅_____,而且_____,才_____。

三、语篇衔接与连贯

衔接和连贯是语篇的重要特征。语篇之中句子、段落之间的衔接连贯主要靠三种方式来实现:(1)显性手段——运用连接成分;(2)半隐性手段——运用省略和指代的方式;(3)隐性手段——运用句子的逻辑顺序。一般认为,衔接是通过语法手段和词汇手段实现的,也称为"形合";连贯是通过逻辑推理来达到语义连接的,也称为"意合"。

连接成分通常指连接性词语,它们可以连接多种语义关系的语句,是语篇中最基本、最直观的衔接方式。一般的语篇教学,都将连接性成分训练作为重要的内容。罗青松(1998)有一个关于连接成分的简表,列举了表达17种语义关系的连接成分,现摘录如下:

汉语句子、语段之间的语义关系与相应的连接成分

语义关系	连接成分举例
时间	原先、事先、很久、以前,不久前,过不多久,随之,随后,接下来,曾几何时,顷刻之间,片刻
序列、列举	首先,其次,最后,第一,一则,再则,其一,进一步说
加合	相应的,无独有偶,再说,此外,还有,更有甚者,此外,另外,补充一点,除此以外
真相,实情	其实,实际上,确切地说,老师讲,不瞒你说,说句心里话
转折、选择	要不,但是,不过,然而,闲话少说,言归正传
条件	钥匙,不管怎样,无论如何,无论,不论,要不是这样,否则
让步	退一步说,自然,诚然,固然,当然
结果	终于,果然,不出所料,果不其然,果真,难怪,怪不得,原来如此
原因	所以,于是,因此,因而
目的	为此
解释	这就是说,换句话说,也就是说,具体来说,具体地说
举例	拿……来说,例如,比如说,举个例子,以……为例
题外,补充	还有,另外,再说,补充依据,顺便说一下,顺带提一下,附带说几句
归纳总结	总之,综上所述,总而言之,一言以蔽之,一句话,总的来看
意外	谁知,哪料到,突然,猛然间,岂料,岂知
推论	不用说,由此可见,显然,毫无疑问,可以肯定,这意味着,这说明
比较、对比、对立	同样,相比之下,与此相比,对比之下,相形之下,与此相反,相反,反之

省略和指代通常在上下文中使用,只要关系明确,文中可以省略主语,也可使用指代性的词语来代替上文中的人与事。逻辑手段一般不使用外显的、有形的形式,主要靠句子、段落内在的语义联系来表现,因此体现的是语义的连贯与顺畅。不同的篇章结构体现出不同的语义衔接方式,如按照时间顺序、空间顺序、认识或感情发展变化顺序来安排句子与段落等。

1. 写作中的语篇偏误

在语篇层次上,学生的偏误表现也是大量的,与词汇偏误和语法偏误相比,语篇偏误比较隐秘,不易识别,也不易引起重视。实际上,语篇问题更能反映学生的写作水平,对偏误的分析,更能有助于写作水平的提高。语篇偏误主要表现为:

(1) 关联词语使用不当

作为连接成分,关联词语的使用非常重要,使用不当的话,不仅影响语义的贯通,甚至让人产生误解。学生使用关联词一般存在词汇贫乏、滥用或错用的现象。如:

[因为]上个月我们有春假,[所以]我去北京旅行了。在北京的几天中[因为]一直下雨,[所以]我一直在饭店里睡觉,只去了故宫一个地方,[所以],这次旅行不愉快。现在[因为]我刚从旅行回来,[所以]情绪不稳定,因此不能专心地读书。

文中使用了三组"因为…,所以…",语句啰嗦,结构不紧凑。再如:

日本人关于这段战争的历史避而不谈,<u>不管</u>我们这些"不知战争时代的孩子"愿意学习这段历史,( )"经验过战争的大人"都拒绝教给我们这段历史。

文中画线部分用错,应为"尽管",( )处缺失。

(2) 连接成分错用或误用

连接成分一般都是连接性词语,不仅有一定的意义,而且有的还是两个、三个一起使用,在语段上需要套用。因此,常出现错用或漏用的现象。如:

除了早睡早起之外,我有几个改变。<u>一个</u>,来中国以后我有午睡的习惯。另外,我开始坚持体育锻炼。(画线部分可替换为表列举的词语"一是"、"二是")

来中国以后,我过着这样有规律的生活,我的身体比较好。( )在日本的时候,我每天很累,身体总是不大好。(括号里可加上表示转折或对立的连接词语"然而"、"与此相反"等)

(3) 省略和指代不当

在省略方面,学生不会或不敢使用这种汉语中常见的衔接方式;在指代方面,有时该用不用,或指代不明。如:

<u>她</u>是英国人,<u>她</u>生于香港,不过<u>她</u>现在住在伦敦。(画线部分重复)

他没有孩子,晚年收养了一个,<u>他</u>没有能力。(画线部分指代不清)

(4) 语句重复

在同一个语段里,意义相同的语句重复出现,显得文章繁琐、冗长,语义层次不清。如:

<u>我家旁边</u>的一个家庭里有一颗樱花树。<u>那棵樱花树</u>在那个家庭的院子里。<u>那棵樱花树在四月初时满开花,花开得非常美丽</u>。在我家旁边除了那棵樱花树以外,没有别的树,只有那棵樱花树。<u>那棵樱花树开花时,满开的樱花把那一带的被烟尘污染的空气和气氛变成桃源乡</u>。我很喜欢那棵樱花树。

文章中所要表达的只是邻家院中的一颗樱花树及花开的情景,却重复使用"我家旁边"(两遍)、"那棵樱花树"(七遍),花开时的感受(见画线部分),表现出对语段组织的不利和能力的欠缺。

(5) 语句排列顺序混乱

句子或段落的排列显得逻辑混乱,杂乱无章;有的语义跨度大,语义松散,甚至没有联系。汉族人习惯于从大到小、由远及近,从左到右、由上及下地来思维和理解事物,反映在篇章上,很多语句都是按照这样的时空顺序来组织的。比如介绍家庭成员的顺序一般是先长后幼、先男后女,下面的段落就表现出明显的不足:

我家有五口人。除了我以外,有父亲、母亲、<u>妹妹和哥哥</u>。母亲是小学老师,<u>哥哥</u>在一个美术院,他画西洋画儿。<u>妹妹</u>是大学生。父亲呢,当一个兽医。我现在在中国学习汉语,想学习两年。<u>妹妹</u>的专业是衣裳设计,他很喜欢造衣服。

2. 写作中的语篇训练

语篇教学是与写作教学结合最紧密的教学,要想保证写作的效果,形式的衔接与语义的连贯是最基本的要求。写作训练时可以着眼于以下几点:

(1) 语篇知识的讲解

语篇知识的介绍和讲解是保证写作效果的重要条件,也是写作教学的重要内容。汉语教学的各课型都有自己的训练内容和训练目标,语篇知识应该属于写作课的教学范畴。从偏误的各种表现看,语篇知识的缺乏应是学生学习写作的一大障碍,进行有关知识性的介绍和讲解,能保证文章基本上文从字顺、形式统一、完整。

语篇知识大概包括这几方面内容:

① 连接性成分:按照语义内容分类的各连接性词语,它们在文中的作用,使用的方法等。

② 省略与替代性知识:汉语省略的一般方法,替代性词语及可替代的成分等。

③ 语篇手段:句子组合及段落组合的基本规律,如时间顺序、空间顺序、发展过程顺序、因果关系、并列关系等。各种文体的功能,如叙述、描写、说明、议论等。段落之间的过渡与照应,过渡的方式如使用关联词、使用承上启下的句子或段落等;照应的方式,如首尾照应、前后照应、题文照应、反复照应等。

知识性的讲解要与偏误分析和写作实践紧密结合起来进行,并要协调好讲与练的度,三分讲,七分练,帮助学生做到明白道理、能够分析、学会使用。

(2) 范文赏析

欣赏和分析经典范文的语言组合、文章构思和结构安排,是从正面指导学生写作的方法。范文赏析要以语篇知识为依据,从文章入手,在整体阅读之后,按照不同的项目要求,指导学生从文中找出相应的内容。如文中省略掉的成分是什么,指代性成分的指代内容是什么,该篇文章是按照什么逻辑顺序安排的。画出文中的连接性成分,说明使用的特点和效果。看看文中有哪些过渡性的语句,它们是如何实现层次的转换、内容的转换、时空的转换和表达方式的转换的。有没有照应性成分,照应是如何为文章表现服务的等等。范文赏析既是欣赏,也是学习,是知识与应用的结合。

(3) 科学有效地练习

任何知识性的储备和分解练习,都是为了最终的目的——用书面来表达思想。前文所说的词汇的、句子的、语篇的偏误分析和教学指导,都需要统一到写作训练的大目标下,通过综合性的协调行为,发挥出整体的功能和效果。语篇知识为学生语言表达提供了规范的、可借鉴的表达手段,为我们开展科学有效的练习提供了行为保障。

语篇练习侧重于以下方面:

① 规范写作

真正意义上的写作,简单地说应有几个标准:书写正确;语言表达准确、无语病;内容清晰、中心思想明确;结构合理、完整,使用一定的修辞手段。在写作过程中,由于受到各种条件的限制,学生不能自如地使用语言,在语言运用、内容表达、文体格式方面都会出现不够规范的问题。规范化的问题不局限于形式,更与交际任务的性质相联系。如不同的文体,往往有惯常的表达格式,特别是应用文体,如请假条、推荐信、请柬等,都是有比较固定的写法的,在书写顺序、文字排列方式、语言风格、用词、称谓、落款上,都有一套程式化了的表达形式,如果在格式方面出现问题,必定会影响交际的效果。叙述性的文体要求有头有尾、脉络清晰;论说性的文体,为了加强说服力,也要层次分明,论述深入,因此它们在文体结构上都有一定的要求,也有最佳的表达格式。再如标点符号的使用,汉字的书写等,也都有一定的规范。语篇训练,可以帮助学生逐渐建立起规范写作的意识,减少写作的盲目性,提高写作的效率。

② 提供写作的方法

语篇训练由于有更为具体的内容,更格式化的形式,因而可以让学生更快掌握写作的方法。如范文提供了典型的写作模式,学生经过阅读分析后,可以依据范文的格式,运用范文提供的词汇、句型、连接方式和段落组织结构等,另立题目,开始模仿性写作。这种限制性写作的方式,在写作的初期、或者语言水平较低时使用,具有很好的引导和促进作用。在写作进入成熟期或学生的写作水平有较大提高时,学生能根据表达的内容、个人的习惯等有选择地、自觉地、自如地运用。或借用范文的形式、旧瓶装新酒;或选择某一范文的开头、另一范文的结尾……,将所学知识融合起来,为我所用,语篇知识可起到了引导、提高、灵活运用的作用。

③ 指导修改

文章写得如何,修改是最重要的一环,任何文章都需要作者反复斟酌、反复修改,小到词句,大到文章结构、立意,精心地推敲、打磨,能让一块璞玉变成美玉。

借助语篇知识,学生可以针对文章的各个方面进行排查,看看文章的思路是否清晰,语言表达连接是否顺畅,文章结构是否合理、完整,详略是否得当,在修辞造句上是否有更好的表达,有没有语病等。修改时,老师应该给出一定的时间,还应该指定修改的范围,比如:只关注关联词,让学生反复朗读,体会语义,看是否需要关联词,已使用的关联词是否恰当。有疑问的地方或查词典,或与同学讨论,或直接问老师,然后再朗读几遍,感受修改前后的差异。将文章互换修改也是一个很好的方法。写作者按照自己的思路来组织句子,自认为表达清楚了,对读者来说却可能不知所云。同学间互换修改,或者小组交流,能够很快地看出文章的问题,还能展开有益的讨论,加深对关联词的理解和运用。修改范围的指定应根据学生实际情况来决定,并且与讲解性活动结合起来。

第三节　汉语写作技能训练的方法

一般认为,第二语言的写作教学研究是在第一语言写作教学的理论和实践基础上发展起来的,并逐步融入了第二语言教学的特色。对外汉语教学中的写作教学研究也如此,并且由于能够及时学习和借鉴国外和英语写作教学的经验,汉语写作教学研究起步虽晚,但在教学理念、教学方法、教材编写都取得了一定的成绩。根据近二十年来的有关研究,汉语写作教学中具有代表性的方法有这么几种,简要介绍如下。

一、过程写作

过程写作是第一语言写作教学中广泛使用的一个方法,它认为写作也是学习的一个重要方面,而学习只有与学习者的人生经验结合起来,才能成为一种有意义的学习。教育即成长,教育即生活,语言学习要发挥出它的社会功能,就必须与学生的成长和生活相结合。过程写作强调的就是学生在写作的过程中,完成对语言的探索和使用,因此教学的侧重点"由传统的篇章结构、语法、词汇,转向了对写作内容及写作过程的关注。一些与学习者的写作过程密切相关的写作'程序'被当作了写作课的教学内容"(杨俐,2004)。

1. 过程写作的特点
(1) 写作成为一个进程
从准备写作到写作最终完成,是一个包含很多环节、并且连续、衔接的过程。这个过程演示了写作意识的萌发与发展以及语言表达不断完善的整个过程。换句话说,从无话可说、无从下笔到文章完成,一步步都有章可循,其间学生能获得来自师生各方面的指导和帮助。
(2) 注重过程
任何人、任何时候都可以开始写作,尤其是最初,不要求完美、准确,过程中的进步更重要。强调过程中的讨论、反馈和修改,以及写作者自我能力的提高。教学双方的目的就是通过循序渐进的训练进程培养学习者的写作能力。

(3) 强调写作的目的

学生首先要明确写作的目的、写作的对象,为何写作？写给谁看？从而激发写作的兴致。在写作的过程中不断与人交流,修改和调整自己的思路和表达方式,使之更规范、更易于理解。

(4) 教师的作用

教师成为一个全面的指导者,而不仅是写作的指导者。应有效组织教学,为学习者提供更多的讨论、修改的时间,鼓励写作,及时提供指导。教师批改也不是找错误、给分数,而是一起讨论、思考,提出改进意见。

2. 过程写作的程序

过程写作的程序一般分为三步:准备——写作、修改——编辑、整理

(1) 准备

① 选定话题:提供至少5个话题让学生选择。

② 明确写作目的和对象:设问,我为什么选择这个话题？什么人会对我的写作感兴趣？

③ 进行构思:关于这个话题,明确要表达的意图。将想到的内容全部列出来,按照一定的顺序排列,分出段落层次。

④ 列出写作提纲:添加文章的题目,及起始段和结束段。

以下是一个例子(摘自杨俐,2006)

互联网与我们的生活

  A. 开头:互联网的起源与发展情况

  B. 主体:好处:方便、快速(1)查阅信息,(2)交友联系,(3)网上交易

    问题:(1)网民沉湎于网络,(2)网络病毒传播

  C. 结尾:互联网在生活中的使用前途广阔

⑤ 写出相应的词汇:通过查词典、询问等方式,列出可能使用到的词汇。

⑥ 学习范文等:在教师的指导下,阅读范文,学习和讨论写作知识和写作方法。掌握一些常用句式和篇章结构方法。

(2) 写作、修改

① 写出草稿:根据提纲,扩充内容,写出草稿。专注于文章的整体架构和内容的表述,不拘泥于语言形式。

② 初步修改:追究以下问题:内容是否清楚表达？有没有遗漏、重复？词汇、句子是否要改进？段落是否要调整？各部分衔接是否流畅？

③ 讨论:在小组交流。学生之间相互点评,就不清楚的地方展开讨论,借鉴别人的方法。其间教师也可提出建设性意见。

④ 再次修改:就内容、形式各方面进行深入的修改、润色。

(3) 编辑、整理

① 整理文稿:将写作过程中的所有材料,按照过程顺序整理好。

② 填写写作日志:将姓名、时间、文章题目、教师评语、写作心得等填在表格上,作为本次写作的总结,附在文稿之后。

③ 编辑成册:期末时,将本学期所有的文章按顺序整理、编辑成册,制成作品集。如有可能,可以再次修改。

3. 过程写作的评价

过程写作是在认知心理学、社会语言学和教育学等理论基础上发展起来的,是学校母语教育的一个重要组成方式。把过程法引入第二语言的写作课堂,就是吸收了过程写作的教育理念,使之运用于第二语言的写作训练。过程写作的方法强调学习者自主意识的发挥,关注人的认知心理对语言能力的作用,为思维的表达提供了一个良好的出路,体现出语言成长的合理性和真实性,因而取得良好的教学效果。

写作成为一个由易到难、逐步完善的学习过程,减轻了写作者的心理压力,使他们能够从容地面对,并自由表现。在写作的过程中,每一个环节、每一个步骤师生双方都积极参与,体现出交互式教学的优势。充分的讨论和修改时间,也给了写作者更多的思考和探索的机会,使他们能够更深入、扎实地理解和运用语言形式,发挥出最佳的语言组织能力。

运用过程写作的方法来进行教学,在操作上要求较高。教师需要进行周密的计划,合理的安排,能够调控好课堂,避免细枝末节问题的打扰,还要善于挖掘每个人的潜力,调动他们写作的热情。最重要的一点,要帮助学生设立目标、并让他们不断体会到学习的进步。

二、任务写作

任务写作是任务型教学法在写作领域的运用。任务型教学指设定具体的交际任务、通过任务完成的情况来检查语言技能训练效果的第二语言教学方法。任务法是交际法的具体化,它把语言教学的基本理念转化为具有实践意义的课堂教学行为,将形式化的语言项目学习融入到一个个语言活动中,鼓励学生在真实的场景中去探究、去运用;而完成任务的结果,即交际问题是否解决,则是评估任务完成情况的依据。与过程写作相比较,任务写作不仅关注语言本身,也关注过程,因此与过程写作有共同的教育理念。

1. 任务写作的特点

(1) 交际性

语言具有交际性。写作中的交际性体现在,写作要关注写作目的和对象,明确"为谁写"、"为什么写"。研究表明,当学生像真实生活中的人物一样思考而写作时,教学效果最好。任务写作设定真实的语境,让学生设身处地地来构思文章内容,想方设法来表达自我意识,达到自我的目的。对于语言形式的选择和使用,以服务写作为目的,因而能促进探究式学习、有意义学习的发展。

(2) 实用性

为了达到交际目的,任务写作从实用性的角度精选写作项目,与学习者生活、工作、求职等关系密切的文体多收录其中。如英语教材《写作任务》中列出了7大类:写便条和备忘录;私人信件;写电文、发指令;描述;报告经历;给公司、机关的信函;表达事实、意见和建议。汉语教材虽没有按照任务式来排列,但是公文写作都占据很大的位置。写作课往往在中高年级中才开设,而且课时很少,为了充分发挥写作课的作用,教材在文体安排、范文选择和写作知识的介绍上,一个重要的依据就是实用性。

(3) 灵活性

任务写作在教学内容的安排上比较灵活,任务项目的排列没有严格的序列,先学习公文写作,还是论说文写作,都不影响语言形式的安排。一个大项目下往往有若干个子项目,如写信函就可以分为写私人信件、申请信、推荐信、介绍信、申述信等,教师可以根据学生的需要和兴趣选择学习;在同一类任务中也设置有不同难度的题目,因而有较大的选择余地。

2. 任务写作的过程

任务教学一般分为三个阶段:任务前、任务中、任务后。任务写作的过程为:

(1) 任务前——写作准备

写作准备分为以下几个步骤:

① 选定任务:教师要根据学生的兴趣和需要,选定当前的写作任务,进行任务的解释和说明,明确其重要性。学生可以进行简单的讨论,就个人了解到的情况进

行介绍。

② 范文示例:指导学生分析范文,讲解段落的安排与组织。

③ 语言提示:就范文或任务类型有密切关系的语言形式进行说明,描述使用的规则,进行一定程度的操练。

(2) 任务中——进行写作

学生按照前期的准备情况,开始独立写作。其间教师可进行指导,也可安排小组协商,注意调动学生写作的潜能。

(3) 任务后——写作汇报

① 小组交流:学生就写作成果进行交流。可以朗读和传阅写作文章,讨论和商议,有问题或疑问,教师可进行指点。

② 汇报:每个小组推举发言人,汇报小组的讨论情况,或朗读写作成果,注意语言的准确与流利。

③ 评价和巩固:教师提出评价标准,学生对照检查,进行全文修改。就带有普遍性的问题,如文章中存在的语言、文化和语用错误提出建设性意见。也可安排一些后续性的练习,巩固写作的效果。

3. 任务写作的评价

任务写作是在交际法的大环境下发展成熟起来的写作方法,强调"用中学"、"做中学",强调语言的社会功能,因而具有较强的针对性和实用价值。

任务写作吸收了传统写作注重语言形式的优点,语言形式的排列较有系统,并尽量与语言表达功能相结合,为语言运用提供了真实的场景,提高了语言学习的效率。

教学灵活。注重学生的个性,可以根据学生的兴趣、语言水平调整任务项目,减低难度,保护了学生的学习热情。

存在的问题是对写作任务的选择众口难调,一本教材短时间内难以做到全面公正;语言形式与任务的结合有的贴切,有的牵强,甚至遗漏,因此影响了语言的系统性。对结果的重视可能会影响到语言表达的准确和流利。

三、自由写作

自由写作严格地说还不是一种教学法,而是一种写作路子,它是为克服写作时的语言"堵塞"而设计的。不论是第一语言写作还是第二语言写作,都可能有"无从下笔"的情况发生,自由写作能激发写作者打开思路,从而为进一步的写作打下基础。

自由写作的一个常用方法就是"头脑风暴"(Brainstorming),也叫"激情联想",写作者面前放着一张白纸,中间画一个圈,写上题目或关键词,写作者只需盯着白纸,将脑中涌现出的任何词语或句子写出来,越多越好,而不必计较拼写和语法。关键是一直写、尽快写,不要停顿。之后,再进行整理、充实、成文。

1. 自由写作的特点

(1) 强调写作的启动

看到一个题目,任何人都需要构思,要考虑内容、结构、写作意图、语言风格等。考虑的问题越多,越难安排取舍,尤其是第二语言写作者,还受到语言水平的限制,思维和语言不同步,就越发觉得难写。自由写作强调头脑放松,打开思路,激发灵感,将涌入脑中的任何想法、有关的或无关的都尽快记下来,而不考虑其他问题,能保证大脑处于积极活动状态,从而为下一步理清思路、提炼主题提供更多、更好的帮助。"万事开头难",自由写作用头脑风暴的方法帮助写作者跨越写作的心理障碍。

(2) 强调写作的量

写出来的东西,量比质更重要。快速地写、不间断地写,激活的成分越多,语言表达就可能更丰富、更得体。一些教师甚至认为,"一旦能够把自己的意见写出来,语法的正确以至语言的组织问题都可以迎刃而解"(罗青松,1997)。当学生越来越自如地进入自由写作状态,会发现自己能写得比较流利了,语言表达的量积累到一定程度,就会在质上产生飞跃。

(3) 关注内容的表达

考虑到思维的连贯性会影响语言表达的流利,学生的注意力更多地放在表达的内容和速度上,而不必担心词汇、语法、拼写、标点的使用以及可能出现的错误,能够保证意义的完备。外在的形式是可以修改的,不完美、不准确的地方是可以提升的,内容居于首位、形式居于次位的思想体现出自由写作对语言功能的重视。

2. 自由写作的步骤

(1) 限定一定的时间,3到4分钟、或者更长。

(2) 写出脑中出现的任何词语或句子。

(3) 把它们按照一定的内容排列起来。

(4) 画出重要的部分,将其分成有层次的段落。

(5) 将段落按照一定的层次组织起来,构思提纲。
(6) 试着写出一些小的段落。
(7) 考虑语言的形式、文章的结构,进入写作。

3. 自由写作的评价

自由写作的最大好处是解决了学生书面表达中的思路阻塞问题,减轻了学生对写作的压力。让学生在自由放松的状态下自由想象、尽情书写,不苛求语言的表达,不计较文字的书写,这对很多惯于用母语思维的人来说,尝试到了外语写作的快乐,也让许多惧怕写作的学生认识到:写作并不是一件很难的事。

更好地体现出写作的特点。写作是思维表达的一种形式,它借助文字来抒发情感、表达观念,如果限于文字和语言的羁绊,无法真实、有效地表达,写作的意义就大打折扣。鼓励学生大胆写作而不关注语言形式的问题,就是明确告诉学生,只要表达出思想,形式上的东西是可以修改的,不必为了形式的完美而放弃对思想的追求,从而摆正内容与形式的关系,体会到学习的意义。

奠定了准确表达的基础。从自由表达到认真修改,是一个循环。在写作的前期阶段,学生写出尽可能多的词语,通过互换学习、提问解答,慢慢形成文章的表达雏形,获得写作的经验和感性认识,然后逐步完成语言的得体表达。前期准备为后期写作打下扎实的基础,提高了写作的效率。

自由写作作为一种写作手段,在启动写作方面具有明显的优势,在进入真正的写作后却缺乏有力的指导,在表达的内容和形式上也没有严格的要求,写作的效果也主要看学生的发挥,因此具有很大的局限性,教师可以根据需要选择使用。

四、模仿写作

模仿写作也指控制写作,是传统写作法常用的教学模式,它吸收了听说法注重语言结构训练的思想,强调在教师指导下的学习。学生通过各种形式的语言操练,模仿使用语言,以达到减少错误的发生、巩固并熟练使用语言的目的。

模仿写作一般从语言形式入手,学生做各种形式的句子练习(填空、造句、变换句式等),熟悉语言的使用规则,然后根据提供的语言框架,做段落练习,然后进行模仿写作。在此过程中,教师是教学的组织者和引导者,不仅要提供大量的练习材料,解释练习的方法,保证练习的效果外,还要进行写作知识的讲解,规范写作的内容和形式。与自由写作相比,教师控制课堂的成分大大加强了。

1. 模仿写作的特点

(1) 实行分解训练的方法

模仿写作按照组成篇章的各语言单位来安排训练的顺序,如词语组句练习、连句成段练习、谋段成章练习、综合模仿练习等,通过单项练习的方式,熟悉写作所需的各种知识,掌握组织篇章的各项技能,为真正进入自由写作做准备。分解训练的好处在于分化写作的难点,突出单项训练的效果,减轻写作的压力。

(2) 提供写作的范本

模仿写作很重视范文的作用,课堂上往往利用范文来分析文章结构,总结写作技巧,学习篇章的连接方式。在分析的基础上,引导学生了解文章的体裁,以及内容是如何与形式紧密结合的,然后指导学生在现有的框架下,更换主题或表达范围,写出一篇新的文章。

(3) 强调语言表达的正确性

在结构主义思想的影响下,教师对语言的正确性相当重视,对错误、尤其是语法错误采取比较严格的态度。控制写作采用了一系列井然有序的训练方式,目的就在于提供更多有规律的使用条件,规范学生学习,减少错误的产生。模仿写作对文章出现的形式错误尽量做到修改无误,这也强化了学生对语言形式的重视。

2. 模仿写作的常用方法

模仿写作的方法比较多样,因提供材料的方式、写作时的要求、引导的方法各有不同,形成一些各有侧重的训练方式。这里,我们也着重介绍方法,对过程就略去不讲。

(1) 变换式

学生根据提供的一些段落,或改变说话人的身份,或改变叙述的方式,或改变其中的某一语法句式,进行再次写作。如一个以第三人称口吻描述人物的段落,介绍了哥哥与弟弟相比的各种特点,相貌、身高、爱好、习惯等,使用变换法写作,可将叙述人物的口吻改成弟弟,并规定一些句式的变换,如"比"字句变为"不如"句等,文章的模式保持大致不变。

(2) 问答式

围绕着一定主题,教师提出很多问题,对这些问题的回答实际上就构成一篇文章。如"介绍学习汉语的情况",可以提出以下问题:

你是什么时候开始学习汉语的?
你现在在哪个班?

那个班的老师和课程怎么样?
你觉得哪方面比较难?
你的学习方法是……?
效果如何?
你打算学习多长时间?
学完以后,你打算做什么?

由于所提的问题相对集中,并且可以分成不同的段落,等于规定了写作的格式与脉络。

(3) 引导式

在写作的内容和形式方面,教师直接提出各种要求,学生按照教师的引导,逐步逐项地完成。一般借助各种表格、图画等形象化的材料来提示写作的内容,也可以提供一些连接成分或提示性的句子,学生必须运用上所给的材料来描述和表达。如 Ann Raimes 练习实例(罗青松,1998),展示了一张有人物和背景的图画,要求学生写出:

① 画面上有一对男女和他们的住房。第一段描写出房子的颜色、质地、窗户的形状以及对房子的印象。

② 第二段介绍画面上的女士,描述她的样子:年纪、头发、衣服和表情,以及对她的印象。

③ 第三段用"靠着这位女士站着的是一位先生"这个句子开始,说明对他身份的猜测及理由。描述他的外貌、眼睛、表情、衣着以及手中拿的工具。

④ 用2—3个句子结束文章。

(4) 平行式

采用"听后写"、"读后写"等形式,将文章的内容介绍给学生,要求学生使用提供的词汇、句型、连接方式和段落结构等,将理解和记忆的内容表达出来。"读后感"、"看图写话"、根据某人的简历写一封推荐信等都是常使用的方法。

3. 模仿写作的评价

考虑到语言输出的开放性和复杂性,模仿写作的指导者力求为学习者们提供一个规范的、可控制的写作环境,来消除一切可能出现的错误,这在一定程度上保证了写作的质量。写作中牵扯的问题是多方面的,采用分解训练的方法,将写作的难点进行了分化处理,有助于学生了解自身的状况,确定写作的主要目标。模仿写作多采用提具体要求的指导方式,尤其是规定了必须使用的词语或句式,这种强制使用的方法,使得学生回避使用的现象受到遏制,强化了语言训练。

　　模仿写作基本属于传统的第二语言教学的路子,它对语言形式的重视、对文章篇章结构的合理使用,都源于第二语言教学不同于母语教学的认识,因而更照顾到了外语学习者的心理,教学方式也与传统的综合、口语、阅读等课程的教学方式结合了起来。目前国内大部分写作教学模式都吸收了模仿写作的精华,在练习的编排上更注意语言形式的阶梯形,循序渐进,由分散到综合,逐步提高学生的写作水平,这种方式对于初级水平的学生来说,具有较强的指导意义。

　　模仿写作的局限表现为,在内容与形式上都设置了一定的框框,限制了思想表达的自由发挥。写作说到底是表达思想的,而思想的表达可以有更多、更丰富的表达方式。机械性的变换、框架的束缚,在一定程度上损害了学生的思维,使得文章千篇一律,缺乏个性。仅靠模仿就能学会写作的思想也有简单化的倾向,语篇并不是词汇、语法的简单堆砌,而是语言、文化、心理、认知能力的综合体现,过于分散的语言形式练习可能误导学生,而将写作的重心只放在形式化的练习上。

　　以上由近至远、介绍了第二语言写作教学的几种重要的训练方式,可以看出,语言的教学方法都是从一定的角度出发、侧重解决一定的问题的,都有其突出的特点和优势,也有一定的局限。纵观第二语言教学的发展,每一种教学方法都是对以往教学成果的继承和革新,我们的教学实践也必须根据实际情况来取舍,往往综合性的训练方法更合理些,适应性也更强。

第四节　汉语写作技能训练的过程

　　不同的写作训练方式,其课堂教学过程各不相同。在环节的设计上也可能各有取舍,但在教学的思路上还是基本相同的。我们将写作训练的过程大致概括为以下4部分:

一、写作准备

　　正式动笔写作前所进行的各种有利写作的准备活动,都属于写作准备。准备活动主要有心理的、语言的、思维的。激发学生的写作欲望和兴趣,将学生心理由"要我写"变成"我要写",是写作前心理准备要达到的主要目的。语言准备范围较广,涉及写作中所需的各方面知识介绍和能力训练;思维的准备主要指构思过程。

下面简要说明进行写作准备时常用的方法：

1. 积极调动式

很多有经验的教师都把克服学生写作时的畏难情绪作为新课开始的前奏，通过讲故事、听音乐、朗读等方式舒缓学生的压力，并融入一些与写作内容、写作知识有关的背景介绍。如今天的内容是介绍一个人物，教师可能先引导学生说一说生活中最重要的人，询问其身份、年龄、性别、外貌，有什么印象深刻的事件，为什么对他很重要等，从而引起学生表达的欲望。在介绍写作知识，如标点符号的使用时，先给学生看一段跟标点符号有关的小故事，或讲一个因断句位置不同引起的笑话，让学生在轻松幽默的笑声中树立起重视标点符号的意识。

2. 集体讨论式

教师可以简单介绍一下今天的学习或写作内容，然后把学生分成组，进行讨论。如介绍一个人物，学生们可以讨论选择什么样的人物进行写作，文章的内容应该包括哪几个部分，开头怎么写，结尾有几种方式等。在阅读范文的时候，教师可以提出一些思考的问题，如本文是按什么方式来组织语言材料的？采用的连接手段有哪些？分为几段？每段的中心思想是什么？各段落间有什么样的层次关系？文章列举了哪些证据来加强文章的说服力？等等，然后让学生自己寻找答案。

3. 讲解式

对一些需要专门传授的知识，教师可采用讲解式的方法。前文介绍了写作中常见的语言偏误，这对学生来说是很重要的反面学习材料，教师可以结合学生习作，将有普遍性的偏误摘出来，给学生进行讲解。还要提供一些练习，如找错、改错、选择词语、填出关联词等形式，加强学生的理解。对于写作中重要的知识性内容，也适宜采用讲解式的方式，但要注意讲练结合，讲解过程还要注意启发学生，积极思考。

讲解式也是范文导读时常用的方法。教师事前将范文发给学生，等学生阅读后，进行有侧重的讲解。这些侧重点应跟本次的写作任务相关，如重点句型、该话题的常用词汇、论据的展现、结尾的写法等等。范文的题材和体裁应该丰富多样，内容有趣，每次以2—4篇为好。

4. 展示式

多提供一些直观、形象、具体的材料，来引入写作的话题，规定内容的范围，提示写作的思路，提供可用的数据。像听后写、读后写、看后写等方式，主要就是借助了不同的引入媒介，来提供写作的材料。"我的一天"、"一件难忘的经历"这样叙述性的题目,往往可以用图表、图像来展示内容、介绍事件的发展;公文体、论说文体,也都适宜利用图形、图表等提供的数据来组织观点、安排段落。展示法的目的在于,使写作变得更容易,避免因知识缺乏、思维单调等问题引起的写作困难。

5. 思维导引式

写作的一个重要方面就是构思。虽然成人外语学习者智力成熟,都有母语写作经验,但是进行真正的汉语写作,仍有力不从心的地方。比如汉语文章的构成就体现了中国人的思维方式,有研究指出,汉语文章倾向于归纳式,英语文章倾向于演绎式;汉语文章的开头喜欢铺垫、英语文章的开头喜欢开门见山。当然,这样的说法并不全面,但是在写作前,对学生进行一定的思维引导,也是促进写作顺利进行很重要的方面。模仿写作的很多方法实际上起到了引导学生构思的作用,特别是过程写作,更是把写作前期的构思作为重要的环节来对待,它的自由写作安排,路线图的形成、提纲的整理,占据了过程写作的很大篇幅,保证了文章的基本格局,也就保证了文章的效果。"好的开始是成功的一半",构思的作用就在于此。

二、写 作

完成写作的前期准备,就开始进入写作环节。有的教师愿意采用家庭作业的形式,有的愿意学生当堂完成。一般来说,写作课的教学时间不充裕,大多数教师都把作文布置给学生,并限定上交的时间,这样可以充分利用课堂时间来进行各种准备活动,又给了学生更多思考和修改的机会。

在布置写作任务的时候,教师往往要做以下说明:

1. 限定文章内容的范围

写作内容的范围往往由教师指定,为了便于学生构思,教师给出的作文题目应该宽泛,能有较大发挥余地,并能启发学生深入挖掘。比如写作题目《北京印象》,范围就涉及北京的方方面面:交通、环保、建筑、饮食、居民等等,学生可就自己印象深刻的一点展开论述。文章范围并不代表文章的题目,学生选材的角度不同,观点不同,提炼出的主题不同,文章的题目也就应该不同。文章的题目应提供足够的信息,让人还没开始阅读、就有了最初的概念。

内容的范围也应该多样化,不要只局限于校园生活、学习生活,可以将范围扩大到社会、历史、地理、经济、政治、文化、民俗等各方面,考虑到生活需要、工作需要。内容的复杂度也要有所体现,有些作文需要学生调动个人储备的知识、经验、阅历和体验来完成,有的则需要去调查、访谈,寻找第一手资料,有的则需要利用图书馆、网络等去搜寻。总之,一句话,布置作文时,范围由教师定,题目却由学生定,这样为好。

2. 规定文章的体裁

文章的体裁应跟文章内容结合紧密。范围过于宽泛的题目如果对体裁不加以限制,学生可能会写出各种风格迥异的文章。如关于电视,从议论文的角度可以写《电视的功过》、《什么样的电视应抵制》、《青少年每天看电视的时间》等,也可以从记叙文的角度写《一次难忘的看电视经历》、《我家的电视机》、《从看电视想到的……》等。那么教师的指令语"大家都看过电视吧?你喜欢看电视吗,关于看电视,你有什么想法?",这样笼统的语言导致的结果只能是五花八门的作文形式。教师应该再强调一下"请以议论文的形式写一篇文章,确定主题、论点、论据,字数400"等。

选用什么样的文章体裁也要注意学生的写作水平。在初中级水平,以记叙文、说明文和简单的应用文为主,到高级阶段,侧重议论文和复杂的应用文。另外,布置的作文体裁也要跟范文一致,写作要求尽量与范文显示出的特征(如结构特点、典型的句式等)相吻合。

3. 提示语言的形式

语言的形式、特别是词汇,常与一定的话题内容相联系。在前期准备时,学生可能已经通过各种途径掌握了不少,如谈论交通状况,这样的词汇必不可少:汽车、地铁、私家车、堵车、拥挤、上下班高峰期、废气、空气污染……布置作文时,教师应该提示学生选择使用。还有一个更重要的方面就是句式和连接成分,如表示比较的句式:"晚上比早上更挤"、"比我们国家好多了";表示程度的句式:"挤得我快成相片了";连接词语"除此以外"、"一来、二来"等。在模仿写作时,语言形式上的控制比较严,要求也比较具体,学生必须按照所给的内容和框架来进行,而在其他方式的写作中,尤其是自由写作时,要求就不那么严格,在布置作文时,教师只要做出一定的提示和要求,应该就能收到良好的效果。

三、批 改

作文批改主要指教师阅读作文后所写的评语。批改学生的作文,一般有以下

几个原则:

1. 教师应对学生作文持一种积极评价的态度。

善于挖掘文章中的闪光点,并给予肯定。研究表明,在宽松和赞赏的环境下,学生会热爱写作、关心写作,有较强的自信心,从而使写作的创造力得到极大发挥。

2. 评价应该具体。

不要笼统地使用"语言优美、文字通顺"这样母语作文批改的用词,要针对重要的具体问题来进行批改。评语可以用文字描述出来,比如"文章的开头写得不错,清楚点明了主题,又引出问题,为下文的论述进行了铺垫"等;也可以直接在或优美或出错的句子和词语下画线,然后在旁边加注。

3. 批改作文可以按照不同的侧重点来操作。

学生的作文中包含的问题是大量的,也是复杂的,不同的学生,出现的错误也有不同,如果教师从词汇、到语法,从结构到语义,甚至汉字、标点都逐一改正,不仅需要大量的时间和精力,而且有不分主次之嫌。较好的方法是,每次教师可提出一两个重要的方面请学生特别注意,批改文章时,老师也着重注意这一两个方面。这样做带来的另一好处是,便于教师收集学生带有普遍性的问题,方便以后的讲评。

4. 要使用规范的修改符号。

因为教师的个人习惯不同,在批改作文时可能使用不同的修改符号,这样会造成学生意识的混淆。首先,教师要使用规范的修改标记,如插入符、删除符、互换符、缩进符等;其次,要给学生明确讲明各种符号所代表的意义,让学生不仅能看懂老师的修改,而且也能使用这些符号自我修改。

四、讲评与修改

讲评是教师活动,修改是学生活动,它们没有固定的顺序,哪个在前,哪个在后,都无不可,而且讲评和修改可以重复进行。

1. 讲评

讲评应先总评,先就本次写作的总体情况作一简要概述,充分肯定成绩,还要从前后的对比中来说明学生的进步。

挑选出几篇比较好的文章作为范文进行朗读,朗读完可做点评,也可请学生来发表意见。选择范文时尽量照顾大多数学生,不要只选某几个学生的作文。

就重要的、有代表性的问题进行解释说明。对于明显的语言偏误,可设计为练习,进行集中、概括说明。筛选时注意,该偏误是否为大多数学生所共有,是否具有典型性。对于那些个别的零星问题,最好不要放在全班讲评时说。

给学生一些相互交流的时间。把学生分成组,每个小组的学生可自由讨论交流,互评互改。教师可以巡视各组,听听大家的意见,并作相应的解释。

2. 修改

教师讲评和学生互评,其目的是为了提出建设性意见,帮助学生的进一步修改。有的写作课进行到讲评就结束了,其实这样还不够。讲评之后,教师应该提出更进一步的修改要求。修改有两个不同层次:宏观修改和微观修改。宏观修改所涉及的是通篇内容和结构,是从总体效果、结构和内容上大的要求;微观修改涉及的是段落和遣词造句,是在具体段落、词句上进行精细加工或润色。具体操作时,其一是改错。可让学生准备一个错句本,将出错的词语、句子写在本子上;篇章结构的问题可只让学生列出框架,或改写某一段落,充实某一段落,不必全文重写。其二是润色,让学生通读全文,看看哪些方面有提高的可能。如句子比较平淡、词语不优美,语句较啰嗦,看有没有什么成语、词语可替换,有没有什么更言简意赅的表达方式。添加修饰词也是细化描写、增加文章感情色彩的好方法,可以引导学生使用。

讲评与修改是贯穿写作全过程最重要的环节,它们不一定在写作最后进行,在写作中也可穿插使用。如提纲列完了,教师就可组织学生讨论,丰富提纲内容,修改不合理的地方;写完开头,教师也可就进展情况评说一番,修改后再进入下一步的写作。过程写作甚至在学期末还给学生提供修改的机会,以确定最后的分数。写作的特点之一就是可修改性,随着学生写作水平的不断提高,任何有助于精益求精的做法都应提倡。

第五节 汉语写作技能训练的方法

一、四部教材的文体概括

汉语写作一般按照文体来进行,根据学生的汉语水平,文体的选择和难度设计体现阶梯形,以下是几部教材的设计内容简表:

1.《外国留学生汉语写作指导》,乔惠芳、赵建华编著,北京大学出版社,1995年10月。

应用文	1. 一般书信	体例:
	2. 申请书	说明
	3. 感谢信	要点
	4. 慰问信	例文
	5. 祝贺信	学生写作原文(评改)
	6. 推荐信	常用词语和格式
	7. 请柬	练习:
	8. 启示记叙文	修改写作中错误的地方
记叙文	9. 故事	看图写作文
	10. 记故乡	看图改写
	11. 记一件小事	听后写
	12. 记留学生活	缩写
	13. 记童年的事	片断练习
	14. 记难忘的事	续写
	15. 记生日、节日	作文
	16. 记参观、访问	
	17. 记游览	
	18. 记人物(上)	
	19. 记人物(下)	
说明文	20. 说明文议论文	
议论文	21. 议论文读后感	
读后感	22. 读后感	

2.《汉语写作教程》,罗青松编著,华语教学出版社,1998年。

小记叙文	1. 听记小故事	体例:
日常应用文	2. 写各种便条	训练重点
	3. 看图记事	范文
	4. 写各种启示与海报记叙文	说明
记叙文 书信	5. 记叙旅游见闻	课堂练习: 选词填空
	6. 按时间顺序记叙	语序练习
	7. 有条理地记叙、说明	加标点符号
	8. 写日常书信说明文	改错
说明文	9. 说明事物(1)	排序
	10. 说明事物(2)	写段落
	11. 介绍处所、描写景物	改正指代不明或主语省略不当
	12. 用具体数据介绍、说明事物复杂的记叙文	用所给的关联词语改写句子 口头作文
复杂的记 叙文书信	13. 描写人物	小组讨论或调查
	14. 结合抒情、议论叙事	写作练习:
	15. 介绍各地风情及社会生活	看图写故事
	16. 专用书信议论文	仿写
议论文	17. 叙议结合的小议论文	
	18. 应用对比、比较说明自己的看法	
	19. 微型调查	
	20. 通过事实等论据说明道理	

3. 《留学生汉语写作进阶》,何立荣编著,北京大学出版社,2003年8月。

句子练习	1. 单句、复句	体例:
段落练习	2. 联句成段	导写
篇章训练		范文
应用文	3. 应用文(1)便条、通知	练习:
	5. 应用文(2)日记和书信	组句练习
	15. 应用文(3)调查报告	使用关联词语
		填空
记叙文	4. 记事(1)完整地叙述一件事	修改病句
	6. 记事(2)按一定的时间顺序记叙事件	连句成段
	7. 记事(3)按事情的发展顺序记事	看图写话
	9. 记事(4)围绕文章中心选取材料	加标点符号
		修改或补充便条
说明文	8. 说明(1)	读后回答问题
	12. 说明(2)	排序
描写文	10. 以事写人(1)	找出文中的比喻句
	11. 写人(2)	完成句子
议论文	13. 议论文(1)	分组活动、口头表达
	14. 议论文(2)	

4.《外国人汉语过程写作》,杨俐,北京大学出版社,2006年9月。

说明文	一篇说明文的构思过程	体例:
	说明文开头部分的写作	作文的构思
	说明文主体部分的写作	作文的写作
	说明文结尾部分的写作	写作知识
	说明文《我的故乡》的构思	单元自测
	HSK命题作文(1)——旅游景点介绍、产品介绍	参考范文
		课堂练习
	HSK命题作文(1)——留学中介公司的文字广告	作业
		练习:
调查报告	一个小型调查及调查报告的写作	写出提纲
		讨论提纲
	HSK语料作文的写作	排序
议论文	一篇议论文的构思过程	续写段落
	议论文开头部分的写作	划出中心句、关联词
	议论文主体部分的写作	阅读回答问题
	议论文结尾部分的写作	阅读后填表
	一篇说明与议论相结合文章的构思	按照指定的词序造句组段
	一篇辩论性议论文的构思和写作	将口语词汇变换成书面语词汇
	HSK议论文的构思	
应用文	HSK应用文的写作	
	求职信和个人简历的构思	

以上四部都是近二十年较有代表性的写作教材,从简表来看,它们都把文体写作作为写作设计的脉络,选用的文体主要为记叙文、应用文、议论文和说明文。排列的方法一般是记叙文、应用文为先,议论文和说明文为后,显示出体裁上的由易到难。前三部教材的起点为有一定基础的中级学生,后一部教材起点为高级。

二、文体写作要点

按照文体来安排写作训练的顺序符合写作教学的一般惯例。拿母语写作来说,小学生阶段要掌握的文体就是应用文和记叙文,应用文如写便条、请假条、通知等,记叙文常常来记一个人、一件难忘的事、一天的生活等,在叙述中融入一点简单的景物描写、心理描写和动作描写,可以有一些夹叙夹议的写法,总的来说,在文体结构的运用上、语言的组织安排上、事件的叙述方式上都比较容易掌握。进入初、高中后,一方面孩子们的思维成长很快,逻辑思辨能力大大增强,另一方面生活阅历增加,知识面扩大,对事物都有了自己的观点和看法,这时才会开始使用议论和说明这样复杂的文体来进行写作。第二语言的写作训练,虽说受训者都是成人,但是他们的第二语言能力与思维水平不同步,还驾驭不了复杂的写作形式,因此在选择适宜的文体形式时,其顺序正好与学生母语写作能力成长的顺序一致起来。

按照文体来安排写作,也是语言教学达到一定程度的要求。以上四种文体,分别涵盖了写作的四大应用方面,虽然不同的分类会有一些交叉。学生的水平到了中高级,课程范围广了,学习的东西多了,知识结构日趋合理,也才能适应更复杂内容的写作。不过,学习周期的限制、专业的要求可能会使某些学生更乐于提早接受某一文体的训练,要找工作的学生可能更急于练习写求职信、想当导游的学生可能更认真地练习写说明文,这都无可厚非,教师可在具体操练时加以侧重。

鉴于文体写作是任何写作教学法都无法回避的,掌握各文体的写作特点就很有必要,以下简要介绍。

1. 记叙文

(1) 什么是记叙文

记叙文就是叙述内容的线性排列。写事的记叙文记叙事件的发生、发展过程,通过描写事件中人物的语言、行为、心理活动和事件的细节,来表现文章的中心思想。写人的记叙文,是以人物为中心,以人物的活动为线索,通过典型事件的叙述描写,展现人物的心灵、品德、命运。写事的记叙文重情节,写人的记叙文重人物性格。

记叙文中有六个要素,即时间、地点、人物、事件、原因、结果,叙述时需要把什么人、在什么时间、什么地点、做了什么事以及前因后果写清楚,给读者一个清晰而完整的印象。当然,根据实际表达的需要,这六要素不是缺一不可的,而且在安排上可简可繁。

(2) 记叙文的写作安排

初级的记叙文：口头表达——书面表达，如"难忘的一件事"、"到校的第一天"；语言形式为句子的衔接、时间转换词语的运用等；

中级——高级的记叙文：写人，如"我的朋友"、"我最佩服的一个人"；语言形式为描写人物外貌、性格的词语等；

中高级的记叙文：记叙、议论、抒情相结合，如"打工记"、"旅途经历"；语言形式为表达内心感受的词语、复杂句式等。

(3) 记叙文的训练要点

① 精心挑选细节

叙述离不开细节。很多细节看起来都是很具体，很琐碎的，写作者应该选择那些最接近写作目的、最具备支撑主题表现力的细节，力求每个细节都有意义。在安排叙述内容时，也要有简有繁，详略得当，避免流水账。每篇文章让学生确定最重要的一两段，浓墨重彩，深入挖掘，其余的部分交代清楚即可。

② 安排好叙述顺序

选择一定的叙述顺序来安排写作的素材。记叙文一般采用时间顺序来安排叙述结构，将选择好了的细节，按照事件的发展、人物的经历脉络来组织，保证每一个材料都围绕着时间的轴线依次展开、逐渐走向高潮。还有一些文章采用空间顺序来安排叙述的结构，但空间位置的转换，也暗含着时间顺序。在段与段的衔接转换时，指导学生运用各种丰富的连接手段以及过渡和照应形式，加强文章的表现力。如《夜游泰山》一文，给我们展现了清晰的叙述脉络(摘自何立荣，1999)：

在泰山脚下……
刚上山时……
到了中天门……
快到"十八盘"时……
终于登上了南天门……
在泰山顶上……

③ 展开要有逻辑性

叙述的展开，要有内在的逻辑性。有效的叙述不仅是连续的，而且是一个接一个相继发生、滚动前进的。每一个情节的展开尽可能在前一个情节的基础上继续,如同登山,只有迈出了第一步,才可能有第二步、第三步……在记述人的成长、情感变化时,特别注意铺垫和前因后果。如学生写了自己汉语水平提高的过程,就从刚来北京时写起,文章叙述交代清晰,发展正常,结论可信。

  一句汉语也不会说……
  上课努力学习……
  跟中国朋友游玩……
  跟出租车司机、饭馆的服务员聊天……
  最近带家人出游,居然没有遇到困难……
  点题"原来我的汉语水平这么高啊"

④ 注意叙述人物

以谁的口吻来叙述,也就规定了文章的叙述视角。叙述的人称主要有两种:第一人称和第三人称。使用第一人称,作者也就是当事者或目击者,写作时便于抒发议论、沟通感情,更具真实性;使用第三人称,作者是局外人,便于站在客观的立场,在广阔的时间和空间内反映事件。采用哪种叙述人称,要根据实际情况来决定,一般初级写作多用第一人称,比较好驾驭材料。

2. 应用文

(1) 什么是应用文

应用文体指公文和一般生活应用文。公文类包括法令、布告、文件、会议记录等,一般生活应用文指书信、启示、便条、调查等,后者是第二语言写作教学的主要内容。

应用文一般都有固定的形式,写作者必须按照这个格式来写,才能取得基本的效果。如书信,必须有称呼、问候语、正文、结尾、署名和日期。称呼语要顶格写,在书信的左上角,而署名和日期在右下角。因为汉语的书信跟英文的书信格式有所不同,因此了解汉语书信的写作习惯,是开始写作的前提。

应用文的语言讲究准确、简洁,措辞严谨、规范。书面语气息浓厚,常使用程式化的套语,多用完全句、常式句、陈述句、使令句等,还有很多文言用法。如一则寻物启事:

  因本人不慎,在食堂遗失书包一个,<u>内有本人学生证与学习用品若干</u>。有知其下落者,请与17楼302房联系。必有重谢!

如果将上述内容转化为口语语体,则不够简洁、严谨。如画线部分可改为"里面有我的学生证和一些学习用品"。学习应用文的写作,很重要的一项任务就是指导学生使用书面表达形式。

(2) 应用文的写作安排

初级:简单应用文,如便条、请假条、申请书等。语言方面了解应用文的一般格式和语言特点。

中级:一般书信,如给朋友的一封信、旅途见闻、祝贺或申述信等。语言形式为了解书信的格式,常用书信语言等;

高级:小型调查报告、合同、论文、事务信函,如"留学生汉语学习动机与学习目标的调查"、"留学中介公司的文字广告",语言方面设计调查问卷表,统计数据的表达,公文的书面语言等。

(3) 应用文的训练要点

① 掌握多种应用文的格式

应用文体种类多样,在前文四种教材中就列出了18种之多。由于文体格式相对固定、互有不同,只能一个一个地学习、一种一种地实践。如书信的格式要有称呼和署名,日记的格式要有日期和天气,简历就更复杂,姓名、性别、年龄、文化程度、特长、工作经验、联系方式等样样俱全。即使同为书信,推荐信不同于申述信,请柬不同于邀请信,这其中措辞的不同、语气的不同、句式的不同等,都需要学生体会理解,反复实践。

② 注意学习固定的语言形式

不同的应用文体常有一些惯常使用的套话,常用的词汇与句式,教师应将此概括出来,教给学生。这样不仅使写作文笔更地道,而且提高了写作的效率。如书信的结束语(摘自何立荣,2003):

　　知道你也很忙,我就不多写了,就此搁笔。

　　最后,关于我去广州的事你究竟有什么看法,请尽快来信告知。我等着你的回音。

　　总之,非常感谢您在南京为我做的一切!欢迎您有空来西安做客!

　　明天一早我还有个手术,就到这里吧。关于小弟出国留学之事,我月底回家后我们再商量。

③ 进行口语语体到书面语体的转换

应用文属于公文的一种,它具有较强的社会性,语言也较规范、严谨。学习应用文写作,学生要树立起书面语体的意识,尽量减少大白话和随意的表述方式,努力学习从口语语体到书面语体的转换。教师可以通过范文讲解,让学生归纳整理书面语体的表现形式,并作适当的说明,提供一些文本让学生修改。书面语体的特征可以把握这样几点:口语中的一些双音节词,在书面语体中可以精炼为单音节词,如"已经——已","知道——知";同义词中的等级高的词,如"睡觉——就寝","丢——遗失","老师——教师";文言色彩的词,如"它——其","这——此";文言句式,如"……为盼","兹定于……","在……之际"。

3. 议论文

(1) 什么是议论文

议论文是使用事实材料进行逻辑推理,从而表明自己的观点和态度,达到明辨是非和阐明事理目的的写作方法。通俗地说,就是摆事实、讲道理的说理、论证过程。

议论有两大类:立论和驳论。立论以正面论证观点为主,通过论据阐述自己的观点,使其成立。驳论以驳斥反面观点为主,通过论证,证明其不成立。

议论文的三要素:论点、论据、论证。论点是作者的观点、主张;论据指用来证明论点的事实和道理;论证就是用论据来证明论点的过程。

议论文的篇幅可长可短,有的短小精悍,有的长篇宏论;语言比较正式,风格或严肃或风趣。讲究首尾呼应、结构完整、逻辑上层层深入。

(2) 议论文的写作安排

议论文的写作,向来是比较困难的,所以安排在中级以后。

中级——高级:根据提供的材料或事实发表看法,如"干得好还是嫁得好"、"打孩子是不是家庭暴力";语言形式如表示比较的句型、强调的句型、表示对比的连接成分等;

高级:对社会问题、经济、文化生活的议论、评价,如"中国的未来"、"毒品的危害";语言形式如反问、设问等修辞手法的运用,论证方法的语言表达、表示推论、归纳的连接成分等。

(3) 议论文的训练要点

① 论点要鲜明

议论文最重要的一点就是要有一个鲜明的论点。文章要想能吸引人,说服人,首先要敢于亮出观点。如果观点不清晰,模棱两可,或者观点不集中,变来变去,就会影响论证的过程。写作前,教师要给出充分的时间让学生展开讨论,在讨论的过程中,论点会越来越清晰,态度越来越坚定,这都将有助于论述。另外,观点多来源于生活实践、来源于知识水平,教师要鼓励学生多接触社会,了解真实的生活情况,多阅读思考,提高自己明辨是非的能力。

② 论据要可靠

要想让论点站住脚,就得提供可靠的论据,提供大量的事实,以理服人、用事实说话。教师可以用家庭作业的形式,要求学生查找资料,获得相关的支撑材料。这包括:各种数据、图表、调查报告、统计公告、政策文件、名人名言、历史人物或历史事件,科学研究、定理、常识等,然后筛选提炼,选择3—5个例证来加强论述的力度。还要注意,论据一定要与论点保持一致,要能为论点服务。

③ 论证方法要艺术

有事实,有观点,如何将它们统一起来,表现出来,就需要艺术的论证方法。教师可以通过范文分析等方法,帮助学生了解一般的论证组织方法,并尝试使用。如:

例证法:列举事实。

引证法:引用权威性的论述、名家著作或言论。

对比法:不同事物的比较,过去与当前的比较等。

类比法:两个以上具有同类道理的事物作比较,由此及彼,如打比方、讲故事等。

归纳法:从个别到一般,使用事实作论据时,往往使用这个方法。

演绎法:从一般到个别,用普遍性前提推演特殊性。

选用什么论证方法,跟学生的思维和写作习惯有关,也跟训练的强度有关。对于熟悉了的方式,学生可能更乐于采用。值得说明的是,以上方式也不是相互排斥的,可以交叉使用。

4. 说明文

(1) 什么是说明文

说明文就是用介绍、解说的方式来写作,它使用简洁的文字将事物的性质、形状、功能等解说明白,将抽象事理的概念、特点、缘由等阐释清楚,具有说明性、知识性和实用性三大特点。

一般的说明文,其主要内容都由说明性文字构成,为增加直观感,也可配上图表和图画。常用的解说方法有:下定义、名词解释、举例、比较、比喻、数据、分类、分解等。如分类法,它依据事物的特点、形状、成因、功用等属性,将事物划分为不同的类型,依类说明;而分解法则是把事物分成若干部分,逐一加以说明。分类和分解的区别,以文体为例,将文体分成记叙文、应用文、议论文、说明文,这是分类的方法;而将议论文分成例证法、引证法、对比法、类比法等,则是分解的方法。

在写作说明文时,要求抱着客观、公正的态度,尽量使用说明性文字,控制使用记叙、描写、议论和抒情的表达方式。语言要准确、解说要清晰。

(2) 说明文的写作安排

初级——中级:环境处所的描述等简单的说明,如"我的宿舍"、"家乡的四季"、"北京一日游";语言形式,学习运用一些存现句等描写环境的句型及一些空间转换变化的语句;

中级——高级 a:说明与描述,对过程的说明,如"介绍一款菜的做法"、"如何租房"、"传统节日";语言形式:清楚地交代过程;使用一些表示列举和次第的连接成分;特殊句型,如"把"字句等;

中级——高级 b:说明和描述,如"我喜欢的一本书"、"汉语课程介绍";语言形式:被动句,指代、省略等语篇的连接方式;

中级——高级 c:陈述事实、状况和发表议论,如"中国的教育制度"、"北京的交通";语言形式:数据的表达,如概数、百分比、递增、递减等用语,被动句;

高级:介绍一种人类活动或文化传统的发展过程,如"烟草的来历"、"奥林匹克运动";语言形式:被动句,省略、指代的运用;表示举例、补充、推论的连接成分。

(3) 说明文的训练要点

① 抓住事物的特点和本质

要想清楚地说明一个事物的特征、属性,就必须抓住事物的特点和本质。所谓特点,就是事物与众不同的地方;而本质,则是事物本身固有的、决定事物性质、面貌的根本属性。比如中国的传统节日春节,是中国最重要的节日,象征着团圆,而中华民族是一个讲究礼仪、亲情、重视人际交往的国家,团圆的节日就成为人们心目中最最重要的节日。春节有哪些特点呢?千里之外、大雪纷飞也阻挡不了回乡脚步的人流;大红的"福"字和对联、震耳欲聋的鞭炮、热腾腾的饺子……通过对这些典型特点的描述说明,一幅春节的民俗画就栩栩如生地立在人们面前。

要想抓住本质和特点,需要有敏锐的观察力和分析力,需要对事物充分了解,尽可能多地占有资料,尤其是第一手资料。写作前,应该指导学生收集大量的资料,做到驾驭材料;写作时,先静默思考一下,设想你的读者从未了解到这方面的情况,怎样介绍才能让他立刻对说明的事物产生深刻的印象,然后选取关键性的素材开始写作。

② 要选择好角度

说明文常用来传播知识、指导读者完成某项任务,因而有较强的实用性。写作时要针对读者对象来确定文章的方向,选择好适当的说明角度。如"在课堂上如何提高汉语学习效率",是为留学生准备的,所提的建议就要紧密围绕留学生的学习而展开;如果是为老师准备的,就要从教学的角度来展开。总之,考虑到阅读的人、阅读的目的,写作时就会有不同的选材、不同的表述方式。

③ 使用最恰当的表达句式

说明文体常有一些最适宜表达的句式,如描述房屋位置、摆设时,常使用存现句、"着"字句;描述做菜过程多使用"把"字句,使用数据写调查报告常这样表述:

据统计

据介绍

通过调查发现/调查显示/调查结果表明/调查结果显示

统计数字表明

从调查结果看

从调查可以得出这样的结论

教师应尽可能地引导学生使用。

三、练习举例

目前的写作教材都采用了分项练习的方式,按照写作过程的各相关因素,设计了各种形式的练习,如词汇、语法、结构安排、句子段落之间的连接和组合、逻辑性、书写和标点符号等。以下为教材练习形式举例:

1. 标点符号练习

(1) 加标点符号(李增吉,2006)

1) 哎呀 真是美极了 安娜说 我是十二分的满意

2) 修好了吧 一个人焦急地问

3) 他还打算一年内掌握英文 法文和德文等语言

4) 王红低着头 在门前走来走去 谁也不知道此时此刻她在想什么

(2) 修改标点符号(自编)

1) 小时候我比较淘气。胆子特别大。记得上小学时经常因为逃课或者跟别的孩子打架而挨妈妈打。

2) 我最佩服的人要数我父亲了;我觉得他什么都懂!

3) 昨天的面试怎么样、有希望吗?朋友问。

4) 有人说,这部电影就像它的片名"绿茶",越品越有味儿。

2. 词语与句子练习

(1) 仿照例句连词成句,使句子通顺(何立荣,2003)

1) 这个/那个/大/了/多/房间/比

2) 西湖/苏州/碧螺春茶/龙井茶/这么/吗/好喝/有

3) 今天/我/妹妹/回家/妈妈/早/让/一点儿/和

4) 有/她/姐姐/中国/一个/王红/叫

5) 通过/我们/的/介绍/是/朋友/认识

(2) 仿照例句填空,使句子完整(何立荣,2003)

1) ( ) ‖ 是我的好朋友。

2) 妈妈 ‖ ( )了很多鲜花。

3) 大山 ‖ 今天吃了很多( )。

4) 图书馆里 ‖ ( )

5) ( ) ‖ 不大合适

(3) 将下列每组句子合并成一个句子(罗青松,1998)

我认识一位服务员。

她对顾客十分热情周到。

我认识一位对顾客十分热情周到的服务员。

1) 我买了一张足球票。

  这张足球票是明天晚上七点的。

2) 这场杂技是北京杂技团表演的。

  杂技节目精彩极了。

3) 两年前我在北京第一次见到他。

  那时候他已经是一个出色的翻译了。

4) 老师借给我一本语法书。

  这本语法书对我的学习很有帮助。

5) 我晚上要去飞机场接我的一个朋友。

那位朋友在东京外国语学院学习汉语。

(4) 给下列句子选择适当的程度补语（罗青松,1998）

  1) 我长这么大,交的朋友真是多得_____。

  2) 听说儿子生病住院了,他急得_____。

  3) 得到大学录取通知书的那天,她高兴得_____。

  4) 这位老人爬上到山顶时,已经累得_____。

  5) 看到远方回来探亲的孩子,他笑得_____。

(5) 扩展句子（何立荣,2003）

  1) 园林有名

  2) 照片不错

  3) 字不清楚

  4) 幼儿园有孩子

  5) 外国游客参观博物馆

(6) 选择适当的关联词语填空（何立荣,2003）

  1) 昆明是"春城",一年到头都很暖和,_____冬天_____不冷。

   a. 要是……就……   b. 即使……也……

  2) _____雨下得很大,_____我们仍然坚持爬上了山顶。

   a. 哪怕……也……   b. 尽管……但……

  3) _____明天一大早出发,_____今天晚上就出发。

   a. 与其……还不如…… b. 不论……还是……

  4) 我认为_____先尊重别人,_____赢得别人的尊重。

   a. 只有……才能…… b. 不是……而是……

  5) 这次活动_____你去,_____他去,都可以。

   a. 或者……或者…… b. 一面……一面……

(7) 用适当的关联词将下面各组句子合并成复句（何立荣，2003）

    1) a. 他喜欢看足球赛　　　b. 他爸爸喜欢看足球赛
    　→

    2) a. 她听得懂苏州话　　　b. 她不会说苏州话
    　→

    3) a. 他们在生活上关心我　　b. 他们在学习上帮助我
    　→

    4) a. 路上堵车了　　　　　b. 我们迟到了
    　→

    5) a. 事情已经发生了　　　b. 你光生气没有用

(8) 填上适当的关联词语（罗青松，1998）

    1) 我认识一个大学生，他假期几乎从来不休息，（　　）写论文，（　　）去打工。我问他这样按假期生活会不会觉得乏味。他笑着说："这样利用假期，（　　）能争取在学业上有所提高，（　　）经济上有些受益，我觉得过得很有意思。"

    2) 学习语言，重要的（　　）记住一些语法规则，（　　）要多在实践中运用在书本上学到的语言知识。我们（　　）要在课堂上利用机会多说、多练，（　　）要在课外积极寻找练习的机会。这样才能使我们的语言能力有较大的提高。

(9) 填上合适的词语或句子（何立荣，2003）

> ＿＿＿＿＿：
> 　　昨天晚上我的好朋友打＿＿＿＿＿来告诉我，他坐今天上午的飞机从首尔来上海，她不会说汉语，＿＿＿＿＿，所以，我今天不能上课，特请假一天，＿＿＿＿＿。
> 　　　　此致
> 　　＿＿＿＿＿
> 　　　　　　　　　　　　　　　　　　　　　　＿＿＿＿＿
> 　　　　　　　　　　　　　　　　　　　　　2008 年 10 月 23 日

(10) 语法识别练习（何立荣，2003）

    1）找出范文中的存现句

    2）找出范文中的使用比拟和排比的地方

    3）找出范文中的"把"字句

    4）从范文中找出10个带状语的句子，并说说多层次状语的顺序

(11) 修改病句（何立荣，2003）

    1）今天上课的时候，我说老师一个故事。

    2）她的想法比我的差不多。

    3）春天到了，天气越来越暖和多了。

    4）昨天小平得了感冒，他很不舒服了。

    5）我很感兴趣了这工作。

(12) 改错并说明（乔惠芳 赵建华，1995）

    改正下边例中的错误，把句子理顺。把修改后的句子与原句进行比较，说明为什么要那么修改。

    那年夏天，回北京的时候，我想学做饭。但是我没有做饭的书，我得同屋会做饭，但是她去旅行了还不回来，没有人教我，这让我伤大脑筋。我脑海里浮现鸡蛋的影子，鸡蛋不但好吃，而且有营养，不但不需费功夫，而且做法简单，唯一能我做的菜。明天，我就去买了好多鸡蛋，炒鸡蛋开始吃。

3. 段落和篇章练习

(1) 把下面四个分句排成一段话（李增吉，2006）

    1）A. 1983年7月，张贺民从四川大学生物系动物专业毕业

        B. 从此与大熊猫结下了不解之缘

        C. 他放弃了大城市工作的机会

        D. 主动申请到卧龙工作

    2）A. 面对商场里琳琅满目、包装精美的月饼

        B. 一年一度的中秋节即将到来

        C. 我们该如何选购月饼呢

问题：①网民沉湎于网络②网络病毒传播

　　3）结尾：互联网在生活中的使用前途广阔

(15) 小组活动1（罗青松,1998）

　　1）模仿范文介绍自己熟悉的市场、商业街、饭馆、图书馆等。注意恰当使用被动句。讨论可以从哪些方面来介绍说明这些地方,例如位置、外观、规模、商品的种类和特色、买卖方式等。

　　2）分小组活动,两人互为采访对象,就以下某个问题提问及回答,说出自己的看法,注意用适当的语句直接或间接引述采访对象的意见说明问题。

　　留学生对食堂的看法

　　留学生的课余生活

(16) 小组活动2（何立荣,2003）

　　说说自己亲历的一件事（自己做的或亲眼看到的事）。参考话题：

　　1）我第一次做饭

　　2）我最得意的一件事

　　3）汉语学习中的一个小笑话

　　4）至今后悔的一件事

　　5）我最怕……

结　语

本章介绍了写作技能训练方面相关的知识与方法。

在第一节里,我们探讨了汉语写作技能训练的目的,指出汉语写作训练的对象是正在学习中的留学生,他们的写作兼有表达心声与语言训练的双重特性。

在第二节里,我们通过学生的写作偏误,阐述了汉语写作技能训练的各个层次,即在词汇、句子、语段、篇章中存在的问题及要注意的方面。认为写作的起点是语段,落脚点是篇章,词汇、句子是最基本的表现形式。各语言单位各有其独特的内容和训练侧重,但都应围绕写作训练而展开。

在第三节里,主要介绍了过程写作、任务型写作、自由写作和模仿写作这四种写作训练方式。介绍了它们的教学理念、教学特点和教学方法,并对各训练方法的优势和缺陷进行了比较。在第四节中,简要介绍了写作训练的过程,即准备写作——写作——批改——讲评和修改。特别说明了教师在这四个阶段应起的作用。

　　在第五节中,分析了四部最有代表性的写作教材在取材、文体和练习形式上的异同。介绍了记叙文、应用文、议论文和说明文的适用水平、训练要点,并列举了一些有意义的练习方式。

思考题

1. 书面表达的特点是什么?
2. 留学生的汉语写作与中国人的母语写作有什么异同?
3. 写作训练的任务是什么?
4. 写作训练可划分为哪几个语言层次?
5. 试说明写作训练中的句子训练方法。
6. 写作中的语篇偏误有哪些?
7. 简述语篇训练的要点。
8. 什么是过程写作?它有什么特点?
9. 什么是任务写作?任务写作最适宜安排什么文体的写作训练?为什么?
10. 简述模仿写作的优劣。
11. 写作前的准备方法有哪些?
12. 试说明批改的作用。
13. 试说明议论文的写作训练要点。
14. 如何按照学生语言水平来安排文体教学?

参考文献

陈贤纯(2003)《对外汉语教学写作课初探》,《语言教学与研究》第5期。

郝长留(1983)《语段知识》,北京出版社。

何立荣(1999)《浅谈留学生汉语写作中的篇章失误——兼谈写作课的篇章教学问题》,《汉语学习》第1期。

何立荣(2003)《留学生汉语写作进阶》,北京大学出版社。

劲　松(2004)《被字句的偏误和规范》,《汉语学习》第1期。

李增吉(2006)《汉语高级写作教程》,北京大学出版社。

刘立新(2007)《初级汉语阅读与写作教程》,北京大学出版社。

吕必松(2007)《汉语和汉语作为第二语言教学》,北京大学出版社。

罗青松(1997)《英语国家学生高级汉语词汇学习过程中的心理特征与教学策略》,《第五届国际汉语教学讨论会论文选》，北京大学出版社。
罗青松（1998）《汉语写作教程》，华语教学出版社。
罗青松（2002）《对外汉语写作教学研究》，中国社会科学出版社。
乔惠芳、赵建华（1995）《外国留学生汉语写作指导》，北京大学出版社。
宋乐文（2000）《中级汉语读写教程》，北京语言文化大学出版社。
杨　俐（2004）《过程写作的实践与理论》，《世界汉语教学》第1期。
杨　俐（2006）《外国人汉语过程写作》，北京大学出版社。
翟　艳（2007）《汉语词语偏误分析的方法》，《云南师范大学学报（对外汉语教学与研究版）》第1期。
祝炳耀（1999）《汉语写作教学中的语段运用》，《语言文化教学研究集刊》第三辑。

后　记

本书写作历时一年半,终于跟大家见面了。这是我们继 2000 年教材《汉语口语速成入门篇》、2006 年著作《汉语可以这样教——语言技能篇》之后的再度合作。

最近十年的教学实践与研究,为我们进一步深刻理解汉语作为第二语言教学的本质、意义和方法做了很好的铺垫。为了尽量全面、客观地反映对外汉语技能教学从理论到实践的全貌,我们翻阅和参考了学者们大量的论述和著作,从中理出了本书的基本框架;按照国家汉语国际推广领导小组办公室研制的《国际汉语教师标准》、《国际汉语能力标准》和《国际汉语教学通用课程大纲》的有关规定,对框架做了调整,对其中的某些内容做了新的阐释和补充说明。本书中也融入了我们大量对教学的观察与思考以及具体的操作设计,力求使理论阐释演化为真实、清晰的课堂实践,以达到帮助阅读者学习、备考、提升的目的。

在写作过程中,我们受到多方的支持和帮助。感谢主编赵金铭教授给予我们的信任和指导,感谢北京大学出版社杜若明主任、沈岚编辑,他们多次与我们会面,宽容我们的一再拖延;感谢我们的家人,他们的关心与体谅使我们在繁忙的教学之余从事写作的焦虑与不安得到了莫大的安慰。

由于时间与精力的不同,本书作了如下分工:

第一章、第二章、第四章、第六章由翟艳撰写;

第三章、第五章由苏英霞撰写。

能力有限,书中不当与粗疏之处,敬请读者匡正批评。

翟艳　苏英霞
2009 年 3 月